海外中国研究文库

本书的初版及翻译受到文化部清史纂修与研究中心资助

知识×识
帝×国

清代在华的英国博物学家
British Naturalists in Qing China:
Science, Empire, and Cultural Encounter

[美]范发迪 (Fa-ti Fan)／著

袁剑／译

中国人民大学出版社
·北京·

献给我的父母并以此纪念我的祖父母

中文版序

本书中文版终于要付梓了。翻译过程断断续续拖了两年多,这我得负绝对责任。袁剑先生的初译稿,早已寄交给我,但是我因教学、研究及行政事务缠身,加以小孩儿年幼,忙得焦头烂额,一直抽不出空检阅。今年我在普林斯顿高等研究所访问,虽然另有几个专题计划必须完成,但至少免了上课及学校的行政业务,得以喘口气,遂趁机校阅了译稿。在此要特别感谢袁剑先生和中国人民大学出版社的无限耐心。

各章主要依据袁剑先生译稿。其中第一、二、三、五章另参照培洁先生的译文,第四章则另参照宋刚教授的译文。在此谨向诸位先生致谢。

原书主要是为西方读者而作,所以其中一些关照的议题,中文读者不一定熟悉。但是笔者深信,这些论点对反思近代中国史也很重要。为裨助读者阅读本书,我想借用本序廓清书中几个较陌生的概念和论点,并斟酌说明其学术背景。

近年来,科学史学者逐渐关注到科学实作(scientific practice)在科学研究中的重要性,而不再局限于钻研既定的科学史题材,或只讨论科学精英与主流科学机构。这样的转变,让我们清楚地看见科学行动者(scientific actors)的多样性,和他们之间在知识生产、审定、传播过程中,复杂的折冲与协商。此外,这也促使我们注意,科学事业包罗万象,并与社会、文化、政治、经济各领域息息相关。约略同时,其他的史学领域也正在反思传统的欧洲中心的史学论述。这股新的史学思潮,沿两路奔流。一路源自于欧洲帝国与殖民史学。新一代的学者,或受后殖民理论影响,或直接从帝国与殖民史中另辟蹊径,引进新的观点与研究重心。以往专重的帝国或殖民地的政经史,已无法满足学者对这段历史的好奇心。学者一方面强调,帝国都会(metropole)与殖民地(colony)之间,并非简单的"中心"控制"边陲",

而是互相影响、彼此作用；一方面则加重思考帝国脉络中文化与知识的关系。第二条路则是从全球史或地区关联史切入，不以一国、一地为中心，而专注各社会和人群间的互动与流通。这一史学论述，有时甚至弃既定的历史范畴而不顾，视其为限制史观、史识的绊脚石。以最近兴起的"大西洋世界"（the Atlantic world）研究为例，学者尝试以所谓的"大西洋世界"为研究对象，而不集中在其中某个国家、社会或地区。不管是黑奴史或 18 世纪末的革命史，都必须同时牵涉到多个大陆、海岛与国家。如果硬要根据一岛、一国切割，结果不免挂一漏万，将历史剪得支离破碎。上述两支史学思潮，并非各行其是，而是相辅相成。例如晚近关于 15 至 18 世纪美洲史的著述，常将那段历史视为跨文化的多元竞合。欧洲帝国势力（主要是西、葡、英、法）、美洲许多不同族别的土著与非洲来的奴隶，在政治、社会、文化、经济上，合纵连横，抗争竞逐，当然其中也不缺欺凌压榨、赶尽杀绝的悲剧。研究这段复杂的历史常结合帝国史、殖民史、"大西洋世界"史以及所谓的"文化遭遇"（cultural encounter）与边地研究（border studies）的论点，以求周全。

由于科学常被认为是所谓现代性的主要标记，所以从上述观点来研究现代科学知识、实作、制度、组织的形成，不但可以让我们对现代科学的发展有新的认识，还可以把现代性过程放在一个较复杂、广袤的背景来看。传统中西双方的科学史研究常想当然地假设近代科学源于欧洲的几个中心；并预设近代科学之所以传播到世界各地，乃为它相对的内在优越性。这个简单命题，时有变异，以包容从殖民地或"边陲"回流过来的资料。但基调总是认为这些资料，必得经过欧洲都会科学精英的筛选、综合、分析，才升格为科学。这种论调忽略了一个重要史实，那就是远离帝国中心的机构与人员常常在科学知识的建构上担任关键角色。他们也从事验证知识、判断其价值、解释其意义的工作，而非只是呆板地搜集资料。事实上，近代科学的发展多有赖旅行者、移民、殖民后裔（creoles）以及各地原来社会间的交涉。一旦我们超越以帝国中心为主的史学框架，就可以较灵活地去追溯各地人员与机构在科学事业上的功能，探讨他们如何制造与审定科学知识。我们也可以反过来看科学知识体系怎么影响他们在帝国系统与世界各地的立场与行为。

虽然中国史研究无须以西法为贵，但也不应闭门造车。中国历史与其他世界各地牵扯甚多，如果只埋头于传统定义下的中国史题材与方法，忽略中国本就是世界的一部分，且无视周遭史学方法与环境的演变，终必落得无法合辙的窘境。既然如此，那么我们可从上述这些深具启发性的学术趋势学到什么？如何将其较精彩的论点运用在科学史与中西关系史接壤的课题中？我们怎么分析有关知识、帝国主义以及科学与文化遭遇这些饶富趣味的议题？本书正是尝试以扎实的档案史料为起点，配合适当的理论工具，来回答这些问题。

但是为什么要以博物学为研究对象？一般读者可能对此感到惊讶，因为博物学似乎不是常听到的主要科学领域。为了解答这一问题，笔者必须指出博物学（natural history，或译作"自然史"）在科学史中的重要性。博物学可宽松地定义为对动、植、矿物及其他自然现象的研究。直到最近，它在西方科学史论述中，都仅占次要地位，其原因部分在于当代的科学分类，已不再有博物学这个名目，它的几个次领域已衍生成各自独立的专业学门，如生物学、地质学、动物学等。现在已经没有人像达尔文一样，做过地质与多样动植物的研究。如果科学史家不假思索，将这些当代分科投射到过去，将会割裂 18、19 世纪（或更早期）博物学的整体性，只剩下片断零碎的了解。然而这种情形在近十几年来已大幅改善：学者认识到博物学，尤其是植物学，堪称 17 至 19 世纪时的"大科学"（big science），这吸引了从科学界、政府机构、海贸公司到殖民地官员对它的广大兴趣与支持。最近几年，博物学史俨然成为科学史里的显学。相对而言，"博物学"在中国科学史学中，仍受冷落。这方面的研究虽也有一些成绩，但尚未蔚为风气。这里所谓的"博物学"，笼统地概括了中国人研究种种自然物品、现象的记录。笔者不拟在此深究名词的定义（如什么是"自然"等），重点是中国人研究花草树木、鸟兽虫鱼，并留下了浩瀚文献，诸如本草、园艺农书、花谱、博物志，乃至游记、笔记、方志等，都值得学者深入探索。笔者希望本书能鼓励更多青年学者投入到中国的或是西方的博物学史的研究中。

总而言之，如果我们要认真探索 19 世纪在华的欧洲科学活动，我们就应该看重博物学，因为从人员参与、活动层面、科学界的重视各方面而言，博物学都是那个时期欧洲人在华最广泛的科学活动。这一方面是因为博物学在当时欧洲社会里蓬勃发展，蔚为风气；另一方面是因为博物学与欧洲海洋贸易、帝国主义扩张之间具有多角互动关系。这些在书中各章有详细叙述。

本书另一个特色是用文化遭遇的观点去检视博物学史，希冀能更犀利地看到18、19世纪博物学发展的一些特质。在此，笔者必须强调，文化遭遇与文化冲突两观点大不相同。文化冲突预设了两个或多个文化，彼此界限分明，互不相容；当它们相遇时，即如石头或台球碰撞，铿锵对立。文化遭遇并没有这种含义。它凸显的是文化的多元性、活动力与弹性，注意文化相遇时的过程及其多种可能的结果。冲突当然是一种可能，但遭遇的结果也有可能是混杂、调适、融合或是其他形式。因此，要研究文化遭遇，就必须细心重构与分析其情境、过程与历史行动者的动机与行为，才能适当地解释其结果。这个观点贯穿全书。例如，书中第一部分，以广州作为一个全球性商埠为背景，探索博物学研究中的日常科学实作是如何在这个文化、商品集散地展开，并力图兼顾全球贸易的宏观视野以及在地文化遭遇的微观焦点。因为，文化遭遇总是发生在某一特定时空，有其个别的社会、文化、地理环境，所以我们应该将博物学和其他田野科学工作落实到"地方"（place）上。换句话说，我们可以将海贸港口比拟作田野工作的场所（site），它同时也是一个信息交换的枢纽，以及文化遭遇的"接触区"（contact zone）。海贸大港里的社会与物质空间，提供了对科学工作有利的环境。身处异地的欧洲人，与当地人做生意，买卖商品，并建立业务网络，拓展社会关系，而他们也借机采集科学标本。同样的，与欧洲人贸易的当地人，也扮演着文化中介（cultural agent）的角色；将其认为有价值的知识，传入他们自己的社会。所以，如果我们把这类日常科学活动视为在海贸港口与当地贸易活动相关的文化实作（cultural practice），便可清楚地看到它立基于商埠的特殊文化、社会环境上。来自世界各地的人群、物品与文化在海贸港口相遇，形成了科学调查的沃土。

但是，如果太轻易地使用接触区或文化边境（cultural borderlands）这类概念，侧重人、物、文化交流的开放性，可能不免低估实力和权力差异的现实。所以在解释19世纪中晚期英国人在中国的研究时，我们应该正视"科学帝国主义"（scientific imperialism）这个观念与现象。科学帝国主义指出科学与帝国殖民事业两者的共生关系，说明科学发展与帝国想象的扩张，在某些情况下构成了一个相互作用的反馈回圈。以世界地理学为例，它的成长多少建立在帝国机制、想象与欧洲帝国势力朝各大陆的扩张上；相对地，帝国主义机构也会援引地理学知识作为其前进、发展与控制的工具。欧洲对

18 世纪印度及 19 世纪非洲的探勘、绘图与侵占殖民，即为显例。

19 世纪下半叶，西方人的田野博物学研究伸展到中国内陆。这个过程与英帝国主义势力在中国的扩张密不可分，但同时也与中国人因应此一变局的方式有关。该时期博物学研究有三个较为显著的面向：（1）英国"非正式帝国"（informal empire）在中国的扩张。帝国势力透过领事机构、中国海关，以及各式各样的商务与传教组织，在支持与执行博物学研究上，扮演了一定角色。（2）在中国的西方社群中，汉学与博物学的交织发展。长居中国的洋人，尤其是传教士及领事、海关人员，因职务所需及兴趣学习中文，研究中国文化和古籍，也进而对中国的博物学感到好奇。他们结合汉学与博物学，阅读中国古代对动植物的记载，如本草、农书、花谱等。（3）内陆田野工作机会的增加，也对博物学研究范围产生正面影响。地理空间的扩张，不但使得博物学者能较广泛地调查中国各地区的动植物，也因而渐能拼凑一个较完整的动植物分布图像。这类的研究只有从田野间的实地观察做起。虽然采集、鉴定、分类仍是他们研究的要务，但在结合生物地理空间分布的知识后，对当时刚起步的生物地理学与生态学有奠基的功用。此外，博物学者也从田野的实作经验中，获得了博物学研究不可或缺的在地知识（situated knowledge）。

当遇到中西科学交流这个历史问题时，我们最可能想到的知识交流的形式是书籍文献的翻译与流传。例如西方汉学家与博物学者对中国传统动植物文献的研究，或是西方博物学著作的译介。本书对这些活动特辟专章研究。然而，笔者也希望本书能证明，非文字沟通形式的科学遭遇，虽然常遭学者忽视，却一点也不比文献翻译次要。这尤其因为博物学研究，常经由非正式的私人管道进行；而参与其中的中国人又多是社会的下层民众，有些甚至是目不识丁、住在穷乡僻壤的农夫。专注于中西书籍的翻译，不可能告诉我们多少关于田野工作，标本采集、剥制、保存，博物馆实作，以及其他对博物学来说不可或缺的人物与知识。我们对博物学史的认识，也将有极大的盲点。一旦我们将注意力移转到科学工作中文化与物质的实作（cultural and material practices）上来，我们将发现西方博物学者与中国人之间的跨文化接触，发生在不同层次，甚至在意想不到的地方。这些活动在博物学知识的制造、成形与流通中，都可能占着关键地位。

因此，笔者希望文化遭遇的观点对了解该时期在中国的科学活动有所助益。一般研究中国科学史的学者，多半有意无意对比中国知识系统与西方科学。由于事涉知识传统的发展历史，这样做无可厚非。但如果我们从文化遭遇的角度切入，如论析旅华英国人的日常科学实践，以及他们从事研究时与各地、各阶层中国人的交往，并进而研究中国人如何参与这些科学活动，我们将更能打破中西科学史的隔阂，有效地把 18、19 世纪中国科学史置入全球政治、经济、社会的脉络中，而不再使其沦为西方科学的"他者"，也不再重复将晚清科学史等同于引进西方科学的陈年故事。

本书虽以在华博物学研究为例，讨论英科学帝国主义与文化遭遇的问题，但其中的论点可推而广之。证据显示，其他非西方社会的欧洲博物学者，也常处于类似的情境。此外，我们也可以采取同样的途径来研究在清代中国的其他帝国强权，例如，法国在中国西南地区，俄国在清帝国的西北部的情况。甚至，在某种程度上，我们可以从类似的观点来看年代稍后的日本科学帝国主义在东北的活动。当然，就像其他的比较史一样，每个例子都有其历史独特性，未可一概而论。所以我们必须根据史例，在方法上做些修正。此外，本书的论点可推广到当时其他某些科学领域，如地理学、人类学、考古学。这些科学领域的发展，与欧洲势力渗入世界各地时发生的文化遭遇息息相关，而它们的操作与实践，与博物学类似，常具在地性，并受自然人文环境影响。

当然，本书只是一个初步尝试，其中论点、描述、诠释都未届成熟，且难免有错漏之处，尚祈先进，不吝指正。

范发迪

致　谢

　　我原先学习自然科学，后来到了美国，打算学电影，但是不久就发现了历史的魅力。在威斯康星—麦迪逊大学求学的那几年中，哈罗德·库克（Harold Cook）、维克托·希尔茨（Victor Hilts）还有林恩·尼哈特（Lynn Nyhart）耳提面命，耐心地指导我进入史学领域，完成知识上的转型。此外，罗纳德·南博斯（Ronald Numbers）和朱莉娅·托马斯（Julia Thomas）在论文完成的最后关头，慷慨加以指点。他们都是循循善诱的模范之师，我从他们和蔼而有益的建议中所得良多。在麦迪逊这座生机勃勃的中西部小城的那段日子里，我从同在研究所奋斗的同学、朋友中学到了很多。在此应该特别感谢绢川朋美（Tomomi Kinukawa）、柯裕棻（Yu-fen Ko）、路易斯·罗宾斯（Louise Robbins）以及杨芳燕（Fang-yen Yang），这几位朋友深深地影响了我在学术和人格上的成长。

　　得到学位后，我越洋远赴德国，进了马克斯·普朗克科学史研究所，马上感到这是个友好且充满活力的研究环境。我所属的部门里有数十位科学史同人，一到周末，他们就摇身一变为背包客、电影迷以及音乐发烧友。我非常感激与马提亚·德里斯（Matthias Doerries）、卡尔·霍尔（Karl Hall）、阿比盖尔·勒斯蒂格（Abigail Lustig）、格雷格·米特曼（Gregg Mitman）、米歇尔·墨菲（Michelle Murphy）、马特·普赖斯（Matt Price）、罗伯特·理查兹（Robert Richards）以及其他一些人共处的时光。中国科学院自然科学史研究所的张柏春当时也在马普所，他为人和善诚恳，对我照顾有加。这些友谊使得柏林漫长昏暗的冬夜如明朗之夏日般愉悦。本书的数章草稿曾在马普所举办的几个研讨会上发表，在此感谢与会者所提的宝贵意见。

　　我回到美国之后，在纽约州立大学宾汉姆顿分校任教，有幸能与历史系以及亚洲研究系的同人共事。同人之间情谊深厚，我时时感受到亲切、热忧、宽容的气氛。我们在宾汉姆顿这座小城，建立起了一个紧密且生机勃勃的团队，成员之间不仅仅是同事，更是朋友，我们一起分享着人生、职业中的酸甜苦辣。我在宾汉姆顿的生活因为有了南希·阿佩尔鲍姆（Nancy Appelbaum）、约翰·查菲（John Chaffee）、唐纳德·凯特力特（Donald Quataert）以及其他的朋友而更感温暖有趣。织田桂子（Keiko Oda）则善良地容忍了我对日本动画和铁厨秀①孩子气般不长进的兴趣。

这本书的研究，在各个阶段分别得到了蒋经国学术交流基金会、美国国家科学基金会以及威斯康星—麦迪逊大学的资助。在研究并撰写此书的过程中，得到了下述机构工作人员的大力协助：密苏里植物园、哈佛大学植物学图书馆、哈佛—燕京图书馆、阿诺德树木园（the Arnold Arboretum）②、琵琶迪·艾塞克斯研究所、威斯康星—麦迪逊大学图书馆、英国皇家植物园（邱园）、英国国家档案局、大英图书馆、维多利亚与阿尔伯特博物馆、林奈学会③、皇家地理学会、皇家植物学会、皇家药学会、英国自然历史博物馆、皇家爱丁堡植物园、伦敦动物学会、伦敦昆虫学学会、剑桥大学图书馆、皇家地质学会，位于格拉斯奈文的爱尔兰国家植物园，以及香港公共档案局。其中要对邱园的图书馆员们、在英国自然历史博物馆工作的小约翰·撒克里（John Thackray）以及哈佛大学的胡秀英（Shiu Ying Hu）博士特表谢忱。

当然还要感谢哈罗德·库克、洛兰·达斯顿（Lorraine Daston）、维克托·希尔茨、阿比盖尔·勒斯蒂格、林恩·尼哈特、罗伯特·理查兹以及朱莉娅·托马斯诸位前辈，他们拨冗阅读了其中的一章或多章草稿。

这里也要感谢我的编辑安·唐纳-哈泽尔（Ann Downer-Hazell）的非凡耐心和编辑长才，还有几位匿名评论者的详尽批评和建议。由于忙于应付新

---

① "铁厨"（*Iron Chief*）原本是日本 Fuji TV 制作的电视节目，在美国的 Food TV 频道上播映多年，广受欢迎。——译者注

② 美国哈佛大学所属的植物学综合研究机构，以引种栽培乔、灌木植物著称。建于1872年3月29日。设有植物分类、植物化学和遗传育种等实验室，定期出版《阿诺德树木园植物学报》和《阿诺德树木园》等杂志。树木园引种栽培乔、灌木植物的种类居世界各国植物园之首。在引种和研究亚洲东北部的植物，特别是中国的植物方面，享有盛名。——译者注

③ 林奈学会始建于1778年，是为了纪念林奈而创建的，现位于英国伦敦皮卡迪利街的伯灵顿宫（Burlington House, Piccadilly, wi.），曾开展过广泛的科学活动。——译者注

的研究项目，我将书稿搁置于抽屉多时，而迟迟未予最后定稿。安以她温和的方式盯着我，使我最后不得不满怀歉意地完成定稿。伊丽莎白·柯林斯（Elizabeth Collins）高效地校订了这份书稿。

本书第一、三、四章曾以不同版本发表于《俄赛里斯》（*Osiris*）①、《英国科学史学报》（*British Journal for the History of Science*）以及《科学史》（*History of Science*），但在收入此书时已经作了一些修订。

尽管梅利莎·赞坎（Melissa Zinkin）还未能成功地说服我去啃读康德著述，但她绝对证明了午后散步的确是一桩美事——尤其是有她相伴的时候。她是我最严格的读者，也是我最温柔的批评者。我深深感谢她的耐心、关爱及支持。

我对博物学的兴趣可追溯至幼年时代。我在乡下长大，直到现在还清晰地记得，当我还是六七岁的孩子时，经常跟着祖母到村子后面的山里挖竹笋。我的祖父教我怎样用吊在细竹枝上的小虫钓青蛙——这个方法，虽然看起来不起眼，却是一位英国博物学家和皇家学会的未来成员认为值得报告给伦敦科学界的。我的祖父母早已过世，可是我将永远珍惜这些儿时记忆。尽管许多年来，我敬爱的父母并不清楚我研究工作的来龙去脉，但他们的信赖对我来说就是最重要的动力和灵感。他们已经为我们这几个孩子付出了太多，现在我们一家散居于太平洋两岸的三个地方，遥遥相念。他们的恩惠，我无以回报，谨以此书献给我的父母。

---

① 俄赛里斯是传说中古埃及的主神之一，是爱西斯的丈夫，负责掌管已故之人，并使万物自阴间复生。此处为美国科学史学会的机关刊物《爱西斯》（*Isis*）的姊妹刊物，专门刊登长篇研究论文，由著名科学史学家乔治·萨顿（George Sarton）创办。——译者注

目　录

导　言

1883 年 9 月，广州爆发了一场反洋动乱。大批民众攻击外国租界，纵火
烧屋并抢掠财货。居住于此的英国汉学家谭训（Theophilus Sampson）的住
所受到波及，他的植物标本以及图书馆被焚毁。颇具反讽意味的是，谭训是
广州同文馆的英文教习，曾经教过不少中国学生。谭训的挚友亨利·汉斯
（Henry Hance）是中国植物学方面的权威，当时刚好担任驻广州的代理领
事。他本就觉得代理领事公务繁忙，现在又出了这件大事，只能感叹有段时
间将无法致力于植物学研究了。还好汉斯和当地的一位喜欢花卉的中国官
员，已经建立了良好的业务关系。在那段时间里，为了平定动乱与维持秩序，
英国和清朝的战舰在江中巡逻，为数上千的清军开进这一地区以保护洋人。在
动乱发生时，香港植物园主管，同时也是汉斯和谭训的好友，查尔斯·福特
（Charles Ford）正由内地山区采集植物回来。他和他的中国助手，搭乘一艘当
地客船，沿江而下。虽然福特是整船 150 名乘客中的唯一外国人，他挤身其中，
却未受一点打扰，顺利回到广州。他旅行采集到的大部分标本，都要经过中国
人之手，因为除了一名新聘的助手，他部门里所有的人员都是中国人。①

　　正如这一事件所显示的，清代在华的英国博物学家经常发现自己与中国

---

① 英国人称此事件为"罗根暴乱"（the Logan riot），中国学者则将其视作沙面
这地方的一次反洋示威。对该事件的描述，可参见 *The China Mail* 1883 年 9 月 11、
12、15 日的记载。该事件起因于一名英国人在争执中枪杀一华人小孩，并击伤两人。
当事人依据英国法律审判，并被从轻发落。当地中国人群情愤怒。不久之后，一名葡
萄牙水手在一艘英籍船上粗鲁地将一位华人踢入河中，致其溺毙，终于引发抗议冲突。
关于当时三位英国植物学家的描述取材于 1883 年 10 月 3 日福特给威廉·西塞尔顿-戴
尔（William Thiselton-Dyer）的信件，参见 Kew：Chinese and Japanese Letters，150
（278–281）；1884 年 7 月 14 日汉斯给 James Britten 的信件，参见英国自然历史博物馆
植物学书信集；Knight Biggerstaff，*The Earliest Modern Government Schools in China*
（Ithaca：Cornell University Press，1961），37；P. D. Coates，*The China Consuls*（Ox-
ford：Oxford University Press，1988），202。

2

人维持着复杂多元、变化不定甚至矛盾吊诡的关系。① 英国博物学家来到了
这个庞大的帝国，这块自耶稣会教士来华就以其丰富的动植物而闻名欧洲的
土地，他们相信，大量的科学宝藏就隐藏于中国内陆。但是他们的期望却随
时都可能遭遇挫折。社会和制度这类的人为藩篱对于他们科学考察的限制远
甚于自然界的障碍。但也正因如此，要研究中国的动植物，就不得不依赖中
国人。博物学家们需要能够超越文化国别的沟通途径，而他们的科学事业也
就取决于中国人的参与。

　　尽管博物学是西方人在中国致力最多的科学研究，但这段历史却几乎完
全被学者忽略了。本书首先以现代史学的观点，就这一问题作系统性的叙述
与研究。② 试图以较长的历史时段和宽广的历史视野，来探讨在华英国博物学
家的科学活动是如何与博物学史、科学帝国主义以及中西关系相互联结的。本
书因而特别注重在当时全球和地方的背景下来了解在华西方（尤其是英国）博
物学家和他们的中国合作者是如何来探索、调查并描述中国的自然界的。本书
一方面尝试重建西方博物学家在面对外来强权的清代中国是如何进行研究工作
的，并分析其意图、方法、过程、结果以及制度基础。我们将特别注意那些活
动所涉及的历史行动者之间的界限划分以及权力协调。另一方面，本书则力图
爬梳整理汇聚于中国动植物及地理研究中的种种知识传统，说明博物学论述与
园艺、视觉文化、俗民知识以及汉学之间的关系。我的目的是要解释在那个中
西关系的关键时期，科学实作和科学知识是如何在文化接触区形成的。

----

① 清朝从 1644 年至 1911 年，统治中国将近三个世纪。
② 现存著作几乎都是植物学家所撰写的关于同行前辈对中国动植物研究的叙述。
贝勒（Emil Bretschneider）的 *History of European Botanical Discoveries in China*，2
卷（Leipzig：Zentral-Antiquariat，1962 ［1898］）尽管成书年代久远，但仍是一部研究
此课题必备的参考书。E. H. M. Cox 的 *Plant-Hunting in China：A History of Botan-*
ical Exploration in China and the Tibetan Marches（London：Collins，1945）；Alice M.
Coats 的 *The Plant Hunters*（New York：McGraw-Hill，1970），在英国则以 *The Quest*
of Flowers 为名出版，此书有一章专门叙述主要的西方植物采集员探访中国的经历。
Stephen A. Spongberg 的 *A Reunion of Trees：The Discovery of Exotic Plants and*
Their Introduction into North American and European Landscapes（Cambridge，
Mass.：Harvard University Press，1990）也对中国多有着墨。Er-mi Zhao 与 Kraig Ad-
ler 的 *Herpetology of China*（published by Society for the Study of Amphibians and Rep-
tiles，1993）有一章简述西方人对中国两栖动物的研究史。

　　要了解在华的英国博物学家，就有必要先知晓 18、19 世纪英国的博物学风潮及其文化意义。在这一时期，博物学是社会大众积极参与的科学和文化活动，这种风气表现在科学演讲、植物采集以及昆虫和化石收藏等流行与嗜好之中。① 当英国人随着商贸或殖民扩张，漂洋过海落脚于世界各地时，他们对博物学的爱好也随之而行。所以领事、旅行者、军官、商人等也往往是热衷于探索自然世界的干才，他们中有不少人与英国本土的博物学界保持着密切的通信往来。在这段时期里，英国对华贸易迅速增长，而且强大的英国海上势力也使远洋探索成为可能；英国人对中国的侵略更是随着 19 世纪的到来而日甚一日。但是，尽管博物学的风行和英帝国势力的扩张都是很重要的因素，这两种因素还是无法充分解释英国博物学家和中国人之间在科学活动过程中的互动关系。

　　要考察博物学家与中国人的遭遇，诸如"接触区"（contact zone）或"边境地区"（borderlands）的观念，对于界定发生遭遇的空间提供了富于启发性的思考工具。② 人类学和文学批评学者用这些观念来指称来自不同地理、文化以及历史背景的人物，其时空轨迹相交的区域。在此必须强调，这些观念

---

　　① 可参见诸如 David Elliston Allen，*The Naturalist in Britain：A Social History* (Princeton：Princeton University Press，1994 [1976])；Lynn Barber，*The Heyday of Natural History* (New York：Doubleday，1980)；Lynn Merrill，*The Romance of Victorian Natural History* (Oxford：Oxford University Press，1989)；Ann B. Shteir，*Cultivating Women，Cultivating Science：Flora's Daughters and Botany in England，1760 to 1860* (Baltimore：Johns Hopkins University Press，1996)；以及 N. Jardine，J. A. Secord 与 E. C. Spray 编著的 *Cultures of Natural History* (New York：Cambridge University Press，1996)，这本书关注范围较广，不局限于英国。

　　② "接触区"这一观念源自于 Mary Louise Pratt 的著作 *The Imperial Eye：Travel Writing and Transculturation* (London：Routledge，1992)，6-7。德里克（Arif Dirlik）在其文章 "Chinese History and the Question of Orientalism"（载 *History and Theory* 35 [1996]，96-112，尤其是 112-113）中论述了在研究近代中国史上应用这一概念的问题。另可参见 James Clifford 的 *Travel and Translation in the Late Twentieth Century* (Cambridge，Mass.：Harvard University Press，1997) 中 188～219 页的叙述。"边境地区"的概念在奇卡诺人研究（Chicano studies）中广泛使用。例如，可参见 Gloria E. Anzaldua，*Borderlands/La Frontera：The New Mestiza* (San Francisco：Aunt Lute Press，1987)。关于美国历史中的"边境地区"，参见 Jeremy Adelman，Stephen Aron，"From Borderlands to Borders：Empires，Nation-States，and the Peoples in between in North American History," *American Historical Review* 104 (1994 年 6 月)，814-841。我还参考了 Frederick Cooper 与 Ann Laura Stoler 编著的 *Tensions of Empire：Colonial Cultures in a Bourgeois World* (Berkeley：University of California Press，1997)；Homi Bhabha，*The Location of Culture* (London：Routledge，1994)；Anne McClintock，*Imperial Leather：Race，Gender and Sexuality in the Colonial Contest* (London：Routledge，1995)。

所指的并不一定是实际的地理位置，虽然地理关系的确是这类观念中的一项重要因素。此外，本书也视需要，转换应用一些后殖民研究以及文化研究中的观念，以突出文化遭遇中混杂（hybrid）和操演（performative）的面向。

所有这些理论概念至少都有一个相通的观点，即这些概念在认识到差异的存在的同时，却没有预设文化遭遇的历史行动者之间必然存在僵硬、死板且不可跨越的文化界限。不可否认，界限的确存在，但重要的是我们不应将之视作理所当然。历史学者的任务正是要解释这些界限是为何以及如何形成的。同样的，这些概念避免不假思索地套用诸如中国/西方文化或文明这类惯常的二分法，而注重说明历史行动者相遇时的互动，以及相关的文化、政治、社会范畴是如何在遭遇的过程中被界定出来的。再者，这些概念避免将权力关系本质化。与之相反，它们标示出一个历史人物作为历史动因的空间，使我们能较容易看到发生在各类边境地区当中的混合、互动、调适、杂化以及融合与冲突。例如，信息网络经常将中国人、英国人以及其他西方人维系在一起；

4　如果硬要按照中国人/西方人分立的观点将之割裂开来，则不免落入削足适履、扞格不通的窘境。要避免这种情形的话，如果能有效地运用上述那些概念，将有助于我们探究知识及其他文化产物的转化、传播及繁衍，尤其是因为这些东西与民族的、文化的或者其他传统的分类不一致。

但是我们也要注意到，如果任意使用这些史学概念，可能会导致低估权力差别这个事实。尽管这些概念、观点本身并无忽视权力差别之原意，但一不小心的话，还是可能会想象出文化产品自由交流这等过于美化的图景。因此，本书在分析鸦片战争之后英国人的博物学工作时，强调了科学帝国主义所扮演的历史角色；科学帝国主义与英帝国主义在中国的扩张携手并进。作为一个诠释观念，科学帝国主义强调科学和帝国主义这两者之间的可能的共生关系。也就是说，在特定的历史情境当中，科学发展与帝国扩张可以被理解为一个反馈圈的相应组成部分。①

----

① 关于科学帝国主义可参阅：Roy MacLeod, "On Visiting the 'Moving Metropolis': Reflections on the Architecture of Imperial Science," in Nathan Reingold and Marc Rothenberg, eds., *Scientific Colonialism: A Cross-Cultural Comparison* (Washington, D. C.: Smithsonian Institution Press, 1987), 217–219; Paolo Palladino, Michael Worboys, "Science and Imperialism", in *Isis*, 84 (1993): 91–102; Richard Drayton, "Science and the European Empires," *Journal of Imperial and Commonwealth History*, 23 (1996): 503–510; William Storey, ed., *Scientific Aspects of European Expansion* (Brookfield: Variorum, 1996), xiii–xxi; 以及 Roy MacLeod, ed., *Nature and Empire: Science and the Colonial Enterprise*, 绪论, Osiris 15 (2000)。

举个例子来说，近代世界地理学的发展有很大一部分是建立在帝国想象、机制和扩张的基础上的，而这些帝国想象、机制和扩张反过来又需要世界地理学知识的支持，所以两者之间是相辅相成的。

关于科学帝国主义的既存著作通常把焦点放在科学与帝国宰制方面，因而大多数作者倾向于他我二分，并进而提炼出西方和其余地区之间的权力关系。因为这个概念着力于说明西方的角色，其结果就变成了凸显其主动性与积极性，或明或暗地弱化了当地人的意识、行动，也忽略了历史过程中当地人所起的中介作用。① 与上述的做法不同，笔者希望通过探究历史行动者如何在文化接触时协调不同的文化传统和彼此差异，来补充、修正上述对"科学帝国主义"这一概念的应用与演绎。科学帝国主义是个有用的概念，它认识到了权力差别的事实（这里必须强调，权力差别必须在特定的环境中加以了解），并显示出博物学研究在欧洲扩张中的企图、组织及含义。但是如果我们想要进一步知道科学帝国主义是如何在殖民地和其他非西方地区实地展开的，我们就不能忽视那些当地民众，以及他们的动机和行为。②

因此，本书就力图还原参与博物学研究活动的各式各样的中国人，他们来自许多不同的社会阶层，有着不同的身份背景和知识技能。在华的英国博物学家在从事研究考察时，时时与中国人打交道。这些中国人包括：官员、商人、草药师傅、买办、仆人、画师、工匠、渔人、园丁、和尚、翻译、街

①　关于科学帝国主义的一些近期著作强调当地人对帝国主义的反应与抵抗，参见 Deepak Kumar, *Science and the Raj*，1857-1905（Delhi：Oxford University Press，1997）；Zaheer Baber, *The Science of Empire：Scientific Knowledge*，*Civilization*，*and Colonial Rule in India*（Albany：State University of New York Press，1996）；Richard Grove, *Ecology*，*Climate and Empire：Colonialism and Global Environmental History*，*1400-1940*（Cambridge：White Horse Press，1997）；David Arnold, *Colonizing the Body：State Medicine and Epidemic Disease in Nineteenth — Century India*（Berkeley：University of California Press，1993）；David Arnold, ed.，*Imperial Medicine and Indigenous Societies*（Manchester：Manchester University Press，1988）。笔者认为即使是这种观点也无法有效描述文化接触的多样性。

②　我很明白"当地人"（natives）、"俗民"（indigenous people）、"俗民知识"（indigenous knowledge）以及其他类似说法实际上并不理想，因为它们给人一种简单、纯粹、落后的印象，并暗示其具有被动、原始、不变的性质，所以仍然落入西方/非西方的二分法。但是，由于这些说法已约定俗成，本书也随俗沿用。

头小贩、临时工、农夫、猎户甚至孩童。研究中西关系的著作很少注意到英
5 国人（或其他西方人）与一般中国民众在日常生活中的接触；因此，本书以
中国人和英国博物学家之间的交往为切入点，深入探索中西关系中某些被忽
略的层面。西方对近代中国史的书写似乎经历了一个辩证的过程，并且开始
对过去二三十年来独尊的中国中心史观提出了质疑。然而，对中国沿海、海
外华人以及中外关系的日渐增长的兴趣也并不意味着要回到费正清那一辈学
者所依赖的冲击—反应模式或其他类似的线型现代化史观那里去，而是力图
在全球背景下去理解中国历史的新开始。①

当然，任何一种研究在取材和视野上都得有所取舍。本书主要关注科学
活动，因此侧重描写英国博物学家及其研究工作，只能尽量涵盖参与活动的
中国人以及他们与英国人的互动。另一方面，关于这些中国人的史料不是付
之阙如，就是零散殆尽，因此，要重构他们的生平、动机、贡献，实属不
易。因为大多数的研究活动都是私下和非正式的，并且由于大多数中国人都
是社会地位低下的民众，故而只能希望找到他们留下的蛛丝马迹。这些困难
自然就限制了讲述真正均衡而多方面的文化遭遇史的可能性。这一问题并不
为当前这一工作所独有，它出现在试图叙写人们遗失的历史的几乎每一位历

---

① Paul Cohen, *Discovering History in China: American Historical Writing on the Recent Chinese Past* (New York: Columbia University Press, 1984). 关于较新的观点，可参见 *The American Neptune* 48, no. 1 (1988 年冬) 中关于清朝海外关系的文章；Aihwa Ong and Donald Nonini, eds., *Ungrounded Empires: The Cultural Politics of Modern Chinese Transnationalism* (New York: Routledge, 1997); *Gungwu Wang, The Chinese Overseas: From Earthbound China to the Quest for Autonomy* (Cambridge, Mass.: Harvard University Press, 2000); James Hevia, *Cherishing Men from Afar: Qing Guest Ritual and the Macartney Embassy of 1793* (Durham: Duke University Press, 1995); *Modern China* 24, no. 2 (1998) 中的文章；Joanna Waley-Cohen, *The Sextants of Beijing: Global Currents in Chinese History* (New York: W. W. Norton, 1999); Laura Hostetler, *Qing Colonial Enterprise: Ethnography and Cartography in Early Modern China* (Chicago: University of Chicago Press, 2001), 或可一并阅读我对该书的书评，载 *Metascience* 10 (2001): 458—461. 近十年来，研究清史的西方学者，以彭慕兰 (Kenneth Pomeranz) 等为首，常强调在全球与比较背景下来思考中国经济与生态史，并借此对近代早期世界史加以修正。Robert B. Marks 的 *The Origins of the Modern World: A Global and Ecological Narrative* (Lanham, Md.: Rowman and Littlefield, 2002) 简短地介绍了这一晚近的学术发展。

史学家面前。① 但只要历史学家继续认真慎重地加以对待，收获将远多于风险。

18、19 世纪英国人对中国自然界的调查研究经历了几个显著的阶段，本书的结构也相应分成两部分和五章。第一部分涵盖了 18 世纪中叶到鸦片战争这一长时段；第二部分描绘鸦片战争之后直至 20 世纪初的历史。两大部分内的各章主要依历史主题安排，但其间次序也大略根据时间顺序罗列。各章主题揭示出这段时期在华英国博物学家典型且最值得注意的科学活动，各章顺序也大致与该活动渐露头角的时间次序相对应。

英国人在 18 世纪中叶之前鲜有机会对中国自然界进行调查。18 世纪中 ⁶ 叶之后，英国逐渐排挤其他欧洲国家的海上势力，并取得欧洲对华贸易的主导地位。贸易量日益增加，越来越多的英国人也因而来到中国。因为英国博物学文化的缘故，这些人中有不少博物学和相关活动的爱好者，这也正好为科学研究提供了人力与资源。1757 年，清廷改变了对洋人的政策，将贸易活动限制在广州一个港口。这一政策持续了将近一个世纪，直到鸦片战争后方才戛然而止。本书第一部分主要讨论这一时期（后来在华洋人称之为"旧广州时期"），在广州这个贸易大港中英国人对博物学的兴趣与研究活动。我在书中认为当时与中国进行海外贸易的背景对解释英国人在华的博物学活动极为关键。不仅从事博物学及相关研究的人常常来自于商贸事业，而且这类研究的兴趣、制度和实作都与海外贸易活动息息相关。第一章描绘广州当地商贸与文化环境，并揭示其如何构成博物学相关科学活动的社会条件。在展现了这一宏观的场景之后，本书试图采取微观的角度，对旧广州时期的某些博物学活动加以详细的分析；于是第二章就聚焦审视英国博物学者与从事出口洋画的广州画师如何合作绘制动植物图鉴，并解析文化交流在科学与视觉表现当中的作用。

本书第二部分探究从鸦片战争后开放通商口岸到 1911 年清朝覆亡这段时期。这个大的政治背景在很大程度上决定了英国人对中国动植物所采取的

---

① 对于这些问题的讨论，可参见诸如 Carlo Ginzburg, *Clues, Myths, and the Historical Method* (Baltimore: Johns Hopkins University Press, 1992); Ranajit Guha and Gayatri Chakravorty Spovak, eds., *Selected Subaltern Studies* (New York: Oxford University Press, 1988)。

调查方式，因为它决定了博物学家能否深入探索内地的自然世界；此外，博物学工作所依赖的人才、物资、组织也取决于或反映了中英关系的变化。在这一时期，英国人对中国大自然的调查有三个特别显著而互相关联的面向，简而言之，就是一个科学信息的帝国的形成，汉学与博物学的共同发展，以及考察与田野工作的活动日益增多。所以本书第二部分中的三章就分别处理这些历史议题。第三章以非正式帝国这个观念为出发点，勾画出在华英国博物学者以及支持其研究的各式组织机构的共同轮廓。第四章说明博物学中的文本传统和汉学研究的结合，并由此审视跨文化知识转译的实作。随着 19世纪渐近尾声，英国博物学者越来越有机会与能力深入中国内部，科学考察与田野工作也随之愈加广泛活跃。从这个角度切入，第五章探讨了博物学与在华的旅行、狩猎、探险等英国帝国文化的关系。

因为此书是为不同背景的学者们所准备的，我尽可能避免使用动植物的学名，除非它是完全必需的（读者们有意加以确认的话，则可以查看注释）。至于拉丁语的中国名称，除了在西方广为人知或更便于学者使用的旧有译名，比如那些确定的地名外，其他的我则使用拼音系统。

第一部分

口　岸

第一章
中国商埠中的博物学

在科学史中，博物学可以说是最难捉摸的课题之一。即使我们只关注现
代这个阶段而不回溯到更早之前，博物学事业的形式与实践依然是如此范围
广阔、复杂多端，以至于我们必须采用更为广义的概念来了解这项科学活
动，不只是把它当作精英所从事的知性追求，而应看成很多人参与的文化实
作活动。近年来，学者们已经认识到并开始着手研究博物学的发展与近代早
期海上贸易扩张之间的联系。① 一直到 18 世纪最后几十年，有组织的大型科
学考察活动并不常见。② 在那之前，欧洲的外地博物学标本大部分都是直接
或间接通过海洋贸易活动而获得的。远洋商船，或满载银条、咖啡、糖和烟

---

① 参见诸如 Pamela Smith and Paula Findlen, eds., *Merchants and Marvels: Commerce, Science, and Art in Early Modern Europe* (London: Routledge, 2001); Harold Cook, "The Moral Economy of Natural History and Medicine in the Dutch Golden Age," in *Contemporary Explorations in the Culture of the Low Countries*, ed. William Z. Shetter and Inge Van der Cruysse (Lanham, Md.: University Press of American, 1996), 39–47。

② 关于 18 世纪的航海与探险，参见 David Mackay, *In the Wake of Cook: Exploration, Science and Empire, 1780–1801* (London: Croom Helm, 1985); Marie-Noëlle Bourguet, "Voyage, mer et science au XVIIIe siècle," *Bulletin de la Société d'Historie Moderne et Contemporaine* 1–2 (1997): 39–56; Jordan Kellman, "Discovery and Enlightenment at Sea: Maritime Exploration and Observation in the Eighteenth-Century French Scientific Community" (Ph. D. diss., Princeton University Press, 1998); David Philip Miller and Peter Hanns Reil, eds., *Visions of Empire: Voyages, Botany, and Representations of Nature* (Cambridge, England: Cambridge University Press, 1996); Derek Howse, ed., *Background to Discovery: Pacific Exploration from Dampier to Cook* (Berkeley: University of California Press, 1990); Roy MacLeod and Philip Rehbock, eds., *Nature in Its Greatest Extent: Western Science in the Pacific* (Honolulu: University of Hawaii Press, 1988), 13–86; Bernard Smith, *European Vision and the South Pacific*, 2nd ed. (New Haven: Yale University Press, 1985)。

草横越大西洋而来，或运着香料、瓷器、茶叶与丝绸绕过好望角而来，也常常载着从各地买来的珍奇动植物、外国港口的商店中发现的有趣化石或蜥蜴皮、航行途中获得的古怪鱼类、在离家万里之遥的海滩上拾到的贝壳，以及其他许多数不清的新奇玩意儿。① 这些稀奇古怪的东西，后来有的可能进了大人物的珍物陈列柜，有的可能进了博物馆，有的则可能被载入像布丰伯爵（Buffon）② 或基歇尔（Kircher）③ 这些博物学家的渊博著作之中。④ 与这些大自然物品相伴而来的还有关于世界其他地方动植矿物的故事、评论、传说和图画，其中有的经过系统收集，有些只是随地遇上的零散消息，但是这些信息有时候像实物标本一样富有价值。⑤

12

---

① Louise E. Robbins, *Elephant Slaves and Pampered Parrots*：*Exotic Animals in Eighteenth-Century Paris*（Baltimore：Johns Hopkins University Press, 2002）第 1 章；N. A. M. Rodger, *The Wooden World*：*An Anatomy of the Georgian Navy*（London：Fantana Press，1988），68-71；Wilma George，"Alive or Dead：Zoological Collections in the Seventeenth-Century," in *The Origins of Museums*：*The Cabinet of Curiosities in Sixteenth and Seventeenth Century Europe*，ed. Oliver Impey and Arthur MacGregor（Oxford：Clarendon Press，1985），179-187；同一作者，"Sources and Background to Discoveries of New Animals in the Sixteenth and Seventeenth Centuries," *History of Science* 18（1980）：79-104。关于动植物的交换，参见 Alfred Crosby, *Ecological Imperialism*：*The Biological Expansion of Europe*，*900-1900*（Cambridge, England：Cambridge University Press, 1986）；A. J. R. Russell-Wood, *A World on the Move*：*The Portuguese in Africa, Asia and America*，1415-1808（New York：St. Martin's Press, 1992），148-182。

② 乔治-路易斯·勒克莱尔·德·布丰（Georges-Louis Leclerc, Comte de Buffon, 1707—1788），法国博物学家、数学家、生物学家、启蒙时代著名作家。——译者注

③ 阿萨内修斯·基歇尔（Athanasius Kircher, 1602—1680），17 世纪德国耶稣会成员和通才，其著作《中国图说》（*China Monumentis*）是一部当时欧洲关于中国知识的百科全书。——译者注

④ 例如 Paula Findlen, *Possessing Nature*：*Museums, Collecting, and Scientific Culture in Early Modern Italy*（Berkeley：University of California Press, 1994）；Oliver Impey and Arthur MacGregor, eds., *The Origins of Museums*。关于知识背景，参见 Lorraine Daston and Katharine Park, *Wonders and the Order of Nature*，1150-1750（New York：Zone Books, 1998）。

⑤ Steven Shapin, *A Social History of Truth*：*Credibility and Science in Seventeenth-Century England*（Chicago：University of Chicago Press, 1994），243-266；Daniel Carey，"Compiling Nature's History：Travellers and Travel Narratives in the Early Royal Society," *Annals of Science* 54（1997）：269-292；Lisbet Koerner, *Linnaeus*：*Nature and Nation*（Cambridge, Mass.：Harvard University Press, 1999）一书论述了林奈学生的旅行；David Lux and Harold Cook，"Closed Circles or Open Networks?：Communicating at a Distance during the Scientific Revolutions," *History of Science* 36（1998）：179-211。

　　欧洲商人在非西方社会与当地人交易——买卖货物、建立商业网络和拓展社会关系——有时也搜集博物学标本。因此，欧洲一些海外贸易公司的雇员在收集博物学标本与资料上，比其他任何人做得都多；那些标本与资料让欧洲科学界增长了见闻，也常常挑战他们原来对自然界的了解。供职于荷兰东印度公司的德拉肯斯坦（Drakenstein）① 和鲁菲丝（Rumphius）② 是最引人注目的例子；但那只是因为他们的研究在质量上都很惊人，至于他们对博物学的兴趣，其实很多从事海外贸易的人都有。③

　　海外贸易活动总是包含买卖双方，亦即渡海而来的贸易客和当地商人。像远来的西方人一样，那些从事贸易的当地人，也扮演了文化中介的角色：收集、交换物品信息，并将自己认为其中有价值的项目引入当地社会。④ 同时，他们也常常为博物学研究作出贡献。因此，要了解博物学和海外贸易的关系，就不能忽略当地人和他们的知识、实作，要不然我们将只有片面化的历史图像。⑤ 博物学信息与商品和货币的合流，成为文化交换和互动的一部分。事实上，动、植物本身也在某种程度上变成了一种资本，或者说是货币交换和社会交换的一种方式，并同时具备了经济、社会、美学和科学等各种价值。

---

　　①　亨德里克·阿德里安·范·里德·德拉肯斯坦（Hendrik Adriaan van Reeder Drakenstein，1636—1691），官员、植物学家。——译者注

　　②　乔治·埃弗哈德斯·鲁菲丝（Georgius Everhardus Rumphius，1627−1702），官员、植物学家。——译者注

　　③　Richard Grove, *Green Imperialism: Colonial Expansion, Tropical Island Edens and the Origins of Environmentalism, 1600−1800* (Cambridge, England: Cambridge University Press, 1995) 第 3 章；Georgius Everhardus Rumphius, *The Ambonese Curiosity Cabinet*, trans. E. M. Beekman (New Haven: Yale University Press, 1999).

　　④　关于文化遭遇的一些论述，请参见 Stuart B. Schwartz, ed., *Implicit Understandings: Observing, Reporting, and Reflecting on the Encounters between Europeans and Other Peoples in the Early Modern Era* (New York: Cambridge University Press, 1994); James Axtell, *After Columbus: Essays in the Ethnohistory of Colonial North America* (Oxford: Oxford University Press, 1988); Nicholas Thomas, *Entangled Objects: Exchange, Material Culture, and Colonialism in the Pacific* (Cambridge, Mass.: Harvard University Press, 1991).

　　⑤　诸如 Richard Grove, "Indigenous Knowledge and the Significance of South-West India for Portuguese and Dutch Constructions of Tropical Nature," *Nature and the Orient: The Environmental History of South and Southeast Asia*, ed. Richard Grove, Vinita Damodaran, and Satpal Sangwan (Delhi: Oxford University Press, 1998), 187−209。

本章旨在审视 18 世纪晚期和 19 世纪早期在华英国博物学研究者的科学活动，以及这些活动与海外贸易的关系。我认为，海外贸易的背景对我们了解博物学研究中的日常科学活动至关重要。早期的研究者大都是英国东印度公司的成员，收集标本和其他科学资料时非常依赖与中国人之间的商贸关系。事实上，即使是英国人对中国动、植物的好奇与渴求，还有运输这些东西的物质文化，也得放在海外贸易这个大背景中来理解。

13 神秘花园

对 18 世纪欧洲博物学家而言，中国占据了一席特殊的位置，而不仅仅是一个想象中住着很多身材矮小、喜欢喝茶的人种的辽阔国度。耶稣会教士曾赞美这个神秘帝国的文化成就和地大物博。卫匡国（Martini）①、基歇尔、李明（Louis Le Comte）② 和杜赫德（Du Halde）③ 都在自己的巨著中描述过中国的繁华城市和奇花异树。早在 1800 年之前，欧洲学者就已经在争论大黄、蛇石、麝香和其他据说是源自中国的奇特药材。④ 然而，博学宏文者总是知音有限，大多数欧洲人对中国的印象其实来自其他渠道。中华帝国在洋人中流传最广、最根深蒂固的形象之一是一些圆面孔、发型滑稽的人，在充满奇花珍禽的庭园中嬉戏。欧洲人并非从学术著作中获得这个印象，而是从

---

① 卫匡国（1614—1661），字济泰，原名马蒂诺·马蒂尼（Martino Martini），意大利人，耶稣会会士，欧洲近代早期著名汉学家、地理学家、历史学家和神学家。——译者注

② 李明（Louis Le Comte，1655—1728），字复初，法国人，耶稣会传教士。1684 年受法国国王路易十四派遣来华传教，被授予"国王数学家"、法国科学院院士。——译者注

③ 杜赫德（Jean-Baptiste Du Halde，1674—1743），法国神父，著名汉学家，1735 年出版《中华帝国全志》，全名为《中华帝国及其所属鞑靼地区的地理、历史、编年纪、政治和博物》（*Description géographique, historique, chronologique, politique et physique de l'empire de la Chine et de la Tartarie chinoise*），被誉为法国汉学三大奠基作之一。——译者注

④ 在 Donald F. Lach 的 *Asia in the Making of Europe*（Chicago：University of Chicago Press，1965）第 2 卷第 3 本 427~445 页中叙述了这一时期从亚洲运往欧洲的植物。

瓷器、家具、刺绣和其他中国外销商品的图画中看到的。①

通过对华贸易进入欧洲的中国商品数量极多。16 世纪以来，成百万件的瓷器，当然还有大量家具、茶叶、丝绸、绘画和雕刻，经由海路来到欧洲。② 这些日用品和装饰物对欧洲人的审美喜好产生了一定影响；家具、壁纸、建筑上都常展现出中国风（Chinoiserie）③，这种风格后来与洛可可风格融合在了一起。④

----

① 例如，作家 Leigh Hunt（1784—1859）在谈论中国人和喝茶时说道："从他们的茶杯上的图像看来（因为这类图像是唯一大家常见的），我们有个强烈的想象，即他们全都是步履蹒跚和小眼睛的。" Leigh Hunt, *Leigh Hunt Essays*（*Selected*）(London: Everyman's Library, 1929), 255–259. 颇有讽刺意味的是，他说的那些图画属于洋画类型，事实上是按照西方人的口味来描绘的。关于中国出口艺术的更多论述参见第 2 章。John E. Wills, Jr. 在其 "European Consumption and Asian Production in the Seventeenth and Eighteenth Centuries" 一文中对欧亚海上贸易作了广泛概括，收录于 John Brewer 与 Roy Porter 编，*Consumption and the World of Goods*（London: Routledge, 1993), 133–147. 另可参见其 "Maritime Asia, 1500–1800: The Interactive Emergence of European Domination," *American Historical Review* 98（1993）: 83–105; Edwin J. van Kley, "Europe's 'Discovery' of China and the Writing of World History," *American Historical Review* 76（1971）: 358–385。

② 在 1602 与 1657 年间，单单荷兰东印度公司就向欧洲装运了超过 300 万件中国瓷器，其中还不算那些运至殖民地以及世界其他一些地方的件数。陈高华、陈尚胜：《中国海外交通史》(台北，文津出版社，1997) 254 页；单在 1736 年，法国人和英国人就海运了超过 130 万件瓷器。Louis Dermigny, *La Chine et l'Occident, le commerce à Canton au XVIIIe siècle, 1719–1833*, vol. 1 (Paris: S. E. V. P. E. N., 1964), 391. 与 Dermigny 的著作一样，Hosea Ballou Morse 在 *The Chronicles of the East India Company Trading to China 1635–1834*, 5 vols. (Oxford: Oxford University Press, 1926–1929) 后面称 *Chronicles* 也包含有一些关于对华贸易的数据信息。

③ "Chinoiserie" 是法语"中国的""中国人"的意思，这个词汇在 18 世纪中期被吸纳到英语中，指当时非常流行的一种艺术风格——"中国风"，形容英国设计师和工匠大量采用中国题材创造的新形象。——译者注

④ Donald F. Lach, *Asia in the Making of Europe*，第 2 卷第 1 本以及第 3 卷第 1、4 本（第 3 卷与 Edwin Van Kley 合写）；Hugh Honour, *Chinoiserie: The Vision of Cathay* (London: John Murray, 1961); Sprague Allen, *Tides in English Taste*（*1619–1800*）: *A Background for the Study of Literature*, vol. 1 (New York: Pageant Books, 1958), 180–256; Basil Guy, "The French Image of China before and after Voltaire," *Studies on Voltaire and the Eighteenth Century* 21 (1963); William W. Appleton, *A Cycle of Cathay: The Chinese Vogue in England during the Seventeenth and Eighteenth Centuries* (New York: Columbia University Press, 1951); Patrick Conner, *Oriental Architecture in the West* (London: Thames and Hudson, 1979); Arthur Lovejoy, "The Chinese Origin of a Romanticism," 见其 *Essays in the History of Ideas* (Baltimore: Johns Hopkins University Press, 1948), 99–135。

同时，欧洲不少工厂也在试图复制那些洁白、细薄、精巧的中国瓷器。①

洋人对中国风格的迷恋也影响到欧洲园艺美学。在英国，威廉·坦普尔（William Temple）曾于 17 世纪晚期赞颂中国庭园景观错落跌宕的美学，称之为 sharawadgi②，18 世纪则有人翻译耶稣会教士关于圆明园及其他有关中国园林设计的法文作品。③ 苏格兰哲学家哈奇森（Francis Hutcheson）和凯姆斯勋爵（Lord Kames）也曾谈论过中国园林美学。④ 建筑师钱伯斯（William Chambers）由于曾亲自到过中国，遂于 1761 年很自信地在邱园中建了一座高耸的中式宝塔。尽管英国人只是选择性地采用中国园林特色，甚至钱伯斯还因对中国园林风格太过推崇而声望受损，但一直到 19 世纪中期，各类园艺杂志中有关中国园林的文章依然很受欢迎。⑤ 比起中国园艺，中国花

---

① J. H. Plum, "The Royal Porcelain Craze," 见其 *In the Light of History*（New York：Delta Publishing，1972），57 - 69；Neil MacKendrick，John Brewer，and J. H. Plumb，*The Birth of a Consumer Society：The Commercialization of Eighteenth-Century England*（Bloomington：Indiana University Press，1982），100-145。

② 钱钟书在其论文《十七、十八世纪英国文学中的中国》（China in the English Literature of the Seventeenth and Eighteenth Centuries）中认为该词首先是在坦普尔爵士讨论中国园林的著作中被使用的，后来在爱迪生（Addison）、波普（Pope）等人的著作中也一再出现。传统的英文词典对此亦无清晰解释。钱钟书根据字音和坦普尔本人的论述认为这是"散乱/疏落位置"的音译，并认为坦普尔使用该词是建立在他对中国园林讲求留有空间而不讲求规则这一美学特征的体认之上的。译者在此采纳此说。——译者注

③ Osvald Sirén，*China and Gardens of Europe of the Eighteenth Century*（New York：Ronald Press，1950）；Jurgis Baltrusaitis，"Land of Illusion：China and the 18th Century Garden，" *Landscape* 11，no. 2（1961-1962）：5-11. 亦可参见第 12 条注释中所列举的书，其中大部分也论及了中国与欧洲的花园。

④ Francis Hutcheson，*An Inquiry into the Original of Our Ideas of Beauty and Virtue*（1725），见其 *Collected Works*（Hildesheim：G. Olms，1969-1971），vol. 3，76-84；Henry Home Kames，*Elements of Criticism*（New York：Johnson，1967［1762］），316-320。

⑤ Eileen Harris，"Designs of Chinese Buildings and the Dissertation on Oriental Gardening，" 见 John Harris，ed.，*Sir William Chambers*（London：A. Zwemmer，1970），144-162. 另可参见 R. C. Bald，"Sir William Chambers and the Chinese Garden，" *Journal of the History of Ideas* 11（1950）：287-320. 19 世纪英国园艺学杂志中关于中国园艺及园林的文章数不胜数。例如可参见 *Gardens Chronicle*，伦敦的 *Garden's Magazine*，以及 *The Floricultural Cabinet*。最后提及的那份甚至重印于 William Chambers 在 1838 年至 1839 年陆续完成的文章 "A Dissertation on Oriental Gardening" 中。

卉更是牢牢地抓住了英国人的想象力。卷轴、水彩、瓷器以及其他工艺品上
茂盛的菊花、茶花和牡丹的图画，激起了他们的好奇心和狂热态度。[①] 东印
度公司的商船从著名的广州苗圃花棣（或作"花地"）带回的新品种，使得
英国花园更加多彩多姿。[②] 但这更是养大了英国人的胃口，他们想要得到更
多的中国花卉，而且还企图获取中国园艺盛传的秘密。

　　正因如此，海外贸易商品激发了英国人对中国动、植物的兴趣，而英国
人对中国博物的研究就这样从园艺和园林植物开始了。[③] 这里必须指出的是，
直到 19 世纪中期，植物学和园艺学并不是截然二分的学科。[④] 建立于 1804
年的皇家园艺学会，其创会成员就有几位杰出的植物学家，包括皇家学会会
长、邱园园长约瑟夫·班克斯（Joseph Banks），林奈学会创始人詹姆斯·史
密斯（James Smith）。[⑤] 班克斯是那时期英国最重要的植物学家，他对果树
栽培学和园艺学都很感兴趣。他的邱园继任者威廉·胡克（William Hook-
er），也能在他自己的职业生涯中同时横跨植物学和园艺学两大领域。18 世
纪晚期与 19 世纪早期，园艺学和相关的植物学可以说是英国人在华科学研
究的重点。这个研究方向也部分归因于英国人在中国所处的特定环境。

交叉的世界，异国的商品

　　虽然英国人比葡萄牙人和荷兰人从事欧洲对华贸易要晚，但到 18 世纪
中期，他们在这方面已经超过了其他欧洲海上列强。1757 年，清廷改变了对
西方的海外贸易政策，指定广州为唯一的对外贸易港口。此时，天主教传教

---

　　① James Main, "Reminiscences of a Voyage to and from China, in the Years,
1792-3-4," *Horticultural Register* 5 (1836): 62-63.

　　② 花棣在当时英文著作中的拼写形式并不一致，常用的拼法是 Fa-te 或 Fa-tee。

　　③ 供职于东印度公司的医生 James Cunningham 从 1698 年开始历经数年为 Hans
Sloane 在中国沿海采集植物学标本，但这是个例。BL. SL. MS. 4025. ff. 81-89。Frank-
lin P. Metacalf, "Travellers and Explorers in Fukien before 1700," *The Hong Kong
Naturalist* 5 (1934): 252-271, 特别是 266~268 页; Bretschneider, *History*, 31。

　　④ Abigail Lustig, "Cultivating Knowledge in Nineteenth-Century English Gar-
dens," *Science in Context* 13 (2000): 155-181.

　　⑤ Harold R. Fletcher, *The Story of the Royal Horticultural Society*, *1804 -
1968* (Oxford: Oxford University Press, 1969), 19-43.

15 士已经在中国一些省份建立了自己的网络，俄国人也已经在北京巩固了立足点。① 但对于英国这样的海上强权来说，广州却是它们从此时起一直到鸦片战争爆发时通往中国的唯一大门。在这么长的一段时间里，几乎所有商贸活动都必须由行商（经清政府特许与洋人做生意的商人）进行，西方商人只能在广州的一隅活动，住在一排几百码长的被称为"洋行"的栈房里。② 旅华洋人后来把这段时期称为"旧广州时期"。

在华英国商人主要由英国东印度公司（一直到 1834 年这家公司都享有中英贸易的官方垄断权）的成员和一些跑单帮的商人组成。③ 他们的人数比其他西方各国在广州的人数加起来都要多。1836 年，广州约有 150 名英国人。身为当地第二大西方人群的美国人则只有 40 人左右。④ 贸易期间随季风而定，大致从 10 月份开始，到第二年 3 月份结束。在这段期间，广州的西方商人按着商业节奏生活——做生意、接洽中国行商、与远来的商人和船长交际应酬等。按照清政府的规定，夏季时，英国商人必须回到澳门，于是他们在那里享受着别墅、游艇和悠闲的生活。⑤ 18 世纪中期，茶叶取代丝绸成了

① Robert Entenmann, "Catholics and Society in Eighteenth-Century Sichuan," *Christianity in China*, ed. Daniel H. Bays (Stanford: Stanford University Press, 1996), 8-23; Eric Widmer, *The Russian Ecclesiastical Mission in Peking during the Eighteenth Century* (Cambridge, Mass.: Harvard University Press, 1976).

② 当指称商行建筑时，我使用"洋行"（the Factories）一词，而使用"广州洋行"（the Canton Factory）指称在广州的英国东印度公司分行。

③ 关于在华的东印度公司，参见 Morse, *Chronicles*; Hoh-cheung Mui and Lorna H. Mui, *The Management of Monopoly: A Study of the East India Company's Conduct of Its Tea Trade, 1784-1833* (Vancouver: University of British Columbia Press, 1984).

④ *The Chinese Repository* 5 (1836—1837 年 5 月): 426-432。这些数字包括了在贸易季节中居住在洋行的船长及贸易者们。还有数十位帕西人（波斯裔印度祆教徒），他们在印度与中国间的贸易中尤为活跃。

⑤ 关于在广州的西方人的生活，参见 William C. Hunter, *Bits of Old China* (Taipei: Ch'eng-wen Publishing Co., 1966 [1855]); 同一作者, *The "Fan Kwae" at Canton before Treaty Days 1825-1844* (Taipei: Ch'eng-wen Publishing Co., 1965 [1882]); Jacques Downs, *The Golden Ghetto: The American Commericial Community at Canton and the Shaping of American China Policy, 1784-1844* (Bethlehem, Pa.: Lehigh University Press, 1997), 19~64 页中也有关于英国在华商人的社会生活的叙述; S. W. Williams, "Recollections of China prior to 1840," *JNCB*, n.s., 8 (1873): 1-21.

最重要的出口商品。① 东印度公司的人用来交换茶叶的商品包括毛织品（结果成了滞销品）、手表之类的精巧品，以及从马德拉斯②、加尔各答和马六甲沿途购买的香料、象牙、龟甲等珍贵货品，当然最重要的还是白银。随着 19 世纪的到来，印度的鸦片，后来也包括棉花，变得越来越重要，虽然开拓这些商品贸易的多是跑单帮的商人，而非东印度公司。③ 在早期的鸦片贸易中，美国人算是主力军，部分原因在于他们从前所从事的皮货贸易这一专门买卖已经衰落了。④

　　广州是个拥有近百万居民的繁华商业中心，而且也是一个全球性的贸易集散地，从世界各地来的商品在此汇集，并转运至其他地方。⑤ 广州的海上贸易网络包括了以南洋为主的中国帆船贸易，以及远来的西方海运大国的贸易。⑥

---

①　关于茶叶的生产及贸易，参见 Robert Gardella，"The Antebellum Canton Tea Trade: Recent Perspectives," *The American Neptune* 48 (1988): 261－270；同一作者，*Harvesting Mountains: Fujian and the China Tea Trade, 1757－1937* (Berkeley: University of California Press, 1994)；Henry Hobhouse, *Seeds of Change: Five Plants that Transformed Mankind* (New York: Harper & Row, 1987), 95－140。关于英国的茶叶消费，参见 James Walvin, *Fruits of Empire: Exotic Produce and British Trade, 1660－1800* (New York: New York University Press, 1997)；Denys Forrest, *Tea for the British* (London: Chatto and Windus, 1973)。William H. Ukers, *All about Tea*, 2 vols. (New York: The Tea and Coffee Trade Journal Company, 1935)。

②　马德拉斯为印度第四大城市，泰米尔纳德邦首府。1996 年它的名称被官方改为金奈，但旧称仍被广泛使用。该市是印度的一个大型商业和工业中心，以其文化遗产而著称。——译者注

③　关于对广州贸易的介绍性文章，参见 Frederic Wakeman, "The Canton Trade and the Opium War," in John King Fairbank and Denis Crispin Twitchett, eds., *The Cambridge History of China*, vol. 10, part 1 (Cambridge, England: Cambridge University Press, 1978), ch. 4. 关于贸易部分的信息可查阅 H. B. Morse, *Chronicles*。关于鸦片贸易史，参见苏智良：《中国毒品史》（上海，上海人民出版社，1997），第 3 章。关于东印度公司商人及其贸易路线，参见 Jean Sutton, *Lords of the East: The East India Company and Its Ships* (London: Conway Maritime Press, 1981)。

④　这是传统的观点。Jacques M. Downs 认为毛皮贸易的重要性被高估了。参见其 *Golden Ghetto*，第 3 章。不管原因为何，美国商人积极加入了 19 世纪早期的鸦片贸易。

⑤　关于广州这方面的探讨，参见拙作，"Science in a Chinese Entrepôt: British Naturalists and Their Chinese Associates in Old Canton," *Osiris* 18 (2003): 60－78。

⑥　诸如 John E. Wills, Jr. "Maritime Asia, 1500－1800"；Robert B. Marks, *Tigers, Rice, Silk, & Silt: Environment and Economy in Late Imperial South China* (New York: Cambridge University Press, 1998), 163－194；Jennifer Wayne Cushman, *Fields from the Sea: Chinese Junk Trade with Siam during the Late Eighteenth and Early Nineteenth Century* (Ithaca: Cornell University Press, 1993)；Dian Murray, *Pirates of the South China Coast, 1790－1810* (Stanford: Stanford University Press, 1987)。

陆上商帮路线则北至江南以北，西至四川，南至云南，覆盖了大半的中国本土地区，甚至南下越南、暹罗。① 欧洲的珍品奇器、南洋的干货以及诸如荔枝之类的热带水果，从这里往北发送，换来丝绸和其他商品。中国其他地方的商人也云集广州来做生意，并同时享受羊城有名的奢靡放浪的生活。

16 广州也是中国人和洋人的接触区。许多住在城内的人可能从来没见到过深目高鼻的西洋人。但是住在西南郊以及珠江沿岸其他地点的当地人，却常常与外国人进行交易。东印度公司的海船甫至广州的外港黄埔，便被迎面而来的一群小船包围，船上的洗衣妇操着不标准的英语，大声向他们兜揽生意。其他各类舢板也围聚在周围。遇上贸易旺季，黄埔足可以停泊上百艘海船，绵延数里，就像一支雄伟的舰队。黄埔数千居民几乎都在为海船提供各种生意及服务，诸如劳力、修理、饮食。外国商人一下船，便登上小艇，沿江上驶约十里至广州市。他们在珠江上，只能缓缓而行，因为江上密密麻麻挤满了舢板和船屋，就像一座水上之都。在广州，洋人可以在洋行附近的一小块地区活动，但不得入城，城墙的大门时刻都有兵士在把守。②

在洋人活动的街坊，许多商店都专门经营与洋人有关的事物；随处可见招徕顾客的英文招牌。在贸易季节，这些商店挤满了兴奋的商人和喧闹的水手，久而久之，那些外来访客甚至给一些当地店主起了英文绰号。广州洋行位于这个地区东部，那里新豆栏街（Hog Lane）的商店和茶馆专做普通水手的生意，那些水手在痛饮一种叫 samsui 的便宜白酒之后，醉醺醺地在街上踉跄行走，手中还提着买给家乡爱人的礼物。

相比较而言，西面位于同文街和靖远街的雅致商店则设法用各种精品吸

---

① 黄启臣、黄国信：《广东商帮》（香港，中华书局，1995）。

② John Robert Morrison, *A Chinese Commercial Guide*, *Consisting of a Collection of Details Respecting Foreign Trade in China*（广州，1834）一书介绍了船只抵达时与中国当局所办理的官方程序。私人观察材料可参阅 Peter Quennell, ed., *The Prodigal Rake*：*Memoirs of William Hickey*（New York：E. P. Dutton, 1962），132-137；Hunter, *The "Fan Kwae" at Canton*, 11-14, 20-25；C. Toogood Downing, *The Fan-Qui in China*, *in 1836-1837*, vol. 1（London：Henry Colburn Publisher, 1838）。另可参见 H. B. Morse, *The International Relations of the Chinese Empire*，第 1 卷，第 4 章（台北，文星书店，1963 [1910-1918]）。

引更考究些的顾客。那形形色色的雕刻、装饰以及其他制作精巧的工艺品让外国顾客流连忘返。一名美国佬坦言："我发现必须对自己的购买欲加以限制。"① 一名英国人也同样担忧："只要看到这些东西，就不可能……不被诱惑着想要购买。"② 他还说"我们自己的工匠"在设计和制作这些工艺品上"还无法（与中国人）竞争"。③ 在这儿，外国游客还可以看到许多画坊和药房。 *17*

　　同文街和新豆栏街都从珠江向北一直延伸到洋行后面东西向的十三行街，十三行街的对面是一片狭窄、弯曲、像迷宫一样的小巷道，这里熙熙攘攘到处是游客、小贩和挑夫。每条街都专营一种生意，像南北干货（例如燕窝与海蛞蝓）、布匹绸缎、彩绘玻璃和草药等。所谓的木匠广场也在附近，这是远洋船员最喜欢的地方。一批又一批的船员在这里请当地木匠为自己的货船制作书桌、木箱、藤椅和其他诸如此类的器具。④

　　每年都有大批外国水手和贸易商来广州，世界各地的人在此相遇，交换货物、商品、信息和其他文化产品。广州因而形成了一种兼具地方性和国际性的文化都市。那些成功的中国店主在外国顾客之间赢得了商誉。例如，一份洋人发行的地方报纸夸赞"著名的（漆器）商人启官（Kheequa）"，称他"在外国人中享有盛名，并因他的诚实与敬业而备受尊敬"。⑤ 尽管西方商人与广州政府之间互不信任，但在 18 世纪后半叶和 19 世纪前几十年的时间里，中国商人和西方商人之间的贸易来往却逐渐增加，除了少数事件外，双方的

---

① Nan Powell Hodges，*The Voyage of the Peacock*：*A Journal by Benajah Ticknor*，*Naval Surgeon*（Ann Arbor：University of Michigan Press，1991），171.

② Downing，*The Fan-Qui in China*，vol. 2，68.

③ Ibid.，66.

④ 一些当时的目击者详细地描述了广州地区。我在其中利用了 George Bennett，*Wanderings in New South Wales*，*Batavia*，*Pedir Coast*，*Singapore*，*and China*；*Being the Journal of a Naturalist in Those Countries*，*during 1832*，*1833*，*and 1834*，vol. 2（London：Richard Bentley，1834），86−116；Hunter，*Bits of Old China*，4−7，12−15；同一作者，The "Fan-Qae" at Canton，20−26；Downing，*The Fan-Qui in China*，vol. 2，40−57，211−214，230−232；H. A. Crosby Forbes，*Shopping in China*：*The Artisan Community at Canton*，*1825−1830*（［Washington，D. C.］：International Exhibitions Foundation，1979），这是一份关于旧广州时期从事不同贸易的商铺的图画的目录。

⑤ *The Canton Register*，1828 年 4 月 26 日第 17 号。

贸易并没有大的阻碍。外国人与中国当地民众之间的接触主要就是这些生意往来。① （西方帝国主义的侵略行为要在鸦片战争后才真正出现。）后文我们将会看到，广州的这种社会、文化条件形塑了英国人在华博物学研究的可能性与有限性；科学研究依赖于在华口岸的城市活动。

贸易者兼博物学家

18 世纪末，耶稣会教士已经在中国收集了大量的植物和种子，将其运往法国，尝试进行移植。② 相较之下，英国人那时尽管在对华贸易方面占有优势，但在对中国的博物学研究方面却尴尬地远落于法国人之后。其中的一部分原因在于，英国人无法像耶稣会教士那样深入中国内地，他们能看到的只有一两个港口，主要是厦门和广州。直到 19 世纪初，只有少数几个英国人略懂中文或到过中国内地。③ 当 1792 年英国终于决定派遣第一个使节团（即马嘎尔尼使团）④ 到北京就外交与商贸关系进行谈判时，竟无法在其国民中

① 虽然有几件类似 Lady Hughes 和 Topaze 争论的事件，但都很快得到了解决。关于这两个事件的细节，可参考 Morse, *Chronicles*, vol. 2, 99-109; vol. 4, 18, 27-41。

② Bretschneider 的 *History* 第 1 卷涵盖了在 17、18 世纪对中国的植物研究作出贡献的耶稣会教士。Marie-Pierre Dumoulin-Genest, "Note sur les plantes chinoises dans les jardins français du XVIIIe siècle: De l'expérimentation à la diffusion," *Études chinoises* 11, no. 2 (1992): 141-158; 同一作者, "L'introduction et l'acclimatation des plantes chinoises en France au XVIIIe siècle" (Ph. D. diss., *Écoles des Hautes Études en Sciences Sociales*, 1994).

③ J. L. Cranmer-Byng, "The First English Sinologists: Sir George Stanton and the Reverend Robert Morrison," in *Symposium on Historical, Archaeological and Linguistic Studies on South China, South-East Asia and the Hong Kong Region*, ed. F. S. Drake and Wolfram Eberhard (Hong Kong: Hong Kong University Press, 1967), 247-259; Susan Reed Stifler, "The Language Students of the East India Company's Canton Factory," *JNCB* 69 (1938): 46-82; T. H. Bartlett, *Singular Listlessness: A Short History of Chinese Books and British Scholars* (London: Wellsweep, 1989), 19-58.

④ 1792 年英国政府任命马嘎尔尼（1737—1806）为正使，乔治·斯当东为副使，以贺乾隆帝八十大寿为名出使中国，这是西欧各国政府首次向中国派出正式使节。乾隆帝正式接见了使团，马嘎尔尼代表英国政府向其提出了七个请求，要求签订正式条约，乾隆帝以无先例为由拒绝了英国的要求，马嘎尔尼使团此次出使遂告失败，于 1794 年 3 月 17 日离开中国，9 月 6 日回到英国。国内近些年出版有《马戛尔尼使团使华观感》（［英］乔治·马戛尔尼、［英］约翰·巴罗著，何高济、何毓宁译，北京，商务印书馆，2013)。——译者注

找到一个懂中文的人。结果只好雇用了两名在意大利天主教学校的中国教徒做翻译。[①] 这次出访与另一次外交访问，即阿美士德（William Pitt Amber-st）使团[②]，成了英国仅有的可以不靠中国人而亲自深入中国内地采集博物学标本的机会。[③] 所以约瑟夫·班克斯紧紧抓住这次宝贵机会把特派园艺师安插进使团，就是为了收集植物标本和资料，这毫不奇怪。[④]

　　比起欧洲植物采集员去过的大多数其他地方，中国是个很不同的例子。这里的园艺历史悠久、复杂精妙，欧洲人早有耳闻，但又苦于没有机会一窥

[①] 关于马嘎尔尼使团的两本近期的主要著作是阿兰·佩雷菲特（Alain Peyrefit-te）《停滞的帝国》（*The Immobile Empire*）（New York：Knopf，1992），这是一部细节叙述的著作，以及何伟亚（James Hevia）《怀柔远人》（*Cherishing Men from Afar：Qing Guest Ritual and the Macartney Embassy of* 1793）（Durham：Duke University Press，1995），这是一部"后现代"研究著作。两者都引起了不少争论。参见 Harriet T. Zurndorfer, "La sinologie immobile," *Études chinoises* 8 (1989)：99–120，以及阿兰·佩雷菲特在同一杂志的回应，vol. 9，242–248。关于何伟亚的著作可参考柯娇燕（Pamela Kyle Crossley）在 *Harvard Journal of Asiatic Studies* 57 (1997)：597–611 上的书评。亦可参看周锡瑞与何伟亚在 *Modern China* 24 (1997)：135–161，319–327 中的讨论。

[②] 阿美士德（William Pitt Amberst，1773—1857）于 1816 年代表英国率团访华，但是在礼节问题上与清廷发生分歧，结果使团未能谒见嘉庆帝，出使行动遂告失败，1817 年返回英国。关于该使团具体经历可参见《阿美士德使团出使中国日志》（[英]亨利·埃利斯著，刘天路、刘甜甜译，北京，商务印书馆，2013）。——译者注

[③] 两个使团中的博物学家 George L. Staunton 与克拉克·埃布尔分别对中国农业、园艺及自然史作了许多描述。参见 G. L. Staunton, *An Authentic Account of Embassy from the King of Great Britain to the Emperor of China*, 2 vols. (London：Stockdale，1797)；Clarke Abel, *Narrative of a Journey in the Interior of China in the Years 1816–1817* (London：Longman and Hurst，1818)。关于他们的博物学调查，参见 Bretschneider，*History*，156–163，225–237。马嘎尔尼使团的科学方面在 J. L. Cranmer-Byng and Trevor H. Levere, "A Case Study in Cultural Collision：Scientific Apparatus in the Macartney Embassy to China，1793," *Annals of Science* 38 (1981)：503~525 页中受到关注，文章论述了使团携带的科学仪器。Joanna Waley-Cohen, "China and Western Technology in the Late Eighteenth Century," *American Historical Review* 98，no. 5：1525–1544 提供了另一个观点。

[④] 大致在这一时期，至少有一群英国人穿行过中国的一部分地区。他们是一些不得不长途跋涉越过半个广东省到达广州的船难受害者，旅途中还曾迫于情势，向中国观众展示自己来换点钱。J. R. Supercargo, *Diary of a Journey Overland*, *through the Maritime Provinces of China*, *from Manchao*, *on the South Coast of Hainan*, *to Canton*, *in the Years 1819 and 1820* (London：Printed for Sir Richard Philips and Co.，1822).

其奥。所以，班克斯在写给那些到中国去的采集员的指示中，要求他们多注意栽培植物，同时也强调了获取中国园艺知识的重要性。他翻查耶稣会教士的著作，并据此编列了采集员应特别注意的植物及园艺事项。最重要的植物包括庭园花卉（如杜鹃、牡丹）、水果（如荔枝、龙眼）、蔬菜（味道佳的），以及具有经济价值的植物，如茶树和橡树等。他指示采集员一旦遇到"有用、新奇或美观"的植物，就要抓住机会弄到。①

在敦促采集员观察中国园艺技术时，班克斯特别指示他们要注意收集有关盆栽和其他控制与繁播植物的技术。他解释道："中国人非常热衷园艺，成功栽培了许多漂亮的花木。"② 当然，他也要采集员好好调查中国有名的化人粪为万能肥料的方法，因为如果把这个方法引进英国，不但能省下一大笔财富，还可提升国家的生产力。班克斯在写给随阿美士德使团来华的博物学者埃布尔（Clarke Abel）③ 的摘要中，也请他提醒随团的园艺师，如果他们"有机会和北京的同行接触，就一定会学到一些东西"④。但是，令班克斯和他的植物学同事失望的是，那两次出使，无论是在外交上还是博物学上都不很成功。由于依然无法深入中国内地，英国博物学研究者只好尽量利用广州这个据点。

英国远洋船长因为职务之便，常常能从广州带些植物回国，所以他们在英国人获取中国植物的过程中扮演了重要角色。当时，一株讨人喜欢的新奇花木要价一两百英镑是常事，但金钱收益却不是他们的主要考量，因为植物在航海途中的死亡率奇高，少数幸存者充其量只能让这些船长得到少许利润。让他们热衷于此的主要原因，是要当第一个把一种奇花异草引进英国的人。那份荣耀让他们充满期待。通常园艺杂志介绍和描述一种新植物时，总

---

① 引文来源于 DTC，vol. 14，ff. 61—68 中班克斯给克尔的指示的 68 页。另可参见 Joseph Banks，"Hints on the Subject of Gardening，suggested to the Gentlemen who attend the Embassy to China，"林奈学会 . MSS。班克斯给埃布尔的指示收录于 DTC，vol. 19，ff. 239—245；那些给园艺师胡珀（James Hooper）的则收录于 DTC，vol. 19，ff. 225，231—232。

② DTC，vol. 19，f. 240.

③ 克拉克·埃布尔（Clarke Abel，1789—1826），英国医生、植物学家。——译者注

④ Ibid.，ff. 239—245. 引文出自于 242 页。

会感激地提到把这植物带进英国的船长的名字。此外，新品种的花草也是馈赠贵人很受欢迎的礼物。例如，阿特拉斯号（Atlas）的梅恩斯（Maynes）船长就曾把一新种菊花敬赠给了多塞特（Dorset）公爵夫人在诺尔的花园。[①]其他的植物可能会送给亲朋好友和上司，也可能自己留下，当然也可以以高价出售。有些积极的提倡者，也大力引进中国观赏植物。18世纪晚期，两位东印度公司的船东，亚伯拉罕·休姆（Abraham Hume）[②] 和吉尔伯特·斯莱特（Gilbert Slater）[③]，曾投入资金并利用自己作为船东的方便，从中国引入了大量菊花和其他庭园花卉。[④]

东印度公司广州洋行的成员则比远洋船长更得天独厚，借自己在广州长居的机会，在对中国的博物学研究中扮演重要角色。远洋船长和访客都可以造访广州的苗圃，择选植物并要求将其包装妥当以便运回英国。然而，即使那些植物真能在前往英国的长途航行中存活下来，这种偶然随机的采集方式也不可能满足严肃的园艺学和博物学研究之需。正式的研究往往需要有系统、全面和持续的投入，而这只有长驻广州的人员才能做到。英国的园艺机构和植物研究机构很清楚这一情形，所以它们力图与广州洋行的成员建立密切的联系。18、19世纪时，园艺与博物学在英国蔚为风气，这保证了有不少 *20* 旅居海外的英国人，对这类活动都有相当的知识和兴趣。他们因地利之便，也就成了积极收集园艺和博物学标本、资料的最佳人选。[⑤]

---

① Joseph Sabine，"Account of Several New Chinese and Indian Chrysanthemums…，" *Trans. Hort. Soc.*，sr. 1，6（1826）：326.

② 亚伯拉罕·休姆（Abraham Hume, 1749–1838），东印度公司商人、地质学会（Geological Society）创始人之一。——译者注

③ 吉尔伯特·斯莱特（Gilbert Slater），东印度公司商人。——译者注

④ Bretschneider，*History*，211–215.

⑤ 关于18、19世纪英国国内博物学的风行，参见：Lynn Barber，*The Heyday of Natural History*（New York：Doubleday，1980）；David Elliston Allen，*The Naturalists in Britain：A Social History*（Princeton：Princeton University Press，1994 [1976]）；Lynn L. Merrill，*The Romance of Victorian Natural History*（New York：Oxford University Press，1989）；Ann B. Shteir，*Cultivating Women*，*Cultivating Science：Flora's Daughters and Botany in England*，*1760 to 1860*（Baltimore：Johns Hopkins University Press，1996）；Barbara T. Gates，*Kindred Nature：Victorian and Edwardian Women Embrace the Living World*（Chicago：University of Chicago Press，1998）；N. Jardine，J. A. Secord，and Emma Spary，eds.，*Cultures of Natural History*

18、19 世纪之交，英国植物学巨擘班克斯是提倡研究中国博物学最有力的人士。[1]他本人对中国深感兴趣，总希望进一步调查中国植物，并为自己的夫人收集中国瓷器。他身任皇家植物园邱园园长，更使得他积极探求中国植物。为了实现目标，班克斯通过自己与东印度公司的良好关系，安排自己的人去广州，还吸收其他已经身在广州的人员为自己工作。其中有一位名叫亚历山大·邓肯（Alexander Duncan）的年轻人在 1788 年左右就是靠曾任广州分行医官的哥哥约翰·邓肯（John Duncan）与班克斯之间的关系，以及班克斯在东印度公司的影响力，得到了广州分行医官的职位。[2]约翰·邓肯是班克斯在中国的一名得力的通讯员，亚历山大接替其兄继续为班克斯效力。亚

(New York：Cambridge University Press，1996）。Keith Thomas 的经典著作 *Man and the Natural World*：*Changing Attitudes in England*，1500 – 1800（London：Allen Lane，1983）提供了一个广阔的文化背景。关于英国博物学家在世界其他地区的活动，可参见诸如 Clare Lloyd，*The Traveling Naturalists*（Seattle：University of Washington Press，1985）；Colin Finney，*Paradise Revealed*：*Natural History in Nineteenth-Century Australia*（Melbourne：Museum of Victoria，1993）；Peter Raby，*Bright Paradise*：*Victorian Scientific Travellers*（Princeton：Princeton University Press，1996）；Satpal Sangwan，"Natural History in Colonial Context：Profit or Pursuit? British Botanical Enterprise in India，1778–1820," in *Science and Empires*：*Historical Studies about Scientific Development and European Expansion*，ed. Patrick Petitjean，Cathrine Jami，and Anne Marie Moulin（Dordrecht：Kluwer Academic Publishers，1992），281 – 298；Deepak Kumar，"The Evolution of Colonial Science in India：Natural History and the East India Company," in John MacKenzie，ed.，*Imperialism and the Natural World*（Manchester：Manchester University Press，1990），51–67。

[1] G. Métailié，"Sir Joseph Banks—an Asian Policy," in R. E. R. Banks et al.，eds.，*Sir Joseph Banks*：*A Global Perspective*（Kew：Royal Botanic Gardens，1994），157–170；Miller and Reill，eds.，*Visions of Empire*，尤其是第 1 部分中的文章；Harold B. Carter，*Sir Joseph Banks*，1743 – 1820（London：British Museum，1988），290–291，407，440–441；John Gascoigne，*Joseph Banks and the English Enlightenment*：*Useful Knowledge and Polite Culture*（New York：Cambridge University Press，1994），179–181，214；同一作者，*Science in the Service of Empire*：*Joseph Banks，the British State and the Uses of Science in the Age of Revolution*（New York：Cambridge University Press，1998），140–142。

[2] BL. BM. Add. MS. 33978. 177 以及同一文件中 1789 年 3 月 7 日邓肯给班克斯的信件。

历山大在写给班克斯的信中说："我很清楚您在我获得这职位之中所起的作用。"他因而向班克斯承诺要为后者提供植物和信息，"以作为对此大恩的小小回报"。①

18 世纪晚期，英属东印度公司广州商馆大约有 12 名正式成员，到 19 世纪早期这个数目增长了近一倍。像东印度公司其他各处的分支一样，广州分行内部滋生的也是一种吃喝玩乐的文化，而非认真追求学术的风气。1799 年，英国汉学的开山鼻祖乔治·托马斯·斯当东（George Thomas Staunton)② 加入了广州分行，当时他只有 18 岁。小斯当东出身良好，不但学习了基础的科学知识，并且会说 6 种语言。③ 不久他就发现自己的学识、习气，使他更适于做一名学者而不是从事贸易的商贾。处在驻居广州那群寻欢作乐的同事当中，他深感格格不入，遂郁郁寡欢。④ 他父亲乔治·伦纳德·斯当东和他的恩主马嘎尔尼勋爵都是皇家学会的会员，也是班克斯的朋友。受惠于优秀的教育和社会地位，小斯当东 22 岁便入选了学术精英的文学俱乐部（Literary Club)⑤ 并成为皇家学会的会员。

与同时代许多受过良好教育的绅士一样，小斯当东对植物学相当精通。当他还是个小男孩时，他父亲的一个朋友看到他每天"手里都拿着一本林奈的分类学著作和一本邱园植物志⑥"到花园去研究植物，很担心这小孩会用脑过度。⑦ 虽然小斯当东本人对中国动植物没做过系统研究，但由于他的显赫背景、学术声望以及对植物学的兴趣，班克斯总是请托他就近指导、照顾前往广州的通讯人。⑧ 这些人有的想学习中文，有的对博物学很感兴趣；其

21

---

① BL. BM. Add. MS. 33978. 276-279；MS. 33979，69-70.

② 为与其父乔治·伦纳德·斯当东（George Leonard Staunton, 1737—1801）相区分，故亦常被称为"小斯当东"。——译者注

③ Staunton, *Memoirs*, 2，12.

④ George Thomas Staunton, *Memoirs of the Chief Incidents of the Public Life of Sir George Thomas Staunton* (London：Printed for private circulation, 1856), 25.

⑤ 1764 年 1 月由艺术家 Joshua Reynolds 和文学家 Samuel Johnson 在伦敦创立的一个餐会团体（dining club），定期聚会交流，在当时文化界中影响很大。——译者注

⑥ William Aiton 于 1789 年编成的一部邱园所有物种的目录集。——译者注

⑦ George Thomas Staunton, *Memoirs of the Chief Incidents of the Public Life of Sir George Thomas Staunton* (London：Printed for private circulation, 1856), 7.

⑧ OIOC. MSS. EUR. D562/16.

中包括两名未来的皇家学会会员，亦即传教士马礼逊（Robert Morrison）①和东印度公司茶师里夫斯（John Reeves），前者后来成为第一部英汉辞典②的编纂者，后者则将以收集中国动植物标本、资料著称。③

1810 年前后，小斯当东注意到广州分行的文化气息有了改善。④ 几名新来者，尤其是马礼逊和里夫斯，有志于学术研究，对自然科学很感兴趣。广州分行的成员，原来就有些受过博物学训练，如小斯当东和公司的历届医官。然而，即使是初学者也可以利用自己作为旅华洋人所能获得的资源和设施来收集新奇的植物、标本及其他科学资料。里夫斯曾向班克斯致歉说："像我这样的植物学新手，怎敢设想能为您送去什么有用的东西呢？"⑤ 但不管怎样，他后来还是兴致勃勃，并真的为班克斯和园艺学会收集到大量的各类植物。同样，广州分行的职员查尔斯·米利特（Charles Millet），还有牧师乔治·韦切尔（George Vachell），也谦称自己"不过是帮从事科学研究的朋友做些采集而已"⑥。然而，他们却分别是邱园园长威廉·胡克和剑桥大学植物学教授约翰·亨斯洛（John Henslow）⑦ 19 世纪 30 年代在华的主要通讯员。

博物学研究者为自己的联系人和大英博物馆寄去了各种各样的稀奇物品。当时英国科学界对中国知之甚少，所以无论寄去的是什么，都大受欢迎。比如说，韦切尔有一次寄给剑桥哲学学会的博物馆一个包裹，里面有 13

---

① 马礼逊（Robert Morrison，1782—1834），苏格兰传教士，中华基督教会创办人。1807 年受伦敦教会派遣，到达中国广州，在英国东印度公司任职 25 年。曾建议英国政府在中国自设法庭，以取得治外法权。曾将《圣经》译成中文，另编有《华英字典》。——译者注

② 即 1823 年出版的汉英对照字典：《华英字典》。——译者注

③ Bretschneider, *History*, 225, 256–263.

④ Staunton, *Memoirs*, 54.

⑤ DTC, vol. 18, f. 195. 里夫斯也许并不像他在信中自称的那样对植物学一窍不通，因为这信到底是写给英国植物学界的泰斗约瑟夫·班克斯的。但是，话说回来，没有证据可以显示里夫斯那时候懂得多少植物学。他大概只有些植物学的基本知识。

⑥ 1832 年 10 月 11 日米利特给胡克的信件，见 Kew：*Directors Correspondence* 53（86）。

⑦ 亨斯洛（John Henslow，1796—1861），英国植物学家、地质学家，达尔文的良师益友。——译者注

包干燥植物标本、7 幅蜥蜴图画（由一位中国画师按照实物绘成）、两盒昆虫、10 张鸟皮、一只蝙蝠、50 份地质标本、两只贝壳、8 枚荔枝、一只装着6 个燕窝的小盒子和"一个头骨（头骨的主人是 1829 年被处决的一位中国官员）"，还有其他一些东西。① 一些商业苗圃也会直接求助于他们。例如，罗吉斯父子苗圃公司就曾请马礼逊为他们采集"各种棕榈树（以及）当地或野生树木、灌木的新鲜、成熟的种子或坚果"②。

这些新加入广州分行的成员精力充沛，这甚至刺激了一些在热带地方过 *22*久了好日子、已经变得慵懒的资深职员。自 1793 年开始担任商馆医官的约翰·利文斯通（John Livingstone），在广州、澳门过了几十年悠闲的生活，但在 19 世纪 20 年代早期，却变成园艺学会通讯员，还一口气发表了好几篇关于中国园艺的重要报告。③ 由于知性活动的增加，广州分行的图书馆迅速扩充。④ 马礼逊曾收集 800 多卷中国医药著作，又从药房搜购各类药材，还访问了多位中医，打算对中国医学和药材做一番研究。他的朋友里夫斯参与了这其中与博物学相关的工作。不幸的是，这项伟业的挑战性太大，尤其是马礼逊同时还致力于汉学研究和传教工作，而里夫斯又不懂中文。⑤

---

① 1830 年 1 月 26 日韦切尔给亨斯洛的信件，CUL. 给亨斯洛的信件，Add. 8176. No, 185。韦切尔还向剑桥哲学学会提交了 "about a hundred Chinese fishes." P. J. P. Whitehead and K. A. Joysey, "The Vachell Collection of Chinese Fishes in Cambridge," *The Bulletin of the British Museum* (*Natural History*), *Zoological Series* 15, no. 3 (1967)：123–160。

② Robert Morrison, *Memoirs of the Life and Labours of Robert Morrison*, comp. Eliza Morrison, vol. 2 (London, 1839), 76–77.

③ 例如 John Livingstone, "Account of the Method of Dwarfing Trees and Shrubs, as Practised by the Chinese, including their Plan of Propagating from Branches," *Trans. Hort. Soc.* 4 (1822)：224–231；同一作者，"Account of a Mehod of ripening Seeds in a wet Season; with some Notices of the Cultivation of certain Vegetables and Plants in China," *Trans. Hort. Soc.* 3 (1822)：183–186；同一作者，"On the State of Chinese Horticulture and Agriculture; with an Account of several Esculent Vegetables used in China," *Trans. Hort. Soc.* 5 (1824)：49–55。

④ *The Chinese Pepository* 4 (1835 年 5 月—1836 年 4 月)：96–97；Dorothea Scott, "The Morrison Library, an Early Nineteenth Century Collection in the Library of the University of Hong Kong," *Journal of the Hong Kong Branch of the Royal Asiatic Society* 1 (1960–1961)：50–67.

⑤ Morrison, *Memoirs*, vol. 2, 20–21, 29, 76；1820 年 3 月 24 日里夫斯给班克斯的信件，BL. BM. Add. MS. 33982. 213–216。

19 世纪 20 年代末，广州分行的成员开始计划设立一个博物馆，他们为博物馆取名为中国大英博物馆。乔治·韦切尔被任命为计划中的馆长，里夫斯的儿子约翰·罗素·里夫斯（John Russell Reeves）任秘书。马礼逊，当然还有里夫斯，置身这一项目的发起人之列。广州分行在 1834 年因东印度公司对华贸易的垄断权中止而解散（之前东印度公司垄断英国对华的贸易权），因此这项博物馆计划未能实现。但是我们还是可以从计划书中一窥提案者心目中对中国博物学研究的一些想法。

首先，他们认识到必须成立一个科学机构来辅助自己的博物学研究。他们也知道自己旅居中国，比身在欧洲的博物学家在收集关于中国的标本和信息方面，具有"独特优势"。虽然他们很清楚，"中国对我们紧紧关闭着"，但这障碍看来并非不可超越；作为长驻中国的商人，他们可以直接从中国人那里购买标本。当提出兴建博物馆的建议时，这些博物学爱好者有个想法：如果有一个收集珍奇物品的博物馆或陈列室，将能帮助中国人目睹和了解欧洲人研究大自然的动机和成果，以及他们想要找寻的是那些物类。这样的展示说不定还会引起中国人对西方的博物学兴趣。"考虑到中国人喜欢活的禽鸟和鱼类，我们希望他们之间较富裕的阶层也能对陈列室里的鸟禽和鱼类感兴趣。"这段论述说明了英国人在意图兴建博物馆这项科学事业背后，存在着自认的"文明教化使命"（civilizing mission）。然而，这种博物馆的概念同时也具有商业

23 性质；在这些英国人看来，商贸与科学密不可分。在博物馆的提案中甚至直接宣称："商贸活动是现代科学发现的先驱。"因此，博物馆当然就不能只展示一排排的动、植物标本和一匣匣的矿石，还要陈列中国手工艺品和其他制造品的样本，因为这些物品将有助于英国商人了解"这些产品的竞争力"[①]。

我们可能会觉得这一计划中的博物馆，在商业上具有侵略性，在文化上摆出了高姿态，但是那些提出建馆方案的人却未必这么认为。建馆计划的基础是英国博物学者对文明进步的理解，而当时受过教育的英国精英人士大都秉持这种观点。在他们看来，商业、贸易、有用的知识（尤其是科学和工

---

① 引文出自 *The Canton Register*，vol. 2，no. 5，1829 年 3 月 2 日。关于博物馆，亦可参见 Morrison，*Memoirs*，vol. 2，427。

艺）和公平竞争正是成熟文明的基石。① 同样的概念贯穿在英国两个访华使团的政治语言之中。

园艺师兼采集员

商人兼博物学研究者常久居中国。他们中许多人在广州、澳门旅居了几十年，有些人甚至客死他乡，再未回国定居。约翰·利文斯通在中国住了36年，大概只回国探亲了两回，1829年死于回英途中；托马斯·比尔（Thomas Beale）出国时还是个少年，后来一直在商界打拼，他在澳门拥有一座漂亮的花园和鸟园。他在中国度过了半个世纪的光景，其间从未回过英国。就连小斯当东，虽然他很讨厌自己在中国的生活，也还是不得不忍受了18年的职业生涯，其间只回过英国两次，其中一次还是为他父亲奔丧。里夫斯在广州洋行工作了20多年，只回国休过两次假。这些人在广州和澳门几年甚至几十年的经历，有助于他们在当地建立采集标本与科学资料的网络。他们不但精明干练，且具有地利、人脉、门路和各种当地支援，这些都是博物学研究的最好条件。②

相比之下，那些个人和科学机构派遣的采集员则大多是匆匆过客。他们到中国的任务就是采集具有园艺价值的植物。和那些把博物学和园艺学当成一种嗜好的博物学研究者不同，他们是被挑选出来专门采集标本的园艺师。园艺是他们的本行，采集标本是他们在中国的专职工作。在18世纪末和19世纪初的时候，中国只是英国派遣植物采集员前往的世界许多地方之一。邱园和英国皇家园艺学会也派遣植物采集员到非洲、澳洲和美洲活动。③ *24*

---

① 例如 Ronald Meek，*Social Science and the Ignoble Savage*（Cambridge，England：Cambridge University Press，1976）；Istvan Hont and Michael Ignatieff，eds.，*Wealth and Virtue：The Shaping of Political Economy in the Scottish Enlightenment*（Cambridge，England：Cambridge University Press，1983）。

② 关于利文斯通、比尔以及里夫斯的更多信息，参见第2章。

③ Ray Desmond，"Strange and Curious Plants（1772—1820），" in *Plant Hunting for Kew*，ed. F. Nigel Hepper（London：HMSO，1989），1—10；同一作者，*Kew：The History of the Royal Botanical Gardens*（London：Harvell，1995），113—126；Fletcher，*The Story of the Royal Horticultural Society*，91—111。

采集员作为短期访客，自然面临种种困难。他们对广州基本上一无所知，更无法与中国人有效地沟通，而且离家如此遥远，难以得到本国机构的支援。① 唯一能帮助他们在短期之内有效实现目标的办法，就是靠当地恩主的照顾。采集员一般都通过自己的雇主与东印度公司之间的关系投到广州分行门下，只有那两名赴北京使团的采集员是例外，因为他们听命于专门指定的随团博物学家。这样的安排使园艺师—采集员的身份显得有点尴尬。他们不是完全独立地工作，而是被置于当地恩主的保护和指导之下。作为本国机构的重要代表，他们的社会地位变得有点暧昧，介于绅士与仆侍之间。班克斯曾告诫他的采集员不要"摆出一副绅士的样子"②。他们应该像仆人般生活，这部分是为了节省开支，部分也是为了对海外的主人表现出尊重和敬意。1823 年，约翰·丹皮尔·帕克斯 （John Dampier Parks）③ 在前往中国的旅途中被安排和船上的木匠同舱。在那个整艘船只都是木质结构的时代，木匠在全体船员中的地位颇高，仅次于船上的长官。因此，这种安排事实上是对背景显赫的园艺学会的一种恭维，虽然帕克斯后来抱怨说船长和木匠对他都有点爱搭不理的。④

即使在远离家乡的异邦，英国人也很少打破自己既定的社会阶层。在贸易季节，在华的英国人大略分成两个社群。这两个社群彼此并不混杂，而是按照严格的社会规范彼此相连。广州分行的成员、东印度公司的船长以及来访的绅士属于一个社群，而人数众多的水手和劳力阶层则被排除在分行的绅士圈之外。我们必须把植物采集员在广州的研究活动和成果放在这个社会背景中来加以了解。采集员作为园艺师，不能完全跻身绅士之列，除非他们能够得到当地恩主的提携，否则就可能被冷落，而多有孤立和受挫之感。威

25

---

① 　1818 年去广州为巴尔 （Barr） 和布鲁克斯 （Brookes） 苗圃采集植物的 Joseph Poole 是唯一曾经到过中国的植物采集员。之前，他与他的亲戚克拉克·埃布尔一起参加了阿美士德使团。Bretschneider, *History*, 221; *Trans. Hort. Soc.* 4 (1822): 333; Abel, *Narrative of a Journey in the Interior of China*, vi.

② 　DTC, vol. 19, ff. 56-63, on f. 60.

③ 　约翰·丹皮尔·帕克斯 （John Dampier Parks），英国园丁，1822 至 1823 年被伦敦园艺学会派往广州采集植物标本。——译者注

④ 　RHS. MSS. John D. Parks, "Unpublished Journal, 1823," 1-2. 关于船上木匠的重要性，参见 Rodger, *The Wooden World*, 23。

廉·克尔（William Kerr）尽管顶着皇家园艺师的大名，但在广州分行也是"无人可以交往"[1]。他在广州的恩主是广州分行的高官，这些人对博物学和园艺学的兴趣有限，其他的分行成员也没有人伸出援手。[2] 约翰·利文斯通对克尔的情形很了解，据他说，克尔除了遭到冷落之外，还因为邱园给的薪水太微薄，而使他处境窘迫。虽然每年 100 英镑的薪水，对英国国内的园丁来说并不算差，但是在驻华洋人的社会里，因为很多生活物品得靠国内运来，价格高昂，这笔钱只能算是少得可怜。由于阮囊羞涩，克尔的社会地位在他的中国助手眼中都大打折扣。他的性格大变，开始酗酒，与"下贱人"交往，最后竟致无法履行采集员的职责。[3]

和克尔比起来，园艺学会派出的两名采集员处境要好过得多。虽然约翰·波茨（John Potts）和约翰·帕克斯与克尔一样，工资只有微薄的 100英镑，但他们在广州的恩主兼指导人是醉心于博物学研究的里夫斯。里夫斯对他们的采集工作非常关心，亲自陪他们去花棣苗圃和中国行商的花园，并把他们引见给商人托马斯·比尔的中国园丁，他们从中国同行那里获得了很多实际的中国园艺知识。当然，他们在广州只待了几个月，而不是像克尔那样一住就是八年，这点让当地恩主比较能够照顾他们的生活起居和工作进度；由于有了里夫斯的指导并提供与当地的联系，他们在中国那段不算长的时间过得很有效率。帕克斯向园艺学会报告说："没有比里夫斯先生更好的恩主了，他对我总是倾力关注。"[4] 除了里夫斯之外，他们还从约翰·利文斯通和比尔那里得到了不少帮助，前者与园艺学会素有联络，后者则把自己的

---

[1]　1807 年 3 月 16 日托马斯·曼宁（Thomas Manning）给班克斯的信件，BL. BM. Add. MS. 33981. 248-249。曼宁对克尔深表同情，但曼宁自己却是个脾气古怪的人，并不受在广州的英国人欢迎。曼宁是著名散文家查尔斯·兰姆（Charles Lamb）学生时代就认识的好朋友。

[2]　DTC, vol. 14, f. 62. 克尔被"完全置于在华英国洋行的货务总管兰斯（Lance）的保护与指导"之下。班克斯也请求小斯当东为克尔提供协助，但是由于某些原因，小斯当东告诉班克斯："我现在恐怕只能在有可能时救助他。"DTC, vol. 16, f. 232.

[3]　John Livingstone, "John Livingstone's Letter to the Horticultural Society of London," *The Indo-Chinese Gleaner*, vol. 2, no. 9 (1819)：126-131，特别是 127~128页。信件的删节版本收于 *Trans. Hort. Soc.* 3 (1822)：421-429。

[4]　RHS. MSS. John Damper Parks, "Unpublished Journal, 1823," 1823 年 11 月20 日信件。

中国园丁派到了洋人无法进入的地区帮助波茨和帕克斯采集植物。①

　　英、中两国园艺师的遭遇，总是有点过招的意味。开始时，似乎不太服气对方的知识、技巧和做法。职业竞争为他们彼此遭遇定下了基调。无论他们对对方的技术有什么真实看法，也无论彼此从对方那里学到了多少东西，他们都不会轻易服输。广州分行有自己的菜园，菜园由中国园丁打理，距洋行有三英里远，位于洋人未经允许不得擅入的地区。菜园种了很多欧式蔬菜，如洋葱等，供洋行人员食用。当詹姆斯·梅因（James Main）为东印度公司的股东吉尔伯特·斯莱特到广州采集植物时，广州分行曾经请他为中国园丁讲授如何种植高品质的洋葱。于是，梅因在分行成员和中国地方官员的陪同下，大张旗鼓地来到了这块菜园，"六七个看起来颇体面"的中国园丁垂手恭敬地等在那里。梅因做了讲解示范，中国园丁却显出不相信的样子，甚至哄笑起来。他们显然认为欧洲那套方法在中国行不通。②

　　约翰·帕克斯曾经仔细观察过托马斯·比尔的中国园丁如何操作。比尔声称，他这个园丁是澳门最好的中国园艺师傅之一。更难得的是，这个园丁对自己的技术和做法，总是能说出个所以然来。比尔也告诉帕克斯"要想取悦一个中国园艺师，唯一的办法就是让他随心所欲照自己的想法行事"，尤其是涉及"他们颇引以为荣"的一些方法时。他们总是觉得"在栽培菊花方面没人能跟自己匹敌"。帕克斯在看过那位园艺师工作后，有自己的评价。他批评中国人在园艺方法上"悲哀地远远落在欧洲人后面"，"（中国园艺师）最脏兮兮了"。他嘲笑道："要是在英国，他们根本就没资格当园艺师。"即使如此，他还是承认比尔的园艺师使用的那种插枝繁殖的方法，"效果令人称奇"。另一方面，比尔的园艺师也颇为自负，不轻易改变自己的方法。他拒不听从帕克斯和比尔的建议，更换山茶花的堆肥。结果这两个英国人联合，费了九牛二虎之力，最后才说服这名中国园丁。③

---

　　①　RHS. MSS. John Potts，"Unpublished Journal，1821 – 1822."参见"Fair Journal"复本"中国园艺观察"记录下的内容。波茨称比尔派遣"他的园丁到那些英国人不被允许去的乡下采集植物"。

　　②　Main，"Reminiscences of a Voyage to and from China，"172–173.

　　③　Parks，"Unpublished Journal，1823，"120–124. 与此类似，波茨观察了花棣园丁们的技术，认为它们"粗糙与笨拙"。他声称"确实，在中国园丁身上看不到半点整洁之处，这点马上就解释了为什么他们无法培育任何精致或脆弱的东西"。尽管如此，他还是将一些中国园艺方法仔细地记入他的日记中。Potts，"Unpublished Journal，1821–1822（rough journal），"1821 年 11 月 22 日的"繁育方法"条目以及其他一些地方。

　　在广州，园艺师兼采集员和商人兼博物学家收集新品种植物、各类珍奇，还有其他科学资料，然后将其送回英国去。这些人由于背景不同，在这项事业中扮演的角色也不同，而且因为个人能力、长才各异，每个人都依自己的情况行事。他们的动机也不尽相同；有人纯粹是嗜好，有人以此为业。但是总的来说，他们的标本和科学资料的来源却相同：他们的田野工作场地是当地的花园和市场。

在市场上

　　由于洋人活动的范围受到限制，博物学研究者的"远征"很少超过广州城外一带的花园、苗圃、鱼市、药铺和古玩店。例如，园艺学会的采集员就主要是从当地花园和苗圃收集植物，加上到澳门山上的几次搜寻所获。其他标本则是靠雇用中国人到洋人禁区采集而来。① 虽然对我们来说，从市场上采集标本听起来有点奇怪，但这种做法在当时算是司空见惯，毫不稀奇。欧洲文艺复兴时期和现代早期的博物学家经常到各地市场收集标本。② 19 世纪以前，传到欧洲的那些外来动植物大多是从当地人手中买来的，而不是欧洲博物学家在蛮荒险峻之地，置生死不顾搜觅而来的。对于旅华英国博物学研究者来说，当地市场就是田野工作的场所。他们后来运回国的大量标本好多都得自广州分行附近几条街上的摊贩、店铺和上游不远处的花棣苗圃。③

----

　　① 中国采集人到山里帮他们采集植物。参见诸如 Potts, "Unpublished Journal, 1821-1822," 11 月 24 日、12 月 7 日、12 月 19 日的条目。

　　② Findlen, *Possessing Nature*, 170-179；同一作者，"Inventing Nature: Commerce, Art, and Science in the Early Modern Cabinet of Curiosities," in Smith and Findlen, eds., *Merchants and Marvels*, 297-323.

　　③ 这一研究模式甚至到 19 世纪下半叶对在华的英国博物学者仍然重要。在华的一位著名动物学家郇和在上海和其他地方的市场上搜寻一些鱼类、青蛙的标本。"我几乎每天都去市场，"他在信中写道，"买下了几乎所有出售的东西。"1873 年 4 月 12 日 Swinhoe 给 A. Günter 的信件，NHML, Z. Keeper 档案 1.8 Letters. 1858 - 1875. SM-Z, No. 287。当海洋动物学家阿瑟·亚当斯（Arthur Adams）19 世纪 40 年代在香港时，他也经常探访鱼贩的铺子。Arthur Adams, *Travels of a Naturalist in Japan and Manchuria* (London: Hurst and Blackett, 1870), 60-63. 一本针对旅行博物学家的手册直接强调说："必须经常拜访和搜寻当地市场。"Arthur Adams, William B. Baikie, and Charles Barron, *A Manual of Natural History for the Use of Travellers* (London: John Van Voorst, 1854), 656-662.

在市场上，当地人既把动物和植物卖给洋人，也卖给其他中国顾客。①
中国人和欧洲人一样，家里也养些动物，比如说家禽和宠物。当地人最喜欢
的宠物之一是鸣禽。他们养画眉等鸣鸟，训练它们的歌声，清晨提着鸟笼去
遛鸟，平时用精挑细选的鸟食喂养。② 除了鸟类以外，市场上的商贩还售卖
许多其他动物。鸡、鸭、鹅到处都是。③ "经常可以看到装着活鱼的大小水
桶，旁边摆着一筐一筐的蔬菜，还有其他动物。"④ 广东人养狗、贩狗，品种
很多。但据一名 19 世纪 30 年代的英国人所见，街上可以看到的狗却似乎都
是同一个品种，当地人用那狗来看门，而不是把它们当宠物。市场上有装在
笼子或篮子里的小狗出售。摊贩们还卖老鼠，鼠皮通常已经剥去，鼠肉卖给
穷人当肉吃。还有人从乡下捉来山猫、果子狸在市场上当作野味出售。

　　洋人水手常会在世界各地的海港买一些奇异的动物带上船，可以在单调
乏味的漫长旅途中当宠物做伴，有时候也可以转手得些利润。⑤ 他们一到黄
埔和广州，就看到岸上陈列待售的动物。一名 18 世纪晚期的法国游客曾遇
见一只待售的"猩猩"（ourang outang）⑥，它那长得像人一样的脸庞和忧伤
表情打动了他；要不是因为他想到一旦把这个动物带上回国的漫长旅程，要
一路照顾会有多么麻烦，他很可能就把它买下来了。然而他还是买了一只山

---

　　① 林奈来华的学生 Peter Osbeck 在他 1751 年居处广州时期描绘了他在市场上碰
见的数百种植物、动物以及其他新奇物件。Peter Osbeck, *A Voyage to China and the
East Indies*, trans. John Reinhold Forster, vol. 1 （London: Benjamin White, 1771），
319-376.

　　② 在 Cuthbert Collingwood, *Ramble of a Naturalist on the Shores and Waters of
the China Sea* （London: John Murray, 1868）319~321 页中对在香港的一些中国鸟店
作了详细描述。制作出口画的广州画师经常绘制街景，街头鸟贩也是他们的对象之一。
参见 Carl Crossman, *The China Trade: Export Paintings, Furniture, Silver and
Other Objects* （Princeton, N. J.: Pyne Press, 1972），102；Downs, *The Golden Ghet-
to*，34 页中的图示。

　　③ 关于动物：Downing, *The Fan-Qui in China*, vol. 1, 312-314。

　　④ Ibid., vol. 2, 234.

　　⑤ Robbins, *Elephant Slaves and Pampered Parrots*，第 1 章。当阿瑟·亚当斯
于 1859 年访问日本时，他从当地人手中买了一些动物，其中包括一对日本大鲵及两头
熊，这些随后捐给了伦敦动物学会。Arthur Adams, *Travels of a Naturalist in Japan
and Manchuria*，277-279，305-308.

　　⑥ ourang outang 是马来语，指称一种猩猩。——译者注

猫带上了船；但那山猫不久就逃掉了，还偷吃了几只鸡，然后就跳到水中，　　*28*
顺着珠江游走了。①

　　当地人甚至还贩卖昆虫，活的死的都有。据《广东新语》记载，有人从
60 里以外的罗浮山捉来特别的大蝴蝶在广州街头贩卖。② 蝴蝶用线拴在细竹
竿上，这样它们就能扇动并展示漂亮的翅膀了。我们不清楚这个习俗是否一
直持续到 18 世纪末和 19 世纪初，西文史料没有这样的记载。然而，即使洋
人中腿比较懒的，也能毫不费劲地得到中国昆虫的标本，因为洋行附近的商
店就成盒成盒地出售昆虫标本。樟木箱里放着经过小心处理的蝴蝶、甲虫、
蜻蜓和其他昆虫，一些大昆虫的身体还被"挖空，并填上了香料"。③ 一名英
国昆虫研究者曾说，从中国运来了大量装在盒子里的昆虫。④ 当然，中国人
并没有西方昆虫学的概念，他们是根据昆虫的奇特外形和绚丽斑斓的色彩来
收集、整理、排列、展示盒装标本的。然而尽管许多昆虫标本的安排陈列没
有什么科学条理，却也有助西方博物学界对中国昆虫有些基本的认识。

　　广州商人一向对市场需求很敏感，所以也会应洋人所需提供"活鸟和贝
壳"。⑤ 在托马斯·比尔澳门的鸟舍中，数百只鸟禽大多是从中国人手中购得
的。⑥ 如果顾客想要得到中国其他地方的特殊鸟禽，中国商人也能通过与内

---

　　① *Voyage à Canton*，*Capitale de la Province de ce nom*，*à la Chine* ⋯，by
C. Charpentier Cossigny（Paris：André，1800），131-132.

　　② 《广东新语》，卷 24，"大蝴蝶"。

　　③ Downing，*The Fan-Qui in China*，vol. 2，50-51.

　　④ J. O. Westwood 为 E. Donovan，*Natural History of the Insects of China*，new
ed.（London：Henry G. Bohn，1842）所写的"序言"。有些昆虫箱也装干制的小型鱼
类以及贝壳。John Richardson 这位杰出的鱼类学家在这些箱子中发现了一些有趣的鱼
类。John Richardson，"Report on the Ichthyology of the Seas of China and Japan，" *Re-
port of the 15th Meeting of the British Association for the Advancement of Science*
（1845）：187-320. 参看诸如202～203、213～217 页。

　　⑤ *The Canton Register*，1829 年 3 月 2 日。一位英国著名的鸟类学家 H. E. Strickland
声称："很奇怪的是，到现在还极少通过当地人这一媒介来获取中国动物标本。每年
都从巴西、塞内加尔以及马六甲的当地人那里获取数以千计的鸟类皮运往欧洲。没
有理由说类似的贸易不能在中国建立。中国人所需要的只是一点在标本保存技术方
面的指导。如果一些（在华）从事茶叶贸易相关生意的商人能对这一问题感兴趣的
话，那么就很容易传达（给当地人）。" *Annals and Magazine of Natural History* 12
（1843）：222.

　　⑥ 关于比尔及其鸟舍的更多信息在第 2 章中。

地的业务关系帮他们设法弄到。比尔就曾以这种方法成功地从长江流域、云南、甚至远在几千英里以外的鞑靼地区①获得，但有些时候买主得耐心等上数年。②

不管是家养动物还是珍禽异兽，在广州的英国人通常都能利用这些现成的渠道获得。原产中国的黑色扁脸猪就是在这个时期传到英国的，这种猪"本来是当作船上的粮食或其他原因来到这里的"，结果，它为英国猪品种注入了新的血液，并因此对当时大力推动的农业发展作出了贡献。③ 19 世纪 30 年代人们捐给伦敦动物学会的许多活的中国动物中，许多都来自广州的市场。其中包括狗、鹅、鸭、雉鸡、乌龟和其他市场上常见的动物。④ 里夫斯、

29

---

① 广义上的鞑靼地区，指中世纪时受蒙古人统治的自东欧至亚洲的广大地区。——译者注

② George Bennett，*Wanderings in New South Wales*，vol. 2，57，58，61，68；1831 年 1 月 30 日韦切尔给亨斯洛的信件，CUL. Letters to John Stevens Henslow. Add. 8176. No. 190。

③ David Low，*On the Domesticated Animals of the British Islands：Comprehending the Natural and Economical History of Species and Varieties；the Description of the Properties of External Form；and Observations on the Principles and Practice of Breeding* (London：Longman，Brown，Green，and Longmans，1846)，426.

④ 关于动物的捐赠及购买的记录，请见伦敦动物学会 MSS. Daily Occurrences。例如在 1831 年，学会在来自各地的馈赠中收到了一只中国秃鹫、两只白色的中国鹅、四只水龟以及好几只雉鸡。伦敦动物学会催促在华的英国博物学者向英国运送"猴子、鹿以及所有野生四足动物"以及"除了金、银雉鸡之外的其他各类雉鸡、鸳鸯与其他水鸭、捕鱼用的鸬鹚"。很明显，他们对中国的动物知之甚少，因为跟这比起来，他们从英国殖民地引进动物的名单就更明确也更长了。参见 *Report of the Committee of Science and Correspondence to the Council of the Zoological Society*，March 22nd.，1831 (London：1831)，11。关于伦敦动物学会采集外地标本的意图，参见 R. Fish and I. Montagu，"The Zoological Society and the British Overseas," *Symp. Zool. Soc. Lond.*，no. 40 (1976)：17-48；Adrian Desmond，"The Making of Institutional Zoology in London，1822-1836," *History of Science* 23 (1985)：153-185，223-250；Harriet Ritvo，*The Animal Estate：The English and Other Creatures in the Victorian Age* (Cambridge，Mass.：Harvard University Press，1987)，第 5 章。亦可参见 Christine Brandon-Jones，"Edward Blyth，Charles Darwin，and the Animal Trade in Nineteenth-Century India and Britain," *Journal of the History of Biology* 30 (1997)：145-178；Robert Jones，"'The Sight of Creatures Strange to Our Climate'：London Zoo and the Consumption of the Exotic," *Journal of Victorian Culture* 2，no. 1 (1997)：1-26。这一活动并不局限于英国。诸如，R. J. Hoage and William A. Deiss，*New Worlds，New Animals：From Menagerie to Zoological Park in the Nineteenth Century* (Baltimore：Johns Hopkins University Press，1996)；Michael Osborne，*Nature，the Exotic，and the Science of French Colonialism* (Bloomington：Indiana University Press，1994)。

他的儿子以及乔治·韦切尔运回英国科学机构的那些小型哺乳动物、鱼类和鸟类的标本也都得自同样的渠道。①

　　然而，博物学研究者最重要的田野工作场地其实是位于洋行区上游约三英里的花棣。花棣只是广州几个花市之一，但其他花市都位于洋人活动区之外。明朝时，中国中上层社会广泛流行一种莳花弄草、热衷园艺的文化。花迷们培育新种、雕琢盆栽、著书立论、评品花卉、建造园林。苗圃也在主要城市的近郊大量涌现。根据散文家张岱（1597—1679）记载，在华北的兖州，当地人成亩成亩地种植各式各样的牡丹，就像种庄稼一样。② 与此类似，广州以西几英里有一个小村，叫花田，种的则全都是茉莉花。一部分茉莉用来熏制茶叶，但在广州有些地方，例如花市，人们也会把大量茉莉花和其他鲜花直接出售。③ 像花棣这样的地方，广州地区还有几个，但花棣的特别之处在于，那儿有很多苗圃，栽培花卉的品种也很多。

　　花棣的精彩内容使 18 世纪的欧洲游客既羡慕又惊奇，于是来广州的洋人"照例"要到那儿一逛。④ 花棣的苗圃不仅出售剪枝花卉，也出租盆花供节日庆典时使用，同时还贩卖各种各样的种子和活株植物。菊花、兰花、牡丹、盆栽灌木、山茶、玫瑰、杜鹃、柑橘及其他果树和许多许多其他观赏植物竞相争妍，恭候买主。这些花木有些是热带植物，也有些是中国本土花木的南方品种。18 世纪晚期，《浮生六记》的作者沈复曾从苏州到广州做生意。沈复是个爱花之人，但他到了花棣，却吃惊地发现那里的花木十有三四他都未曾见过。⑤

　　① 关于米利特，参见 Bretschneider, *History*, 298-301。John 和 J. R. Reeves 捐赠给博物馆的项目收录于 *The History of the Collections Contained in the Natural History Departments of the British Museum* (London: The Trustees of the British Museum, 1904-1912), vol. 2 的哺乳动物及鸟类部分中。

　　② 张岱：《陶庵梦忆》（台北，金枫出版社，1989 [1646?]），88～89 页。这种花卉在长江以南罕见。

　　③ 仇池石（卒于 1800 年）辑：《羊城古钞》（台北，文海出版社，1969），704～706 页；屈大均：《广东新语》，117 页；黄佛颐：《广州城坊志》重印本（广州，1948），5：5、38 页。

　　④ *The Indo-Chinese Gleaner* 2 (1819 年 7 月)，127 页。

　　⑤ 沈复：《浮生六记》（约 1810）。我使用的引文出自 Shirley M. Black 的译本 *Six Chapters from a Floating Life: The Autobiography of a Chinese Artist* (Oxford: Oxford University Press, 1960)，47 页。

春节期间，广州花市更是兴旺。一名英国园艺师—采集员曾叹道："中国对花卉的狂热更甚于欧洲"，"当地人为了喜欢的植物的优秀品种，花上 100 银元也不在乎"，比如墨兰，"而其实墨兰根本算不得什么稀罕植物"！[①] 苗圃每年甚至从大老远的长江流域运来刚刚发芽的牡丹和其他温带花卉，因为这些植物在位于热带的广州较难生长。[②]

30

西方游客和常驻广州的洋人喜欢造访花棣，一方面是可以透透气，看看风景，另一方面是为了那些美丽的植物。广州政府为了显示对外国人的宽厚，特别准许他们游历花棣的请求，后来还扩大到允许他们到花棣去庆祝春节。[③] 洋人于是兴高采烈地在花棣野餐，歌声美酒相伴，让许多旁观的中国人感到很有意思。[④] 花棣的苗圃主人对接待外国顾客一点也不陌生。有些苗圃主人，如 18 世纪晚期的 Old Samay 和 19 世纪 20 年代及 30 年代的 Aching，还定期为洋行提供花木。[⑤] 花棣本来是一个当地花市，后来因为洋顾客越来越多，苗圃也做了调整。例如，Aching 曾打出一块广告招牌，上面用英文写着："Aching 出售各种果树、开花植物和种子。"[⑥] 在花棣，洋人买了很多"种子，整整齐齐地包在抢眼的黄纸中"[⑦]。詹姆斯·梅因是一名训练有素的园艺师，他查看那些种子，觉得它们定价太贵。也许他是对的，但那也正说明了西方顾客对中国植物有多么渴求。当时完全是卖方市场。来广州的英国人还买了大量的活株植物，试图将其运回英国，但由于航程中照料过于困难，很多植物半路就枯死了。

---

① ［James］Main，"Observations on Chinese Scenery，Plants，and Gardening，made on a Visit to the City of Canton and its Environs，in the Year 1793 and 1794…，" *Gardener's Magazine* 2（1827）：139. 100 西班牙银元略少于 20 英镑。亦可参见 Jack Goody，*The Culture of Flowers*（Cambridge，England：Cambridge University Press，1993），387-414。

② 1791 年 12 月 29 日亚历山大·邓肯给班克斯的信件，BL. BM. Add. MS. 33979. 121-122；Main，"Reminiscences of a Voyage to and from China，" 176。

③ Public Record Office，Kew：FO 1048/27/13.

④ Hunter，*Bits of Old China*，7-12.

⑤ Main，"Reminiscences of a Voyage to and from China，" 148；Hunter，*Bits of Old China*，8.

⑥ Bennett，*Wanderings in New South Wales*，89.

⑦ Main，"Reminiscences of a Voyage to and from China，" 148-149.

　　然而，随着幸存的种子和活株植物越积越多，花棣的英国顾客与中国苗圃的关系也慢慢发生了改变。到了 19 世纪 30 年代，造访花棣的英国人已经常常表示失望，声称在那里几乎看不到什么新东西。而且，这段时期英国园艺的迅速发展和大英帝国的扩张，使得英国人可以获得来自世界各地的观赏植物。英国的花卉爱好者已经越来越难于取悦了。里夫斯对花棣的了解不逊于任何其他洋人，他感叹自己在 19 世纪 20 年代末目睹了花棣的衰落。他批评花棣的苗圃不设法采集和培育野生植物，"他们有那么多漂亮的野生植物"，却不知利用。"（花棣的）花圃衰落得太快了"。

　　里夫斯的评语恐怕未必十分公允。他希望花棣苗圃为英国顾客做得更多，为他们搜寻、培育之前从未"被带到过英国去"的新奇观赏植物。① 但是，那些苗圃恐怕不是单靠满足洋人顾客的需求就能够存活的，而且英国人觉得漂亮的花木也未必符合中国顾客的品味。反过来，中国文人士绅对梅、 *31* 菊、兰和其他富有文化象征意义的植物的偏爱，洋人也难以体会。② 也许花棣的园主觉得如果为了迎合洋顾客的需求而在经营上做出重大改变，到头来不会有什么收益，因此他们才没有选择去迎合那部分市场。无论花棣衰落的原因是什么，英国人对该地的看法的确改变了，这显示了他们对自己（园艺）文化的自信，也反映了他们对中国植物的进一步了解。

　　在广州，洋人经常在当地市场找寻新奇的动植物。博物学研究者、普通商人与海员以及中国人参与动植物买卖的原因各有不同，但是中国的海外贸易机制成了他们活动的共同基础。这个机制是当时国际商贸活动的重要组成部分，通过它流通的商品包括丝绸、茶叶、瓷器、出口工艺品等。除了遍搜当地市场，博物学研究者还通过拓展既有的各种商贸、社会关系，以及其他类似的与中国人进行交换的模式来求取动、植物。事实上，园艺和博物学也构成了广州国际贸易中礼物关系的一部分。在广州的英国博物学研究者并不只得益于当地工匠、店主和园丁的知识与技术。中国的行商，这种社会地位更高且与在华西洋商人平起平坐的富商豪贾，也帮了博物学研究者很多忙。

---

　　① 　里夫斯的评述引自 *Gardener's Magazine* 11 (1835): 112。

　　② 　Goody, *The Culture of Flowers*, 347–386.

在行商的花园里

清廷特准在广州成立共约 20 家公行，亦即与洋人做生意的商行。这些所谓的十三洋行是家族事业，往往子承父业。尽管行商不好当，各阶官员常给他们找麻烦，经商风险也大，很多行商都以破产告终，但却有几位行商经营得有声有色。行商经常与洋人打交道，能用不标准的英语和他们交谈，多少也知道点西方礼俗。行商中较为出色的则因其守信、富有、慷慨和精明而备受外国商贸对象的尊敬。这些西方人对中国行商的赞美，甚至使马克斯·韦伯（Max Weber）觉得必须加以解释，使其符合自己的资本主义理论；不过他断言中国行商是从广州的洋人那里学到的经商道理，实在是太牵强了。①相比较而言，当代学者则倾向于把这些商人放到明清商业文化的大背景中加以考量。笔者认为，我们应该进一步把行商放在更广的全球海上贸易关系中加以审视。像中国沿海地区其他许多人一样，行商也是既灵活又传统。他们一方面渴慕为宦做官的荣耀，花钱捐官，并努力效仿文人的文化品位，另一方面也老于世故、适应力强、见多识广、精明狡黠，在国际商贸的竞技场上一展身手。②

例如，18 世纪晚期的总商潘振承（潘启官）③，在加入洋行之前曾三次到菲律宾做生意。他会说一些外语，深谙国际贸易中的交往礼仪。④ 他任行商时为西方商人和船长举办的宴会，为宾客所称道。宴会均为一前一后两

① Max Weber，*The Religion of China：Confucianism and Taoism*（New York：Free Press，1968），234−235.

② 梁嘉彬：《广东十三行考》（上海，商务印书馆，1936）；Ann Bolbach White，"The Hong Merchants of Canton"（Ph. D. diss.，University of Pennsylvania，1967）；陈国栋，*The Insolvency of the Chinese Hong Merchants，1760−1834*（台北，"中央研究院"经济研究所，1990）；Weng Eang Cheong，*The Hong Merchants of Canton：Chinese Merchants in Sino-Western Trade*（Richmond，England：Curzon Press，1997）对 18 世纪的情况作了较全面的叙述。

③ 潘振承（1714—1788），潘启官家族事业的开创者，早年曾赴菲律宾，在马尼拉从事贸易。他创办的同文行一直是十三行中的佼佼者，自己也成为公认的行商领袖，被称为"首名商人"。——译者注

④ Weng Eang Cheong，*The Hong Merchants of Canton*，159−164.

场。第一场是西式的，为每位客人提供刀、叉，中国客人也一样，当然，有些人用起刀叉来不很灵活。第二天的宴会则是中式的，大家都用筷子，西方客人觉得又滑稽又新鲜。各式洋酒和中国白酒任由大家畅饮。宴会后还有娱乐节目。第一晚演出中国戏剧，戏中充满了武打和舞蹈，乐声喧闹，穿插身着西式服装的角色取笑助兴。第二晚，宾客则在主人富丽的花园里欣赏一系列的烟火、杂耍和魔术表演。①

广州大部分的行商都像潘启官一样，与洋人关系良好，并能以西方礼节相待。行商与洋人之间的社会交往围绕着商贸关系展开，但也不限于此。行商昆水官（潘长耀）② 待人亲切，很受广州洋人的喜爱；他最后生意破产，部分原因可说是在和西方商人打交道时过于随和。③ 潘有度（潘启官二世）的哥哥潘有为④是位辞官返乡的文人雅士，英人昵称他"the Squire"，还说他"喜欢当地英国人的社会"⑤。一名年轻的美国淑女曾在澳门见到过年迈的茂官二世（卢文锦），称他是"一个大人物"，"我向你保证，他真的非常殷勤有礼"——这名女生在信中这样告诉她在马萨诸塞州家乡的姐姐。⑥ 有一名重要的英国商人也曾说潘有度是"一个精明能干的人"，并承认"比起和他做生意来，我更喜欢和他一起吃饭"。⑦ 生性严肃的浩官二世（伍秉鉴）⑧则由于只愿意和某些特定的客户做生意，曾惹恼过一些西方生意人，但他那 *33*

---

① Quennell，ed.，*The Prodigal Rake*，143.

② 潘长耀（1759—1823），广州丽泉行商人。——译者注

③ 在广州的法国人与英国人大都喜欢他，一些美国商人则不喜欢他，但是潘长耀随后的垮台却是因为美国贸易商的欠款。Frederic D. Grant, Jr.，"The Failure of the Li-ch'uan Hong：Litigation as a Hazard of Nineteenth-Century Foreign Trade," *The American Neptune* 48（1988）：243-260.

④ 潘有为，字卓臣，号应麟，又号毅堂，乾隆三十七年进士，参与校勘《四库全书》，官至内阁中书，久居京城。后归居广州河南，专事搜罗古钱、古印、书画、鼎彝等珍藏，首开广州鉴藏文物珍品风气之先，在乾隆年间成为"岭南鉴藏家之魁首"。——译者注

⑤ OIOC. IOR. Neg. 11666. "Memoir of the Life of Mr Charles Molony," 11.

⑥ Harriet Low Hillard，*My Mother's Journal*，ed. Katherine Hillard（Boston：G. H. Ellis，1900），38.

⑦ Morrison，*Memoirs*，vol. 1，468.

⑧ 伍秉鉴（1769—1843），又名伍敦元，伍国莹（浩官）之子。怡和行老板，在当时西方商界享有极高知名度。——译者注

聪明和冷静的性格，也不得不令人肃然起敬。① 年轻的明官（潘文涛）② "因其风度翩翩，非常引人注目"，他学会了打西式的纸牌，并"在洋人圈里成了一位名人"。③

有些行商，如潘有度和伍秉鉴，作为一代巨富，即使是那些每天经手成船成船贵重货物的西洋商人也被他们的财富折服。④ 他们那些位于河南岛上、与广州洋行隔河相望的别墅和花园，令西方访客钦羡有加。与其相比，陈源泉（秋官）和潘长耀在河南岛上的花园也毫不逊色。这几座花园以及其他中国行商的花园，都属中式园林。中式花园通常由许多庭院组成，各个庭院之间以厢房、门亭、围墙相隔。屋舍之间铺有狭窄、曲折的小径。露台上、小径旁、亭阁边陈列着成百成千的花卉树木，包括许多中国人最欣赏的花木，如菊花、山茶和盆栽矮树。莲塘中耸立着假山或嶙峋的岩石，水里养着鱼儿、睡莲和乌龟，小桥流水罗布其间。鹿、鹤、孔雀和鸳鸯又为这如诗如画的景色平添了美意与生气。⑤

中国的士绅和欧洲的一样，也发展了一种花卉与园林的文化，这种风气在社会上散播甚广。⑥ 清代时，有些庭园因其设计体现的美学与品位而享有

---

① OIOC. IOR. Neg. 11666, 11；Hunter, *Bits of Old China*, 43；Morrison, *Memoirs*, 468；White, "The Hong Merchants of Canton," 95–100.

② 潘文涛，广州中和行商人，商名明官。——译者注

③ Hunter, *Bits of Old China*, 45–46.

④ Hunter, *The Fan Kwae at Canton*, 48；同一作者, *Bits of Old China*, 80.

⑤ 对于行商花园的描绘可参见 Hunter, *Bits of Old China*, 78–79；Josiah Quincy, *The Journals of Major Samuel Shaw* (Boston：W. Crosby and H. P. Nichols, 1847), 179；Main, "Observations on Chinese Scenery, Plants, and Gardening," 136–138；*Tingqua's China*, 1986 年 3 月 3—22 日的展览 (London：Martyn Gregory, 1986), nos. 95–98。

⑥ 诸如 Craig Clunas, *Fruitful Sites：Garden Culture in Ming Dynasty China* (London：Reaktion Books, 1996)；王毅：《园林与中国文化》（上海，上海人民出版社，1990）；Paolo Santangelo, "Ecologism versus Moralism：Conceptions of Nature in Some Literary Texts of Ming-Qing Times," in Mark Elvin and Liu Ts'ui-jung, eds., *Sediments of Time：Environment and Society in Chinese History* (Cambridge, England：Cambridge University Press, 1998), 617–657；Joanna F. Handlin Smith, "Gardens in Ch'I Piao-chia's Social World：Wealth and Values in Late-Ming Kiangnan," *Journal of Asian Studies* 51 (1992)：55–81；Norah Titley and Frances Wood, *Oriental Gardens* (London：The British Library, 1991), 77–99；以及 Maggie Keswick, *The Chinese Garden* (London：Academic Editions, 1978) 都有漂亮的图示。

盛名。例如，诗人袁枚的随园就因衬托了主人的气质与风韵而著名。位于长
江下游的扬州市内，一些达官富商的华丽庭园占地甚广，沿江两岸绵延数
里，李斗在《扬州画舫录》（约 1795）中对此曾有过生动的描述。① 像在欧
洲一样，这样的排场既表现了主人的财富，也彰显出主人的文化品位与身
份。② 在广州，行商的庭园虽然已经令人炫目，却还比不上西郊荔枝湾那些
最富丽的庭园。③ 豪门富商企图提升自己的社会地位与文化身份，精致的庭
园只是其中的一部分。在行商中，潘启官和浩官的家族都是岭南的主要艺术
品和书籍收藏大家。潘有度本人对诗文有所涉猎，而他的家族中另有几人也
有些文学造诣。④

　　广州的洋人经常光临行商在河南岛上的庭园，有些是正式拜访，有些是 *34*
借日常散步的理由而来；这些来访者"无论何时都会被当差的仆人很有礼貌
地请进园中"⑤。那些庭园中种有一般商业苗圃中少有的奇花异木，比如特别
优良的牡丹品种。牡丹是英国人最渴望的花木之一，除了花朵鲜艳夺目外，
也因为牡丹本来生长在温带地区，因而他们认为这种花在英国也能够生长得

---

　　① "盖西洋人好碧，广州十三行有碧堂，其制皆联房广厦，蔽日透月为工"（李
斗：《扬州画舫录·四桥烟雨》）。扬州四桥烟雨中的澄碧堂就是仿效广州十三行碧堂建
筑形式而建造的，详见《扬州画舫录·澄碧堂》。——译者注

　　② 富人喜欢富丽堂皇，而穷苦却有文化的人却懂得闲情逸致。人生坎坷的沈复
在他的回忆录中向我们诉说道，"余闲居，案头瓶花不绝"（《浮生六记》卷二《闲情记
趣》——译者注）。他因为太穷而无法购置花园，他和他的妻子就于大盆中叠起微景，
并想象自己若然移居此仙境中。（"乃如其言，用宜兴窑长方盆叠起一峰，偏于左而凸
于右，背作横方纹，如云林石法；峻岩凹凸，若临江石矶状。虚一角，用河泥种千瓣
白萍。石上苔萝，俗呼云松。经营数日乃成。至深秋，苔萝蔓延满山，如藤萝之悬石
壁。花开正红色。白萍亦透水大放。红白相间，神游其中，如登蓬岛。置之檐下与芸
品题：此处宜设水阁，此处宜立茅亭，此处宜凿六字曰'落花流水之间'；此可以居，
此可以钓，此可以眺；胸中丘壑，若将移居者然。"《浮生六记》卷二《闲情记
趣》——译者注）

　　③ 黄佛颐：《广州城坊志》重印本（广州，1948），卷 5，53～56 页。

　　④ 陈国栋：《潘有度（潘启官二世）：一位成功的洋行商人》，见《中国海洋发展
史论文集》（台北，"中央研究院"，1993），第 5 辑，245～300 页。Arthur Hummels,
ed., *Eminent Chinese of the Ch'ing Period*, vol. 2（Washington, D. C.：Library of
Congress, 1944），605，877.

　　⑤ Hunter, *Bits of Old China*, 78.

很好。但也正由于牡丹的这种特性，广州很少有优质的牡丹。①

在 18 世纪末期，邓肯兄弟由于受约瑟夫·班克斯之托，一直热切地搜寻各种牡丹。他们不仅受惠于中国行商，甚至从洋人普遍不喜欢的海关监督（Hoppo）② 那里也得到过牡丹。③ 其他植物爱好者也在中国行商的花园中搜寻猎物。詹姆斯·梅因就曾通过东印度公司的人介绍得以造访文官（蔡世文）和石鲸官二世（石中和）的花园。④ 在华人行商之中，威廉·克尔主要受益于潘有度。⑤ 事实上潘有度还通过广州分行与约翰·班克斯交换过信件与礼物。他也向班克斯赠送过珍稀植物，包括一株树龄极老的盆栽矮树和许多品质优秀的牡丹。⑥ 1812 年，里夫斯到广州上任，在短短几个月内就已经在潘有为的家中吃过两三次饭，并在主人花园里的两三千盆上好菊花中寻宝。⑦ 1821 年，约翰·波茨在到达广州的第二天就被里夫斯带去潘有为的花园，在接下去的几天里，他们又造访了一些其他中国行商的花园。⑧

我们应该把所有这些活动都视作广州国际商贸社会来往的一部分。礼物馈赠是商贸社交关系的延伸，而动物和植物属于最受欢迎的礼物之一。⑨ 有一次潘有度曾向一位美国朋友请求紧急医护援助，送信的时候便附着一只珍

① 《广东新语》，卷 25，"牡丹"。

② 此处的 Hoppo 指粤海关监督。——译者注

③ BL. BM. Add. MS. 33979.84-85；Add. MS. 33978.113；Add. MS. 33978.115.

④ Main，"Observations on Chinese Scenery，"135-140.

⑤ BL. BM. Add. MS. 33981.227-228；Add. MS. 33981.231-232.

⑥ BL. BM. Add. 33981.227 - 228；Add. MS. 33981.229 - 230；DTC，vol. 17，f.35. 这一盆栽最后献给女王，以便"她观察中国人能将森林中最高大的树种矮化成盆中美景的特殊艺术"。BM. Add. MS. 33981.261.

⑦ DTC，vol. 18，ff. 193-194.

⑧ John Potts，"Unpublished Journals，1821-22，"1821 年 11 月 12、13、14 日等条目。

⑨ 到目前为止尚无对中国海外贸易社会中跨文化礼物交换的系统性研究。人类学家已经对当代中国社会礼物与爱好的交换加以关注。他们的著作对中国社会中交换的传统类型，尤其是礼物关系与社会关系之间的互动作了某些探究。参见诸如 Mayfair Mei-hui Yang, *Gifts, Favors, and Banquets*：*The Art of Social Relationships in China* (Ithaca：Cornell University Press，1994)；Andrew Kipnis, *Producing Guanxi*：*Sentiments, Self, and Subculture in a North China Village* (Durham：Duke University Press，1997)；Yunxiang Yan, *The Flow of Gifts*：*Reciprocity and Social Networks in a Chinese Village* (Stanford：Stanford University Press，1996)。

贵的雉鸡。① 同样的，中西商人对园艺的共同兴趣，也会增进社会关系、建立友谊，进而加强生意联系。众多新种植物便这样经由商人兼博物学研究者和行商之间的渠道被引入英国。英国的园艺学界对潘长耀在这方面的慷慨贡献印象深刻，为了表达谢意，便以他的名号"昆水官"来为一种植物命名。②

其实，植物的流动是双向的。托马斯·比尔就曾把好几种玉兰分赠给广州的中国商人。③ 那些前往中国采集植物的人，包括远洋船长和植物采集员，*35* 从英国出发的时候一般也都随船带着一些植物，以便用来交换中国品种。由于受到启蒙时期科学公益思想的影响，班克斯曾建议克拉克·埃布尔去中国时带上一些柠檬树，因为他听说"中国的庭园里没有柠檬"。④ 从欧洲被带到中国的植物，多半起初是栽种在当地洋人的花园中，但如果有中国人因其美丽、新奇或实际用途而喜欢这些品种，它们肯定就会有机会在中国庭园生长、绽放。⑤

一般的中国行商对本土动、植物的知识和对园艺技术的了解并不多，他们到底不是专家。据 19 世纪一二十年代在中国待过的里夫斯说，在他的中国友人圈中，只有潘有为是"真正关注花卉"的。⑥ 然而，行商作为中国士绅，对园艺的事情绝不是毫无兴趣。邓肯兄弟在为约翰·班克斯的各种问题寻找答案时，经常得到行商和当地园丁的帮助。班克斯曾交给亚历山大·邓肯一本画有中国植物的册子，作为图鉴，邓肯便向"广州所有文人"——大

---

① Hunter，*Bits of Old China*，31.

② *Gardener's Magazine* 2（1827），422；11（1835）：111-112.

③ Ibid.，11（1835）：437-438.

④ DTC，vol. 19，ff. 123-124，245.

⑤ 1843 年来华的植物采集员因在中国采集植物而知名的罗伯特·福钧（Robert Fortune）至少把他所带的一种植物送给了一位中国园丁。他这做法似乎只是单纯地跟着传统做。Robert Fortune，*Three Years' Wanderings in the Northern Privinces of China*（London：John Murray，1847），95. 中国人经常把花卉栽种在花坛或花盆里，而这种园艺模式可能在某种程度上决定了他们对花卉样式、类型的喜好。一位英国人观察说："中国人并不看重那些花团锦簇的整群花卉，而只喜欢在花盆中看起来较美的花卉。"他接着说道："他们不喜欢好几种我们从欧洲引进的观赏植物，因为这些植物会长得太大丛、太笨拙。"*Gardeners Chronicles*，1860 年 1 月 7 日，7 页。

⑥ *Gardener's Magazine* 11（1835）：112.

概指的是他常接触的官员和行商，询问册中植物的中文名字。[①] 他也曾和潘有度有过一次关于牡丹的"长谈"，后者为他详细解释了牡丹的特点和习性。[②] 这些博物学爱好者，也调查与经济植物学有关的课题。约翰·邓肯曾查询过处理麻纤维的方法。[③] 亚历山大也雇用过一名中国人帮他收集树液可以制漆的树木样本。[④]

像里夫斯这样执著的博物学研究者也许真把他中国朋友对植物的知识都搜刮殆尽了，而他那种对动、植物的狂热可能会令他的中国朋友感到有点迷惑不解。但是，即使是英国人也不是都了解并支持里夫斯的博物学工作。当某些广州洋人为计划中的中国大英博物馆募款时，也有一些他们的同事迟迟不肯共襄盛举，显然，他们对这项博物学事业的态度有所保留。[⑤] 可以确定的是，在中国行商令人心旷神怡的庭园里，宾主交换了许多园艺学方面的知识和植物。当那些热衷博物学和园艺学的洋人拜访中国行商的宅邸，宾主在庭园漫步、赏花观木，并用不标准的英语进行交谈时，谈话的内容从茶叶的价格一直延续到培育牡丹的方法。

36 植物的运输

像采集标本一样，把动、植物运回英国也得仰赖当时对华贸易的人员、机制和设施。干燥的种子、球茎、活株植物、宠物和家禽统统被装上船，与茶叶、丝绸、瓷器、大黄、肉桂和其他中国商品堆放到一起。每年11月开始刮东北季风，于是有些东印度公司的商船便在年底之前起程离开中国，船上满载着英国市场正在翘首企盼的珍贵的头春茶。大多数回英国的船只在航程中只在好望角稍事停留，后来也有的在位于大西洋的圣海伦娜岛暂停，之后继续朝英国海域航行。整个航程需要花费四个月或更长时间。[⑥] 要让这些异国植物平安度过如此漫长的旅程，对那些晕船的园丁来说不是件小事，这在

---

① BL. BM. Add. MS. 33978. 276-279.

② BL. BM. Add. 33979. 121-122.

③ BL. BM. Add. MS. 33978. 112；Add. MS. 33978. 165；Add. MS. 33978. 177.

④ BL. BM. Add. MS. 33978. 211-212.

⑤ Morrison, *Menoirs*, vol. 2，424. 每年的捐助额是30西班牙元或少于10英镑。

⑥ Sutton, *Lords of the East*，第8章。

当时是让很多大博物学家头疼失眠的难题。

活株植物一上船，就跟其他货物一样，听任船长和船员处置。有些船长本身就是植物爱好者，经常把自己收集的观赏植物带上船；他们往往也会把别人托运的植物照顾得好些。在广州的博物学爱好者，如有可能，当然希望把自己的植物交付给这些船长。否则海船一旦起程，他们辛辛苦苦才弄到的植物可能就乏人照管。当威尔逊（Wilson）船长答应为亚历山大·邓肯运送植物时，邓肯"非常高兴"，因为他知道"这位绅士性喜植物"。[①] 而当拜登（Biden）船长自愿为里夫斯和约翰·波茨提供同样的服务时，却让这两人颇感为难。这位船长虽然满怀好意，但是对植物一窍不通，所以里夫斯和波茨经过仔细考虑后，决定"不用他的船运送自己最好的植物"，他们只请他运送了"一箱最耐折腾的野生植物"。[②]

在长途航程中照顾活株植物是一项高难度的工作。植物通常放在木制箱子或各种植物柜里。整个航程中，它们要经历种种严酷的环境：海浪喷洒、供水不足、骄阳烈日或是光线不足，还要经过不同的温度带。植物的死亡率相当高。放置植物的最佳位置是船尾甲板，在那儿它们可以享受充足的日照，却又能免受大量飞溅的浪花之苦。只是这块宝贵的地方总是被大人物的植物占去，权势较小的人的植物就只能堆放到船上的角落里。但即使是安顿在好位置的植物，也无法确保就一定能安全无虞。在惊涛骇浪的海上，大量堆在高处的植物可能会因重量使船只过度倾斜，或因松动造成其他意外，所以一遇恶劣天气，植物总是最先被抛到海中的货物。此外还有很多意外事故都可能使船上植物遭到严重损失。克拉克·埃布尔、威廉·克尔和约翰·波茨都曾有过这种惨痛经历。[③] 几秒钟之内，数月辛勤劳动的果实便可能会被压垮或扫荡到海中去。

活株植物需要大量淡水，而淡水对海员来说可是仅次于烈酒和啤酒的宝贝。由于船上的淡水储量几乎只够船上人员使用，负责照管植物的人不得不

37

---

① 　BM. Add. MS. 33978. 276-279.

② 　RHS. MSS. John Damper Parks, "Unpublished Journal, 1823," 5-9.

③ 　Alice Coats, *The Plants Hunters*, 94-95; W. Kerr, "Botanical Mission to the Island of Luconia, in the Year 1905," NHML. Botany Library. B: MSS. Kerr. 九月他在澳门丧失了他在马尼拉所收集的植物。Bretschneider, *History*, 270。

节约使用每一滴分配给花木的淡水。遇见雨天时，园丁便尽量让雨水把植物浇个透，还要用容器把雨水储存起来以备日后使用。浪花对植物来说是可怕的杀手，盐分会很快在叶子表面结晶，如果有这种情形，就必须用湿海绵把这些结晶颗粒擦洗掉，有时一天需要擦好几遍。船上的动物对植物的安全构成了另一项威胁。狗、猫、猪、羊和猴子——这些动物在所有的船只上都很常见——都可以对植物造成很大破坏。由于远洋航行必须跨越几个不同的气候带，所以只有比较坚强的植物，不畏过冷过热，才可能存活下来。在变化不定的天气中，装植物的箱柜不得不一天开关好多次。即使是包装好的种子和球茎也不保险，稍微照顾不周就会有老鼠来啃吃，还会发霉或生虫。含油较多的种子在炎热的天气下很容易变坏。植物如果经受住了第一段航行中的所有考验，安然到达圣海伦娜，便会被栽种到圣海伦娜岛上的花园里。过了两个月左右，等元气恢复，再被带上开往英国的其他船只，以完成这次漫长、艰辛旅程的最后一段。①

这种充满风险的运输活株植物的方法，一直沿用到 19 世纪 40 年代早期，直到华德箱（Warden case）被普遍采用为止。华德箱基本上就是一个密闭的小型玻璃温室。② 由于很难让那些牢骚满腹的船员认真照管植物，货主便为他们提供了赏金。邱园愿意支付给挑选出来照顾克尔的植物的水手五个基尼币③，

---

①   Joseph Banks，"Instructions for James Smith & George Austin, the Two Gardeners," in DTC, vol. 6, ff. 196 - 202；John Livingstone，"Observations on the Difficulties which Have Existed in the Transportation of Plants from China to England, and Suggestions for Obviating Them," *Trans. Hort. Soc.* 3 (1822)：421-429；John Damper Parks，"Upon the Proper Management of Plants during Their Voyage from China to England," *Trans. Hort. Soc.* 7 (1830)：396-399；Main，"Reminiscences of a Voyage to and from China," 337 - 339；John Lindley，*Theory and Practice of Horticulture* (London：Longman, Orme, Brown, Green, and Longmans, 1855)，245 - 261；同一作者，"Instructions for Packing Living Plants in Foreign Countries, Especially within the Tropics; and Directions for Their Treatment during the Voyage to Europe," *Trans. Hort. Soc.* 5 (1824)：192-200；Kenneth Lemmon，*The Golden Age of Plant Hunters* (London：Aldine Press, 1968)，121-127.

②   关于华德箱，参见诸如 Allen，*The Naturalist in Britain*，118-120。因在中国采集植物而知名的罗伯特·福钧，是最早用华德箱运输植物的人之一。Fletcher，*The Story of the Royal Horticultural Society*，149-150. 在 19 世纪中叶，发展出经过红海的陆上道路，也因而大大缩短了欧洲与中国间旅途的距离与时间。

③   英国旧时的一种金币，约值 21 先令。——译者注

只要他们做得不错的话。① 威尔逊船长因为从英国"携带了大量（欧洲植物），以便换取中国植物"，便雇了一名随船英国园丁照管这些植物。② 在广州，外国船偶尔也雇用中国园丁上船照管中国植物。威廉·克尔曾遵照约瑟夫·班克斯的指示，雇用一名中国男孩随船看顾他要送交邱园的植物，那名男孩叫做阿亨（Au Hey），从小就学习种植花木。这名年轻园丁在邱园期间给班克斯和其他人带来了不少乐趣。③

　　所有的中国植物几乎都通过上文所描述的过程运送到英国。当时海运的 *38* 物质文化和基本设施在很大程度上决定了欧洲博物学界能够得到什么品种的中国植物。里夫斯曾试图给远在英国的同行寄过一些杜鹃花品种，共有几百株，结果没有一株能够经受住长途旅行的考验存活下来。④ 一旦某些植物和种子平安到达了英国，便会成为园艺学会、邱园、商业苗圃和其他赞助机构的宝贵财产。就像中国出口的工艺品一样，这些植物也是充满异域色彩的物品。1833 年麦吉利根（M'Gilligan）船长把他的重瓣杜鹃以 100 英镑的价格卖给托马斯·奈特（Thomas Knight）的异域植物苗圃，这是第一株从中国运送到英国的同类植物，当时识者都认为他"让（奈特）以这么便宜的价格就买去，真是当了冤大头"。⑤ 在那之前，园艺学会曾愿出 250 英镑来收购这种杜鹃的首株新鲜样本，只是最后交易没有谈成。⑥

　　如果考虑到为了获得这些植物需要花费的人力、物力，以及在英国园艺

---

①　BL. BM. Add. MS. 33981. 233.

②　1806 年 2 月 24 日克尔给班克斯的信件，BL. BM. Add. MS. 33981. 227－228。

③　BL. BM. Add. MS. 33981. 227－228；BM. Add. 33981. 234－235；DTC，vol. 17，f. 38. 但是，邱园的职员和克尔似乎并不喜欢阿亨，而邱园也未再雇用中国园丁随船照顾植物。Desmond，*Kew*：*The History of the Royal Botanic Gardens*，122；Coats，*The Plant Hunters*，99. 在广州，东印度公司通常招募大量中国人做航行中的劳工或水手，而其中的一些人可能被要求照看在甲板上的植物。在拿破仑战争期间，回国途中的东印度公司商船华伦·哈斯丁斯号（Warren Hastings）被一艘法国炮舰截获，原因是在广州时，船上的 40 多个中国船员决定待下来不走了，于是这艘船在回航时就严重人手不足。这个例子表明，这些海船上常常会有很多中国水手和劳工。Sutton，*Lords of the East*，38.

④　*Gardener's Magazine* 9（1833）：474－475.

⑤　1833 年 5 月 6 日米利特给胡克的信件，*Kew*：*Directors Correspondence*，53（87）。

⑥　Ibid. 亦可参见 *Gardener's Magazine* 9（1833）：474－475。

市场上中国的蔷薇、茶花、紫菀、杜鹃、百合、菊花和牡丹是多么抢手的话，一株花几百英镑的价格其实不算离谱。1819 年，约翰·利文斯通曾根据自己 25 年的经验估计，从中国运往英国的植物中每 1 000 株只有 1 株能够活下来，经过换算每一株安全运抵英国的植物大概花费了 300 镑的巨款。其实广州植物价格相当便宜，平均每株不过六七先令，这还包括木箱在内。在英国这些植物之所以这么昂贵，主要是由于跨洋运输和植物死亡率过高造成的。① 如果某些植物安全地抵达了英国，接下来就要设法让这些外国花木适应英国的水土，并为它们取好听的名字，然后引进园艺市场出售。其中精选出来的上好品种，常常首先呈献给恩主和大人物，并以他们的名字来命名这些植物，如班克斯夫人玫瑰和休姆（Hume）夫人羞晕（一种茶花）。② 其他不那么高档新奇的花卉也会得到一个英文名字。这样，中国来的奇花异草便在英国的花园里安了家，和那些从大洋洲、非洲、印度以及美洲来的花木摩肩比邻了——这景象正是当时英国强大海上势力的体现。

园艺学和博物学构成了世界海上贸易中的美学、信息、财富、商品及其他物质和文化产品流通的一部分。广州的商埠环境为这两个领域的研究提供了理想的背景。这个熙熙攘攘的海港竟是科学研究的沃土：商店、花园和市场；工匠、园丁、赤足的街边摊贩以及身穿绫罗绸缎的富豪；国际海上贸易中社会交往与商务活动的运转机制；越过广州向内陆深处延伸开去的商业路线——所有这些商埠的构成要素——对英国人研究中国博物学都起着至关重要的作用。有了这些条件，英国博物学研究者不需要花太大工夫，就能有效地把广州这个货物集散地转换成知识交换与知识生产之场所，商业城市的日常活动也因而变成了强有力的研究路径和工具。

就像茶叶、丝绸和瓷器一样，产自中国的植物、动物和其他科学标本也都运到了伦敦。不管多么零乱不整，这些资料逐渐流入英国，并标志着英国人对中国博物学的研究已经进入一个新阶段。直到 18 世纪中晚期，英国对

---

① Livingstone, "Observations on the Difficulties which have existed in the Transportation of Plants from China to England," 427. 他的估计包括了那些最无经验的船长或海员，他们很多也在广州购买植物，并试图将之运往英国。当然，这些尝试大多数都失败了。

② *The Botanical Register* 5 (1819), pl. 397.

中国动植物的研究贡献尚不多，但是随着 19 世纪的到来，英国人在这个领域渐渐可以和法国人分庭抗礼，甚至超越法国了。在广州时期，英国的海上势力与对华贸易的条件，裨助他们收集中国的动植物，进行博物学研究。而这项事业的各个部分——人员、船只、网络等，各有其机会和局限——都与对华海上贸易有紧密联系。

第二章
艺术、商贸和博物学

洋人在广州与中国社会各阶层，包括商人、官员、仆役、店主和艺匠等都有接触。当然，这些接触通常都很有限，并且受到了控制，但它们毕竟使洋人得以从事贸易，维持社会联络，开始传教工作并收集博物学标本。身在广州的英国人对园艺学和博物学非常热衷，在英国这两项都是体面而又时尚的知性活动。那些旅居中国的英国人认识到自己可以得天独厚地亲近这个广阔帝国丰厚的大自然宝库，于是他们就尽可能地利用与中国人接触的机会来促进自己的收集与研究活动。

由于英国博物学家只准在一小块有限的区域内活动，所以他们通常不得不依靠中国人来帮助他们搜集标本，尤其是内陆地区的标本。用这种方法获得的标本往往数量很少，或无法在跨洲远洋航行中存活，所以博物学家只能另找办法来记录、保存并传达科学资料。毫无疑问，文字的描述是最常见、最方便的方法。英国博物学家在给欧洲科学界的信和报告中总是热切地讲述他们所碰见的或观察到的大自然产物；但这些描述通常粗糙而不精确，无法为专门的研究所用。要想以日常生活的用语来细致、精确地描述某种特定的 植物或动物，以使其他博物学家一读到报告，即使不用亲眼看到所说的东西或与之类似的物品也能在头脑中勾画出它的样子来，是很不容易的。日常生活的语言也许更适于传达某些信息，例如说明某种标本是在哪里发现、如何发现以及如何栽种某种植物才最适宜等，但在传达其他一些内容，如怎样鉴别某种植物的时候，日常生活的语言就不行了。

当然，这不是一个新问题。它已经困扰了博物学家几百年了；到18世纪末的时候，科学界已经发展了一套高度标准化的词语来描述标本可以观察到的特征。这套词语非常之精确，以至于受过训练的科学工作者通过使用技术词语，如拉丁文植物术语，对标本进行书面描述，彼此之间就可以有效地沟通。显然，这套科学语言并不是每个人都可以掌握的；要想掌握它需要教育、训练和实践。按照很多 19 世纪初期博物学家的说法，这样的书面描述在合格的专家手里可以与图画一样可靠，甚至比图画更为可靠。在他们看来，优秀的文字描述直接诉诸理性思维，而图画，尤其是那些通俗文章里的彩色图画，却把感官享受置于真知之上了。①

但是也有人争论说，那些引人入胜的图画能促进科学，并使更多的人加入到博物学领域中来。在华英国博物学家的科学实作可能以出人意料的方式支持了这个观点。这些博物学家无法或不愿用技术词语描述标本，所以选择了视觉表现作为一种有效的替代。一些英国博物学家，特别是约翰·里夫斯，利用中国的洋画行业，雇用中国当地画家来描绘博物标本。这些画作风格独特，具有洋画的鲜明艺术特征。② 类似这样的合作在 18、19 世纪的印度也很常见，当时许多印度当地画家已经根据西方主顾的需求调整绘画的方法和风格，他们中有些也被雇用来描绘博物学标本。③

---

① Ann Secord，"Botany on a Plate：Pleasure and the Power of Pictures in Promoting Early Nineteenth-Century Scientific Knowledge，"*Isis* 93（2002）：28-57.

② 关于中国出口画或洋画的文献资料很多，但主要是由博物馆馆员和所谓的行家记录的。Carl L. Crossman，*The China Trade*（Princeton N. J.：Pyne Press，1972）；Margaret Jourdain and R. Soame Jenyns，*Chinese Export Art in the Eighteenth Century*（Feltham，England：Spring Books，1967 [1950]）；Craig Clunas，*Chinese Export Watercolours*（London：Victoria and Albert Museum，1984）；Patrick Connor，*The China Trade*，*1600-1800*（Brighton，England：The Royal Pavillion，1986）；Craig Clunas，ed.，*Chinese Export Art and Design*（London：Victoria and Albert Museum，1987）；David S. Howard，A Tale of Three Cities：Canton，Shanghai & Hongkong：Three Centuries of Siao-British Trade in the Decorative Art（London：Sotheby's，1997）；同一作者，*The Choice of the Private Trader*：*The Private Market in Chinese Export Porcelain Illustrated from the Hodroff Collection*（London：Zwemmer，1994）；Hong Kong Museum of Art，*Late Qing China Trade Paintings*（Hong Kong：The Urban Council，1982）；Hong Kong Museum of Art，*Gateways to China*：*Trading Ports of the Eighteenth and Nineteenth Centuries*，*Presented by the Hong Kong Museum of Art*（Hong Kong：The Urban Council，1987）；同一部门，*Views of the Pearl River Delta*：*Macau*，*Canton*，*and Hong Kong*（Hong Kong and Salem：The Hong Kong Museum of Art and the Peabody Essex Museum，1997）. 另外，参见伦敦的一位中国出口艺术商 Martyn Gregory 出版的目录。例如，*Trade Winds to China*（1987）；*The China Trade*（1996）；*Tingqua's China*（1986）；and *Artist of the China Coast*（1991）.

③ 跟中国洋画画师一样，印度画家也发展出一套混合风格，称为"公司派"（the Company School），而他们为英国人所画的博物学图画体现了这种特有风格。参见 Mildred Archer，*Natural History Drawings in the India Office Library*（London：HMSO，1962），53-57。

在此背景下产生的博物学绘画促使我们对两方面的问题进行思考。艺术与科学的关系问题早已引起了学者们很大的兴趣；无论这个问题的背景涉及的是博物馆、解剖学著作，还是现代媒体如电影，它的焦点通常都是科学中的视觉再现与诠释。① 在这些讨论中，博物学绘画非常引人注目。② 博物学绘

① 关于科学中的视觉再现的文献相当多。关于这一主题的近期著作包括 Brian Braigrie, ed., *Picturing Knowledge: Historical and Philosophical Problems Concerning the Use of Art in Science* (Toronto: University of Toronto Press, 1996); Barbara Stafford, *Artful Science: Enlightenment, Entertainment, and the Eclipse of Visual Education* (Cambridge, Mass.: MIT Press, 1994); Caroline Jones and Peter Galison, eds., *Picturing Science, Producing Art* (New York: Routledge, 1998); Renato G. Mazzolini, ed., *Non-Verbal Communication in Science prior to 1900* (Firenze, Italy: Leo S. Olschki, 1993); Gregg Mitman, *Reel Nature: America's Romance with Wildlife on Film* (Cambridge, Mass.: Harvard University Press, 1999); Jennifer Tucker, "Photography as Witness, Detective, and Impostor: Visual Representation in Victorian Science," in *Victorian Science in Context*, ed. Benard Lightman (Chicago: University of Chicago Press, 1997), 378−408; Daniel Fox and Christopher Lawrence, eds., *Photographing Medicine: Images and Power in Britain and America in Science and Medicine between the Eighteenth and Twentieth Centuries* (New York: Greenwood Press, 1988); Greg Myers, "Every Picture Tells a Story: Illustrations in E. O. Wilson's Sociobiology," in Michael Lynch and Steve Woolgar, eds., *Representation in Scientific Practice* (Cambridge, Mass.: MIT Press, 1990), 231−266; Nicolas A. Rupke, "'The End of History' in the Early Picturing of Geological Time," *History of Science* 36 (1998): 61−90; Martin Rudwick, "A Visual Language for Geology," *History of Science* 14 (1976): 149−195 以及他的 *Scenes from Deep Time: Early Pictorial Representations of the Prehistoric World* (Chicago: University of Chicago Press, 1992); Brian Ford, *Images of Science: A History of Scientific Illustration* (London: British Library, 1992); Thomas Hankins, "Blood, Dirt, and Nomograms: A Particular History of Graphs," *Isis* 90 (1999): 50−80; "Seeing Science," *Representations* 特辑, no. 40 (1992 年秋季); 以及 *British Journal of the History of Science* 31, no. 2 (1998 年 6 月) 关于科学与视觉的特辑。

② 关于博物学图鉴，参见诸如 Brian Dolan, "Pedagogy through Print: James Sowerby, John Mawe and the Problem of Colour in Early Nineteenth-Century Natural History Illustration," *British Journal of the History of Science* 31 (1998): 275−304; Martin Kemp, "Taking It on Trust: Form and Meaning in Naturalistic Representation," *Archives of Natural History* 17 (1990): 127−188; Sachiko Kusukawa, "Leonhart Fuchs on the Importance of Pictures," *Journal of the History of Ideas* 58 (1997): 403−427; Ann Shelby Blum, *Picturing Nature: American Nineteenth-Century Zoological Illustration* (Princeton: Princeton University Press, 1993); David Knight, *Zoological Illustration:*

画的传统是既要考量美学的效果又要顾及科学的权威性。因此对研究艺术与
科学的历史关系的学者来说，博物学绘画就为他们提供了一个迷人且大有可
为的领域。许多博物学家兼画家的作品既被人当作艺术品颂扬，又被人当成
科学材料使用，这个事实无疑更加丰富了博物学绘画这个议题。玛丽亚·西
比拉·梅里安（Maria Sibylla Merian）①的昆虫画，格奥尔格·狄奥尼修斯·
埃雷特（Georg Dionysius Ehret）②的植物画，以及约翰·奥杜邦（John Au-
dubon）③的鸟类画，都既赢得了博物学家的赞赏，又为艺术收藏家所热
衷。④美丽的图画不仅体现了这些艺术家兼博物学家的天赋，而且揭示了科学
与艺术这两大文化领域的交集。

　　我认为关于博物学绘画还有一个重要问题。这些绘画成了文化遭遇的场
所，在这里，出现了对思想、美学以及认识论上的跨文化诠释。当代学者塞
缪尔·埃杰顿（Samuel Edgerton）利用 17 世纪中国人对欧洲科学插图的摹

An Essay towards a History of Printed Zoological Pictures（Folkstone，England：
Dawson，1977）；S. Peter Dance，*The Art of Natural History*：*Animal Illustrators
and Their Work*（Woodstock，N. Y.：Overlook Press，1978）；Wilfrid Blunt and Wil-
liam Stearn，*The Art of Botanical Illustration*，新版（Woodbridge，England：Antique
Collectors' Club，1994）；Ray Desmond，*Wonders of Creation*：*Natural History
Drawings in the British Library*（London：The British Library，1986）。

　　① 玛丽亚·西比拉·梅里安（Maria Sibylla Merian，1647—1717），德国博物学
家及画家。——译者注

　　② 格奥尔格·狄奥尼修斯·埃雷特（Georg Dionysius Ehret，1708—1770），德
国植物学家及植物画家。——译者注

　　③ 约翰·奥杜邦（John Audubon，1785—1851），法国—美国鸟类学家及画
家。——译者注

　　④ 关于梅里安，参见 Londa Schiebinger，*The Mind Has No Sex?*：*Women in the Or-
igins of Modern Science*（Cambridge，Mass.：Harvard University Press，1989），68 -
79；Natalie Zemon Davis，*Women on the Margins*：*Three Seventeenth-Century Lives*
（Cambridge，Mass.：Harvard University Press，1995），140 - 202；Tomomi Kinuka-
wa，"Art Competes with Nature：Maria Sibylla Merian（1647 - 1717）and the Culture of
Natural History"（Ph. D. diss.，University of Wisconsin-Madison，2001）。关于埃雷特，
参见 Blunt and Stearn，*The Art of Betanical Illustration*，159 - 174。关于奥杜邦，参
见 Blum，*Picturing Nature*，第 3 章；Robert Henry Welker，*Birds and Men*：*Ameri-
can Birds in Science*，*Art*，*Literature and Conservation*，1800 - 1900（Cambridge，
Mass.：Harvard University Press，1955），第 6 章。

本与原作之间的奇怪差别来阐明自己颇受争议的论点，亦即他认为新的视觉文化在欧洲科学革命中扮演了主要角色。中国的刻画工受中国视觉艺术的框架所限，无法理解某些欧洲的绘画表现技巧，如剖视图，所以绘制出的原作摹本令人费解。也许有人会说他们不懂得如何正确地看物体——以特定的写实主义传统去"正确地"看。① 对于某些特定的图画来说，埃杰顿的结论可能是正确的，但我们不能以偏概全，用他的说法去解释所有的视觉文化遭遇。

艺术与科学中的视觉文化就像大多数其他的文化产品一样，也是彼此混合、调和、杂交的。当然，艺术家与观赏者一般在视觉文化的某些传统下从事创作与欣赏，但是他们也可以跨越界限，发明新的形式与表达方法。因此，我想强调的观点和埃杰顿的大不相同。通过分析英国博物学家和中国画师共同创作的博物学图鉴，我希望能够阐明博物学绘画中不同的视觉文化——中国的和欧洲的，科学的和艺术的——之间的互动关系。

我所举的大多数例子都选自约翰·里夫斯的博物学图画，该画集收录了一千多幅作品，这个数目使它成为同类画集中最大的一部。但是在开始讨论这些画作之前，我应该先介绍一下里夫斯以及他在中国的密切合作者，并描述一下中国洋画行业的社会及文化环境。洋画行业就像第一章里讨论过的许多其他行业一样，也是海上贸易扩张以及随之而来的以商品生产、流通和消费为特征的现代世界经济的产物。

约翰·里夫斯

在旧广州时期，为增进英国人对中国博物学的了解作出最大贡献的当数

---

① 在埃杰顿的论述中，中国插图只是被用来与欧洲文艺复兴发展出的视觉文化对比的一个方便例子。Samuel Edgerton, *The Heritage of Giotto's Geometry: Art and Science on the Eve of the Scientific Revolution* (Ithaca: Cornell University Press, 1991)，第 8 章，参照 Michael Mahoney, "Diagrams and Dynamics: Mathematical Perspectives on Edgerton's Thesis," in J. W. Shirley and F. D. Hoeniger, eds., *Science and the Arts in the Renaissance* (Washington, D. C.: Folger Shakespeare Library, 1985), 198-220。关于"写实主义"的一般问题以及视觉表现的惯例，E. H. Gombrich 的经典性研究仍然有其价值。参见他的 *Art and Illusion: A Study in the Psychology of Pictorial Representation* (Princeton: Princeton University Press, 1960)。

约翰·里夫斯（1774—1856）。1812 年，他作为东印度公司广州洋行的茶师，即茶叶督察员，来到中国，这是一个薪俸优厚的工作。他动身之前，曾被一位亲戚介绍给博物学元老约瑟夫·班克斯，从班克斯那里得到指示收集奇花异草和植物学知识。里夫斯和小斯当东不同，他几乎没有受过科学训练。年轻的时候他曾经供职于一家伦敦茶叶公司学习贸易，后来成功地进入了东印度公司。他到广州洋行担任助理茶叶督察员时已经三十几岁了，比一般新到中国从事贸易的人年纪大很多。许多英美商人都是十几岁就到中国来了，盼望能在自己的健康彻底毁掉之前就积累起一大笔财富，因为当时欧美人以为东方的气候对他们的健康非常有害。里夫斯大概是个性情温和的人，周围的同事、同行似乎都很喜欢他，尽管他的名字只是偶尔在他们的信件和回忆录中出现过。他本人写的信往往很短，但都很亲切。除了他的科学活动以外，我们对他在广州地区的生活所知甚少。①

在中国，里夫斯对科学，包括天文学，有着广泛的兴趣，但是他主要关注的是园艺学和博物学。他像许多同时代人一样，只把科学当作一种绅士活动，一种体面的爱好，而不是一项真正的职业。他并没有对任何科学学科有过深入的钻研，对于博物学方面的技术性知识，如分类学和解剖学，也只是略为知晓。他只在一些名不见经传的期刊上发表过几篇简短的小文；与传教士汉学家马礼逊合作撰写过一篇关于《本草纲目》的论文和一篇关于日食的报告，这两篇作品都没有受到英国科学界的重视。② 此外，他还帮助马礼逊编写了英汉词典中的科学术语词条。③

然而，里夫斯在中国的科学活动却使他在英国的博物学界赢得了极大的尊敬。他不仅成为动物学会和园艺学会的会员，而且在 1817 年被选进皇家

44

① 对于有关约翰·里夫斯的传记信息，参见 *Gardeners Chronicle*，1856 年 3 月 29 日条，212 页；Bretschneider，*History*，256-263；*Dictionary of National Biography*，vol. 16，859。

② 它们是寄给刊物编辑的信件。诸如 J. Reeves，"Account of Some of the Articles of the Materia Medica Employed by the Chinese," *Transactions of the Medico-Botanical Society of London* 1（June 1828）：24-27；同一作者，"A Comet Observed in China, in May, 1820," *The Indo-Chinese Gleaner* 2（October 1820）：436-439；*Gardener's Magazine* 11（1835）：112。

③ R. Morrison，*Dictionary of the Chinese Language*（Macao：Printed at the Honorable East India Company's Press，1819），第 II 部分，1063 页。

学会和林奈学会。里夫斯 1831 年从中国退休后依然作为中国博物学方面的专家活跃在英国科学界。鸦片战争以后，皇家园艺学会想利用这次战争带来的机会选派一位植物采集员去中国，也曾向里夫斯征询意见。① 在中国，里夫斯的儿子约翰·罗素·里夫斯（John Russell Reeves）继续着向英国输送标本的工作，他是 1827 年去广州和父亲一道工作的，后来他也因为这项贡献被选进林奈学会和皇家学会。②

约翰·里夫斯的成功与其说得自于学识，不如说来自于他的工作热情、社会关系，以及充裕的经济条件。他从花棣苗圃购买了大量的新品种，并在他的中国朋友，特别是潘有度及潘有为的花园里搜寻罕见的植物。③ 里夫斯对园艺的兴趣一定使他在那些爱养花的广州商人眼里形象颇佳，并增进了彼此的联系。然而，他在中国的主要合作者还是一些英国居民：广州洋行的医生约翰·利文斯通和旅居澳门的退休商人托马斯·比尔。这两人在里夫斯刚到中国的时候都称得上是在华英国人中的老资格了。利文斯通是园艺学会的通讯员，偶尔会向学会报告他观察到的中国园艺及其他相关方面的内容。在里夫斯刚到中国的那些年，利文斯通作为有经验的老广州，给了他不少帮助。④

里夫斯也在与贸易巨子兼鸦片贩子托马斯·比尔的交往中受益颇多。比尔从 1792 年起就在中国生活，是最受尊崇的旅澳英侨之一。在中国人与葡萄牙人中，他同样有名。他的一生犹如过山车般，充满戏剧性。事实上很多到东方来经商的人都有着类似的经历。比尔十几岁的时候就来到了中国，与哥哥合伙做生意。凭着胆量、运气、狡黠，他积攒了大量财富，但最终却钱财尽失并负债累累。他精神备受折磨，又觉得羞愧交加，1841 年的一天突然从自己家里失踪了。几个星期以后，一伙葡萄牙男孩儿在海滩上玩耍的时候发现了一具半埋在沙土里的腐烂尸体，孩子们都吓坏了，那具尸体就是老比尔的。自从 50 年前离开英国，他就再也没有回去过。⑤

---

① 在 RHS. 69D15 中的里夫斯的信件（没有日期或数字）。

② Bretschneider, *History*, 263-266.

③ 诸如，DTC, vol. 18，194；vol. 19，80。

④ Bretschneider, *History*, 266-268.

⑤ Hunter, *Bits of Old China*, 73-78；*Chinese Repository* 11（1842 年 1 月—12 月）：59-60.

在比尔活跃的那些年，他是以殷勤好客著称的。他欢迎所有得体的来访者到他的住处做客，这些客人往往对这位"有些正式"的绅士和他那"郑重的举止"印象深刻。① 他在澳门的宅邸包括一个蔚为壮观的花园，花园里有2 500盆植物，完全按照中国风格陈列，还有一个更为著名的鸟舍，是来澳门访问的西方客人必看之处。② 这个鸟舍长40英尺，宽20英尺，展示着数以百计来自中国、欧洲、东南亚以及南美的珍稀鸟禽。雉鸡、喜鹊、鹦鹉和孔雀以斑斓的翎羽和活泼的啼鸣竞相争妍。广州洋行的牧师乔治·韦切尔曾向他的朋友约翰·亨斯洛描述过鸟舍的详细情景，后者是剑桥大学的植物学教授，也是达尔文的导师。韦切尔参观鸟舍的时候，那里大约有600种不同的鸟类。③ 后来当博物学家乔治·贝内特（George Bennett）在太平洋之旅中访问澳门时，也对比尔的花园和鸟舍留下了极深的印象，以至于他在旅行见闻志中花了45页的篇幅来描述花园和鸟舍里面的珍宝。④ 里夫斯运到英国去的很多植物都来自比尔的花园，他带回去的那些充满异国情趣的鸟禽也是如此，其中包括那种后来以他的名字（里夫斯）命名的漂亮的雉鸡。⑤

以图收集

里夫斯的资源和社会地位使他成了一个小有成就的博物企业家。他向英国运送了数以千计的植物，虽然大部分植物在旅途中就夭折了。他为英国皇家园艺学会选派的植物采集员提供了很多帮助和支持，使他们得以参观当地中国商人的花园，并介绍他们与比尔和利文斯通结识。然而，他对博物学最

---

① Hunter, *Bits of Old China*, 74.

② *Chinese Repository* 11：59-60.

③ 1831年1月30日韦切尔给约翰·亨斯洛的信件，CUL. Add. 8176. No. 190. 一位运气稍差的访客只看到了200只左右，不过他可能是在不同的年份参观的。参见 S. W. Williams, "Recollections of China prior to 1840," *J NCB*, n. s., 8（1873）：8.

④⑤ George Bennett, *Wanderings in New South Wales, Batavia, Pedir Coast, Singapore, and China*; *being the Journal of a Naturalist in those Countries, during 1832, 1833, and 1834*, vol. 2 (London：Richard Bentley, 1834), 36-80.

大的贡献却是他交给园艺学会的植物和动物图鉴，以及其他的一些科学通讯。①

46 　　博物学图例是博物学家与中国人之间一种有效的沟通方式。一个到广州访问的英国人曾灰心地说："除非你知道要找的那种植物的中文名字（用汉字写出），或能提供样品，否则问什么都是白问。"他还说："如果有那种植物的图例也行得通。"②确实，图画比文字描述要有用得多，甚至比中文名字更有效，因为一种植物往往有好多不同的中文俗称。詹姆斯·梅因1792年曾到过中国，为东印度公司的吉尔伯特·斯莱特收集植物。他说："斯莱特先生派出的采集员使用的就是以图收集的方法。"或是说，这种方法再加上一些补充，比如"（植物的）正确名称的清单，那些名称是用英文注音的中文名字，当然，如果能找到对应的汉字就更理想了"③。然而，从耶稣会教士的著作中抄录的植物名称往往是正式书写名称；只有受过教育的中国人才会普遍使用这些名称。梅因发现那些广东园丁对他出示的一些植物的中文名字都不甚了了。④

　　欧洲人把中国花卉画作为科学数据来使用由来已久。17世纪90年代，詹姆斯·坎宁安（James Cunningham），一位为汉斯·斯隆（Hans Sloane）⑤和詹姆斯·佩提夫（James Petiver）⑥搜集标本的东印度公司医生，就曾经

---

　　①　关于里夫斯的图画，参见 Patrick M. Synge, "Chinese Flower Paintings: An Important Purchase by the Royal Hortcultural Society," *Journal of the Royal Hortcultural Society* 78 (1953): 209−213; P. J. P. Whitehead and P. I. Edwards, *Chinese Natural History Drawings Selected from the Reeves Collection in the British Museum* (*Natural History*) (London: The Trustees of the British Museum, 1974).

　　②　James Anderson, *Letters to Sir Joseph Banks, Baronet, President of the Royal Society, on the Subject of Cochineal Insects, Discovered at Madras, &c. &c.* (Madras: Printed by Charles Ford, 1788), 24. 这封信是1787年11月10日 James Kincaid 写给 James Anderson 的。

　　③　J. M. [James Main], Letters to editor of *Gardener's Magazine* 2 (1827): 424.

　　④　James Main, "Reminiscences of a Voyage to and from Canton, in the Year 1792−3−4," *Horticultural Register* 5 (1836): 148.

　　⑤　汉斯·斯隆（Hans Sloane, 1660—1753），英国艺术品收藏家，他捐赠的收藏成为大英博物馆的最初馆藏。——译者注

　　⑥　詹姆斯·佩提夫（James Petiver, 1663—1718），伦敦药剂师，皇家学会会员。——译者注

带回几百张中国植物的图画。① 到 18 世纪末，在华的英国博物学家收集花草图画作为科学资料，或雇用当地画工绘制动、植物标本已经是常见的做法了。

约翰·布拉德比·布雷克（John Bradby Blake），一位广州洋行的货监（supercargo），曾给班克斯送去一系列中国画师绘制的技艺精湛的图画，有些画作署有画家的中文名字。② 1804 年，小斯当东从广州给东印度公司的理事会写信说道："我们经常雇用一位植物画画家来描摹这个国家依时令而来的各种植物、水果和花卉，在旺季，他们的这些活儿接连不断。"③ 当詹姆斯·梅因初抵广州的时候，他做的第一件事就是造访广州的画坊和画室。他的目的是要雇用一名画师把他收集到的植物绘制下来。④ 用这种方法记录植物非常重要。他收集到的大部分植物都禁不起去英国的远航，而干燥的标本在园艺学方面又几乎没什么价值，因为干燥的标本无法体现花的颜色和形状。相较而言，图画可以当作方便的花卉目录使用；它们可以让人日后按图索骥，寻取所需的植物。班克斯和亚历山大·邓肯也采用了类似的方法。班克斯有一本中国画师绘制的植物图册。他按照对那些植物的需要程度给它们画上了不同数量的交叉符号，然后把图册交给邓肯，后者便按照标示出的重要级别去搜集标本。马嘎尔尼使团的两名英国园丁以及后来的威廉·克尔也都曾使用过那本图册。⑤ 所以，那本图册一定在中国和英国之间往返旅行了很多次。

洋画及视觉文化混合

我们可以在中国海外贸易的大背景下来了解雇用广州画工绘制博物学图

---

① Bretschneider，*History*，33. Desmond，*Wonders of Creation*，128.

② Desmond，*Wonders of Creation*. 这些图画现收藏于英国自然历史博物馆植物学图书馆。

③ OIOC. MSS. EUR. D562/16. "Extract Secret Letter from Canton dated the 29ᵗʰ January 1804."

④ Main，"Reminiscences of a Voyage to and from China,"148.

⑤ Joseph Banks，"Hints on the Subject of Gardening, suggested to the Gentlemen who attend the Embassy to China," 林奈学会 . MSS, f. 4; DTC, vol. 14, f. 66; BL. BM. Add. MS. 33978. 276-279; Add. MS. 33979. 14; Add. MS. 22979. 15-16.

鉴的做法。随着中国商贸的发展，在广州形成了一门行业，即艺匠承包制作在西方人眼里充满异国情调的商业艺术品。这些迎合西方人品味的工艺品，包括瓷器、家具、绘画、微雕、漆器等。① 在清代，欧洲艺术对中国上层社会绘画影响不大，主要只有与在华的耶稣会画家如郎世宁（Giuseppe Gastiglione)② 等有过接触的宫廷画家受到了一些影响。③ 然而中国的洋画艺术却典型地综合了欧洲艺术与中国艺术的风格元素。那些洋画的风格是一种中国俗民画与西方写实主义的混合。广州画师采用了西方写实主义的技巧（虽然成功程度各有不同），包括透视法及明暗对比法。许多画家还学会了使用油彩和西式画具，甚至能在大型的油画帆布上作画。

　　要想追溯西方绘画技巧是怎么传到广东画师那里的并不容易，文字史料寥寥无几。瓷器绘画和瓶饰绘画的逐步发展可能在其中起了重要作用。18 世纪中期，这些绘画已经从 600 英里之外的瓷器中心景德镇逐渐移到了广东，广州城郊建起了难以计数的进行瓷器彩绘加工的作坊。④ 一位 1769 年参观过这种作坊的英国访客说："在一条长长的走廊里，我们看到了一百开外的工匠在工作，他们在每件瓷器上面勾勒或者修饰各样的图案。"⑤ 工人从老人至六七岁的孩子——不等。这些工作坊通常是从西方主顾那里接受订单，绘制特别设计的图案，如肖像、风景或者纹章，然后工匠们再把这些图案绘制到

48

---

　　① Clunas 编著的 *Chinese Export Art and Design* 对旧广州时期生产的不同种类的艺术品作了粗略概述。值得注意的是，广州艺匠们也为国内消费制造各种艺术品、奇珍，尤其是钟表。Catherine Pagani，*"Eastern Magnificence & European Ingenuity"*：*Clocks of Late Imperial China*（Ann Arbor：University of Michigan Press，2001），第 2、3 章。

　　② 郎世宁（Giuseppe Gastiglione，1688—1766），意大利画家，1715 年来华，被清政府任命为宫廷画家。——译者注

　　③ James Cahill 和 Michael Sullivan 曾认为某些画家早在 17 世纪就已经吸收了西方的绘图技术。他们可能是从传教团的书籍及印刷品中学到这些技术的。但是他们所举的例子很少。James Cahill，*The Compelling Image*：*Nature and Style in Seventeenth-Century Chinese Painting*（Cambridge，Mass.：Harverd University Press，1982），第 1、3 章；Michael Sullivan，*The Meeting of Eastern and Western Art*，修订版（Berkeley：University of California，1989），第 2 章。

　　④ Howard，*The Choice of the Private Trader*，26.

　　⑤ Peter Quennell，ed.，*The Prodigal Rake*：*Memoirs of William Hickey*（New York：E. P. Dutton，1962），140.

瓷器上面。① 例如，塞缪尔·肖（Samuel Shaw)② 1784 年乘坐第一艘来华的美国船只到达中国，他曾要一位中国画师把象征智慧女神、名誉女神和乔治·华盛顿的图案绘制成一个纹章。③ 这种传统甚至可以追溯到 17 世纪在华的荷兰商人那里。广州出产的瓷器绘画制品题材相当广泛，就连独立宣言、英国讽刺画家威廉·贺加斯（William Hogarth)④ 的画作以及基督教宗教画都是其中的一部分。⑤ 在纸上创作的洋画的风格与上述瓷器绘画非常相似，它们以同样的方式在发展，那就是迎合西方顾客的口味。

19 世纪 30 年代的一位西方访客谈到，仅在洋行附近，就有 30 家左右的洋画坊。⑥ 确实，塞缪尔·肖在 18 世纪 80 年代就曾写道："广州有很多画家。"⑦ 这些画家的作品主要是肖像、地方风景、专题系列（如瓷器或茶叶生产流程）以及花鸟等动植物。这些画坊与中国其他的外销工艺行业拥有同样的作坊文化。生意通常都是家族经营的，并且代代相传。这些画坊采取了一种行会式的结构，徒弟拜师学艺，在师傅指导下学习本门技术的诀窍，通常需要练习数年。一些画坊采取了我们所谓的"生产线式的技巧以确保作品质量整齐划一"。⑧ 一件作品可能要经过数人之手才能最终完成。一位工匠勾

---

① 关于荷兰设计图，参见 Jessica Rawson, *The British Museum Book of Chinese Art* (London：Thames and Hudson，1992)，279-280；Clunas, ed.，*Chinese Export Art and Design*，64。

② 塞缪尔·肖（Samuel Shaw，1768—1827)，亦常被称为"山茂召"，美国商人，1784 年随美国商船"中国皇后"(Empress of China) 号首航广州。——译者注

③ Josiah Quincy, ed.，*The Journal of Major Samuel Shaw，the First American Consul at Canton，with a Life of the Author，by Josiah Quincy* (Boston, Mass.：Wm. Crosby and H. P. Nichols，1847)，198-199.

④ 威廉·贺加斯（William Hogarth，1697—1764)，英国画家，艺术理论家。——译者注

⑤ 诸如 *China's Influence on American Culture in the* 18th *and* 19th *Centuries*，36-37；Howard, *A Tale of Three Cities*，119；Clunas, ed.，*Chinese Export Art and Design*，64；Arlene M. Palmer, *A Winterthur Guide to Chinese Export Procelain* (New York：Rutledge Book，1976)，85，131。

⑥ *The Chinese Repository*：4 (1835 年 5 月—1836 年 4 月)，291.

⑦ Quincy, *The Journals of Major Samuel Shaw*，198.

⑧ Palmer, *A Winterthur Guide to Chinese Export Porcelain*，23.

勒轮廓，另一位填涂人物，第三位绘制背景色，等等。① 而且，洋画画师会采用任何适合他们需要的技法：临摹、勾拓，或采用现成的树木、房屋、船舶或动物图形，把它们用不同的方式组合在一起，形成不同的画面。② 绘制好的成品一箱箱地运往欧洲，有些也被西方访客当作纪念品带回家。③

最顶尖的画师因其技艺卓越而闻名。虽然他们之中并没有人获得鲁本斯及文艺复兴时期的大师那样的声誉（这些欧洲画家曾以类似的风格经营他们的画室），但有几位确实以优秀的作品给西方顾客留下了深刻的印象。例如琳呱（Lamqua）关乔昌④在 19 世纪 30 年代曾为争取外国顾客与一位学院派的英国画家乔治·钦纳里（George Chinnery）⑤ 抢过生意。他的弟弟庭呱（Tingqua）关联昌也同样在事业上很成功。关乔昌甚至在伦敦的皇家艺术学院和一些美国的展览会上展出过自己的画作。⑥ 他在同文街上的画坊雇用了 8 到 10 位画师，里面总是挤满了西方顾客和旁观者。顾客只要花 15

① Downing, *The Fan-Qui in China*, 83 - 84; Palmer, *A Winterthur Guide to Chinese Export Porcelain*, 23.

② Downing, *The Fan-Qui in China*, 96 - 99.

③ Clunas, *Chinese Export Watercolours*, 10. 在其他城市的中国画师也能很快利用机会，发展这种纪念品工业。在第二次鸦片战争期间，英国军队占领了中国北方的天津，当地画师获得了为与他们长相截然不同的外国士兵画人像及漫画的机会，图中有些人是红色的（英国士兵）而另一些人是蓝色的（法国士兵）。这些图画大部分是关于联军士兵在中国城市中的场景与日常生活。Lieut. Colonel D. D. Muter 的妻子 Mrs. Muter, *Travels and Adventures of an Officer's Wife in India*, *China*, *and New Zealand*, vol. 2 (London: Hurst and Blackett, 1864), 73 - 75.

④ 关乔昌是 19 世纪中期广州最重要的出口画家，早年曾跟随钦纳里学画，后开办自己的画室，以肖像见长，继承了钦纳里的风格。——译者注

⑤ 乔治·钦纳里（George Chinnery, 1774—1852），英国画家，是 19 世纪在华南沿海居留时间最长、对出口画影响最大的西方画家。——译者注

⑥ Grossman, *The China Trade*, 第 2 章; Patrick Connor, *George Chinnery (1774 - 1852): Artist of India and the China Coast* (Woodbridge, England: Antique Collectors' Club, 1993), 263 - 268; Sander L. Gilman, "Lam Qua and the Development of a Westernized Medical Iconography in China," *Medical History* 30 (1986): 57 - 69; Larissa N. Heinrich, "Handmaids to the Gospel: Lam Qua's Medical Portraiture," in Lydia Liu, ed., *Tokens of Exchange: The Problem of Translation in Global Circulations* (Durham: Duke University Press, 1999), 239 - 275.

到 20 块大洋，大约相当于 3 英镑，就可以请他们绘制一幅肖像。① 关联昌和另一位有名的当地画师新呱（Sungqua）在附近也都拥有自己的画坊。有一幅画画的是关联昌的画坊，里面三位画师前后而坐，正在勤奋工作，画中房间布置整洁，装饰简单。②

这些画师除了自己的画作之外几乎没有留下什么记录。我们知道史贝霖（Spoilum）③，这位 18 世纪晚期最重要的洋画画师，可能曾经到过西方，但除此之外几乎没有什么有关他的信息流传下来。④ 同呱（Tonqua），这位里夫斯 1812 年到达中国时广东的"主要画家"，也几乎没有什么书面记载，唯一保留下来的就是他对里夫斯有关中国神仙的疑问的回答："你们中国到底有多少位神仙？""太多了，一两百位呢。"⑤ 我们可以肯定的是，里夫斯或者其他任何一位英国博物学家，都可以很容易地在洋行附近的街上找到技艺娴熟的画师为他们绘制博物学图鉴。

绘制自然

里夫斯的博物学绘画题材非常广泛：多种昆虫，成百的鸟类、鱼类、贝类、爬行类和哺乳类动物，以及为数更多的植物，特别是观赏植物和水果。他与园艺学会的关系说明了为何会有这些数目繁多的水果和园林植物；园艺学会非常希望能够发现和引进具有园艺价值的中国植物，里夫斯的图鉴不仅提供了新品种的目录，而且也可以当作植物学的数据资料。动物图鉴则可以作为动物学的材料来使用。⑥

里夫斯的特殊订单无须要求他的画师——Akut、Akam、Akew、

---

① *The Canton Register*，1835 年 12 月 8 日。自己本身就擅长素描的 C. Toogood Downing 对琳呱的作坊有详细的描述。Downing, *The Fan-Qui in China*, vol. 2, 90-117.

② *Tingqua's China*. 展览目录（London：Martyn Gregory, 1986），no. 1.

③ 史贝霖（Spolilum）是广州早期出口画家中最出色的。其生卒年不详，大致活动于 1775 年至 1810 年间。——译者注

④ Joseph D. P. Ting 对香港艺术博物馆的介绍，*Late Qing China Trade Paintings*。

⑤ DTC, vol. 18, 192-198. 我们还知道同呱广州画作的一部分被制成全景画以参加在英国的展览。*The Canton Register*, vol. 3, no. 50, 1838 年 8 月 18 日。

⑥ Whitehead and Edwards, *Chinese Natural History Drawings*, 22.

Asung，也许还有其他人——大幅度地改变他们的绘画方法。① 大多数当地画师熟悉中国传统风俗画，他们习惯于绘制那些需要细致刻画动植物细节并小心上色的所谓花鸟画和其他题材的作品。在中国洋画中，最畅销的就包括动植物水彩画。从 18 世纪开始，这些美丽的动植物图画就给欧洲人留下了深刻的印象；就连班克斯这样的科学权威（他本人也能画优秀的植物学图画）都赞扬中国植物画的科学价值："中国人画的植物，甚至包括画在家具上的，都是如此精确，毫不虚饰，植物学家完全能够看得出来画的是什么。"② 那位对比尔的鸟舍大加颂扬的博物学家乔治·贝内特认为："中国绘画的色彩等精妙绝伦，经常受到高度赞扬，大家认为它们出于欧洲作品之上。"他对那些受雇描摹比尔家中动植物的画师的技艺也钦佩不已。③ 即使是多年后，一位伦敦动物协会的英国通讯员在谈到"中国扇面、屏风上的鸟类绘画"时还认为："这些作品多少都可以称得上是对大自然中存在的鸟类的逼真描绘。""要是那些中国画师对一些细节更加留意的话，他们的画作将会使我们对中国的鸟类学有一个很好的概念。"④

有趣的是，清代文人对洋画的风格并不喜欢，他们偏爱更为抽象的文人画，觉得风俗画肤浅而俗艳。⑤ 无论在风格方面还是在主题方面，洋画和传统中国本草中的插图也有很大不同。本草常附木刻画，但绝少有彩页。⑥ 那

---

① 四位画师受命绘制鱼类，并可能也画其他物种。NHML：John Reeves. Z. 88. ff. R.

② DTC，vol. 14，f. 66.

③ Bennett，*Wanderings in New South Wales*，61.

④ *Proc. Zool. Soc.*（1862）：220.

⑤ 我故意简化这两个传统以作对比。这两种传统由不同社会群体所实践，而且在这时期还有为文人们所接受的其他中国绘画传统。但是更进一步的细微差别不是本文讨论的重点。关于文人画，参见诸如林木：《明清文人画新潮》（上海，上海人民美术出版社，1991）。James Cahill 对中华帝国晚期文人画家活动的开创性研究值得一读。James Cahill，*The Painter's Practice：How Artists Lived and Worked in Traditional China*（New York：Columbia University Press，1994）.

⑥ André Georges Haudricourt and Georges Métailié，"De l'illustration botanique en Chine，"*Études chinoises* 8，nos. 1-2（1994）：381-416；Richard Rudolph，"Illustrated Botanical Works in China and Japan，"in Thomas R. Buckman，ed.，*Bibliography and Natural History*（Lawrence：University of Kansas Press，1966），103-120；中国植物学会编：《中国植物学史》（北京，科学出版社，1994），第 17 章。

些插图画风粗朴，每幅通常只描绘一样东西（例如一株植物、一只动物或一块药石），画中通常也没有什么背景。与林奈之后的欧洲植物学图画不同，中国本草中的植物图并非总以描绘花朵为主。画中往往会勾勒整株植物的形象，有时根本不画花朵。如果该植物的根部被广泛用作药材，那么根部就会在画面上占据突显位置。有些本草作者根据自己的观察亲自绘制插图；其他的则有时照搬以前书中的插图或者把刻画的任务留给印刷作坊的画工或刻印工。① 里夫斯虽然不懂中文，但是他知道《本草纲目》（1596）这部最重要的中国本草书，也一定看过书中的插图。② 由于那些插图的品质很令人失望，而且其中几乎没包括什么中国南方特有的植物，所以他不可能会觉得书中插图非常有用。

　　为书籍刻制插图的画师是为印刷作坊工作的，而洋画画师遵循的属于风俗画或者装饰艺术的传统。就连最高档的动植物洋画也往往是套公式的作品，其中昆虫、鸟禽和花卉以特定的姿态摆置，背景风格也很传统，可能是 *51* 一块岩石、一株牡丹或是一个池塘。③ 虽然那些精心描绘的细节使画面呈现出基于观察的写实主义色彩，而且画师的高超技艺也很有说服力，但画中的物品却往往是凭空想象出来的。植物可能被饰以色彩夺目的花朵，和现实中的任何植物都不同，虽然是假的，却显得很逼真。蝴蝶可能混合了两三种不

---

　　① 在 19 世纪后期，当英国博物学家在动植物研究方面与中国人有更多的接触后，他们会觉得吴其濬的植物图典《植物名实图考》（1848）中的图示颇为精确。本书第四章就西方博物学家对中国动植物著作中的图示的看法有较深入的讨论。

　　② 里夫斯并不是在东印度公司的语言学生之一，但是他和汉学家罗伯特·马礼逊在博物学及本草（*materia medica*）上合作过。参见本书第 1 章。他还获得了《本草纲目》的一部抄本，他也许能靠着马礼逊字典查阅此书。参见 1835 年 3 月 3 日他写给乔治·边沁的信，Kew：Bentham Correspondence. 7 (3311)。

　　③ 显然这些风格范式是靠学徒制沿袭下来的。其中的一些范式与文人画中的那些并没太大不同，而后者有较好的书面记录。例如，流传广泛的绘画教材《芥子园画谱》（1679—1701）列出了表现花卉、岩石、树木、鸟类或者人像等对象的基本技法、原则。此书有英文译本：Wang Kai, *The Mustard Seed Garden Manual of Painting* (Princeton：Princeton University Press，1977)。Paul Hulton and Lawrence Smith, *Flowers in Art from East and West* (London：The Trustees of the British Museum，1979) 中有一些对中国不同类型的花卉图画的介绍性文章。

同品种的特色，或者完全是杜撰的。①

因此，尽管这些洋画画师的技巧很容易依照欧洲博物学绘画中至关重要的写实主义来调整，但是他们在作画时并不关心博物学画家（如为柯蒂斯[Curtis]的《植物学杂志》[Botanical Magazine]绘制插图的画家）必须遵守的"科学式的精确"。他们运用技巧的目的只是想造成一种吸引西方顾客的美学效果。如果里夫斯为了获得他所希望的表现模式，就不得不约束一下中国画师创作时的想象力，使其符合博物学绘画的既定原则。也就是说，他必须使中国画家的想象力不超过"科学式的写实主义"的范围。此外，他还必须给中国画家解释描摹标本时需要注意的问题。有证据显示，开始时里夫斯让画师到他家里去，在他的严格指导下绘制植物图和动物图；等画师掌握了博物画的原则以后，他们就可以在自己的画坊里工作了。②

博物学图画作为一种科学交流的媒介，通常可以传达一种直接、精确的印象，这是语言描述无法做到的。这种绘画的"写实"风格援引一种客观观察的权威性，一种视觉的权威性。③ 然而，博物学图画并不是一面反映大自然的镜子，原封不动地反射出面前的任何东西。它们之所以能够有效地担任科学交流媒介，是因为依靠了某些编码和解码的共享系统；它们是在以一种图像语汇对物体进行诠释。博物学图画就像语言描述一样，目的也是想超越对某个实际标本的个体描述；它们事实上是一些代表某物类的特征的合成物。因此它们再现的动植物是理想化了的"一般""普通"或"典型"标本，而不是一个实际存在的个别物体。

---

① Whitehead and Edwards，*Chinese Natural History Drawings*，21；Desmond，*Wonders of Creation*，卷首插图与图释49。昆虫学家 J. O. Westwood 在他给 Edward Donovan 的 *Natural History of the Insects of China*，new ed.（London：Henry G. Bohn，1842）一书所写的序言中称"画在宣纸上的美丽的昆虫图画被大批地带到欧洲"。他还指出："然而，这些图画中的有些对象明显是虚构的，尽管有些偶尔看起来准确无误而且大多数都是精心勾画的。"

② 在里夫斯的讣闻中提及这些图画是"在他家里完成的"。*Gardeners Chronicle*，1856年3月29日，212页。但是从里夫斯关于其鱼类画的笔记来看，画师们是带着完成的画作让他检查，而不是在里夫斯的居所绘制它们的。参见 NHML：John Reeves. Z. 88. ff. R。

③ 科学图示与客观性的问题在 Lorraine Daston 与 Peter Galison，"The Image of Objectivity，"*Representations*，no. 40（1992年秋季），81～128页中论及。

此外，为不同目的绘制的博物学图画在表现方式及侧重点上都各不相同。植物学专著的插图侧重的是植物的生殖器官，也就是分类学上把一种植物与其他植物区分开的主要部分。而园艺学的插图则更注重花朵的颜色及形状，因为园艺学家区分不同花卉品种时依靠的正是这些特征，而园艺市场上的顾客关心的也是这些特征。供分类学使用的鸟类或兽类的图例通常是骨骼和特定骨头的镂版画。博物学百科全书中的动物图注重表现的则是动物的外形、皮毛、羽毛，甚至是动物在野生环境中的样子，就像威廉·贾丁（William Jardine）博物学畅销书里的全页插图那样。[①]

中国画师虽然没有受过博物学训练，但他们却努力做到了在不同视觉文化的交界区内穿行——科学的和艺术的，中国的和西方的。洋画画师往往是受雇作画。长久以来他们已经具备了很强的灵活性，可以适应各种不同顾客的需求。里夫斯的画师们就显示出了这种才能。里夫斯的图画要求画师必须描摹真正的标本，而不能照抄现成的图像。在这点上，这些画师在肖像画及昆虫画方面的经验一定帮了大忙。此外，他们不能几个人合作，而得单独创作。因为在绘制这类博物学图鉴时，画坊常用的生产线或者其他机械性方式显然是行不通的。

博物学绘画成了文化遭遇的场所

里夫斯订的那些画与一般洋画很不同，画中很少有背景。植物画主要是依园艺画的传统绘制的，强调完整美丽的花朵，并把同一植物的不同品种也包括在内。这些画描绘了分类所必需的花朵细节（亦即花朵的雄、雌蕊等种类特征），这对中国画师来讲当然是件新鲜的事情。[②] 那些鸟禽、哺乳动物、爬行动物及甲壳类动物的图画很像博物学丛书中的插图，都注重描绘动物的一般外貌，而没有强调解剖学细节，虽然有的图画也包含了某些动物身体部

---

① William Jardine，*The Naturalist's Library*，40 卷（Edinburgh：W. H. Lizars，1843）。

② 诸如 NHML：Reeves. Botanical Drawings. 138，960。除非那些画师也正是1792 年至 1794 年客居广州的詹姆斯·梅因或者1803 年与 1812 年间待在广州和澳门的威廉·克尔雇用的画师。无论如何，他们不得不从在华的英国博物学家那里学习绘制植物的性别系统、水果的剖面以及依科学目的表现植物的其他方式。

位的特写（如嘴、牙或脚）。① 里夫斯的博物学知识在很大程度上决定了这些图鉴的科学价值。他似乎不具备比较解剖学的知识或是其他辨别动物标本的技术，所以他的一些动物图画虽然悦目，但不一定精确。② 那些中国画匠依里夫斯的要求作画，技艺高超，观察入微，但在科学知识和判断方面却没有办法帮他。

有一幅槟榔图就展示了画师的表现技巧，并揭示了大量信息如何被凝缩在一幅科学图鉴中。

画中左边是一棵成熟的槟榔树，上面结着两串果实。一串已经成熟，变成了橙棕色，另外一串还是绿色的。这个形象不仅显示出"典型"槟榔的样子——细长、单干、枝顶生叶的槟榔树——而且给出了果实如何生长、在树上哪里生长以及成熟与未熟果实外貌等方面的信息。这张画很可能不是对一株碰巧有两串不同成熟期的果实的槟榔树所作的如实描摹，而是一组元素的组合；这些元素是经过挑选，用来传达科学信息的。

现在我们来看一看这张画的下半部分。下半部分有两组图像。左边是一串果实的放大图，果实呈椭圆形，长在一只刚刚折下来的枝条上，枝条的顶端微微向下倾斜着。靠近枝条底部的果实看上去比靠右边的果实更大、更成熟。果实之间的对比靠棕色、橙黄色和绿色的浓淡不同很有技巧地表现了出来。一条比其他树枝都长的小树枝从浓密的果实串正上方伸展出来，上面长着很多小花苞和花朵。因此，这整枝枝条就显示出了花朵和果实的分布模式以及它们在不同成熟期时的样貌。

如果我们细看这幅画的右下角，这幅画的科学目的就毫无疑问地彰显出来了。右下角有一组小图，画的是带核果实的剖面以及花朵的不同部位，各个部位的细节描绘得很仔细，对植物学鉴别很有帮助。现在我们离开细节，再往上看，观察一下斜贯整个画面的巨大叶片。叶子是翻折的，可以看到叶子背面的一部分。这片叶子看上去就像一张被压平的真叶子贴到纸上一样。

---

① 诸如 NHML：Reeves. Zoological Drawings. L. S. 81；L. S. 76。

② 里夫斯试图鉴定他的鱼类画中一些对象的身份但成效不大。参见他关于鱼类画的日记。事实上，他自己从未对一种植物或动物加以归类或命名。但是据最了解里夫斯鱼类画的当代鱼类学家 Peter Whitehead 说，里夫斯有些素描才能，并对中国鱼类有所了解。参见 Whitehead and Edwards，*Chinese Natural History Drawings*，22。

整幅画的对象、构成及目的都和那些普通洋画大为不同，中国画师一定
觉得有点奇怪。槟榔树在中国绘画中很少是描绘的对象，即使在南方也一
样。画中不同物体的比例变化如此之大（树看上去比叶子还小得多），以至
于这幅画根本不能说是对某种真实物景的忠实再现。树、叶子以及果实串就
这样被并放在一起，它们之间的实际关系并没有得到说明。图中又有果实、
种子及花朵的剖面图。但正是所有这些特征使得这张画可以当作科学图鉴来
使用。在里夫斯的指点下，中国画师成功地将实物转绘成了科学图鉴。这个
过程不仅要求很高的绘画技巧，而且需要对植物的特点作出富于想象力的甄
选和组合。里夫斯的很多画都像这张画一样，是成功的科学图鉴。

虽然里夫斯的画表面上符合博物学绘画的典型风格，但是画中一些细节
还是会透露出画作的来源。中国洋画的画风：用色大胆而富有技巧，线条坚
实，甚至有些僵硬，笔触灵活，由于对光与影的运用不娴熟，画面显得
过平。[1]

当画作的内容是传统中国画中习见的主题（如梅与鹤）时，画作的中国
风格就显得非常突出。此时传统的表现范式就会浮现出来。梅树枝条扭曲，
树节夸张，表皮皲裂，充分体现了中国花卉画的典型美学技法。[2] 同时，丹
顶鹤的姿势——亭亭而立，一条腿藏在身子下面，颈项优美地弯曲着，眼睛
平和地凝视前方——也直接出自中国画的传统。[3] 在中国文化里，梅与鹤分

[1]　关于中国以动植物为主题的出口画的风格要素，参见 Gill Saunders, *Picturing Plants：An Analytic History of Botanical Illustration* (Berkeley：University of California Press, 1995), 80－81; Clunas, *Chinese Export Watercolours*, 84－89; Archer, *Natural History Drawings in the India Office Library*, 61。

[2]　NHML：Reeves. Botanical Drawings. 407.

[3]　NHML：Reeves. Zoological Drawings. 62. Beth Fowkes Tobin 在讨论英国博物学家合作或指导之下的印度画师完成的植物学图画时，强调在这些画中的某些风格特征，并将其解读为殖民地抵抗帝国支配的迹象。当然，英国跟印度与英国跟中国的关系很不相同，但即使对印度的情况而言，Tobin 的分析也嫌不足。有些后殖民主义论者倾向不顾及历史的行动者、动机、当地情境以及时代，以一种僵化、静态、铁板一块式的框架来批评"帝国主义"这个复杂的历史现象。但是我认为，把不管什么都看成是对"帝国主义"的抵抗，对了解真正的历史过程是没有帮助的。Beth Fowkes Tobin, *Picturing Imperial Power：Cononial Subjects in Eighteenth-Century British Painting* (Durham：Duke University Press, 1999), 174-201.

别是坚贞与长寿的象征，用以表现它们的典型模式由来已久，正如在西方博物学绘画中狮子总是显露出王者风范，天鹅总是优美高雅一样。

视觉的权威性和知识的生产

中国画匠可能把里夫斯看成了古怪的顾客。他们当然无法理解自己工作的科学价值。对他们来说，绘画首先是一项生意；无论他们为自己的画作赋予了什么艺术价值（恐怕也不是很多），他们也同时会把这些画作当作商品。而英国的博物学家却以另一种眼光看待这些作品。在中国动植物方面，里夫斯的作品往往是唯一的信息来源——很多时候西方博物学者没有标本，也没有任何文字描述，只有这些图画。

从这点来看，里夫斯的画并不是寻常的博物学图画。詹姆斯·索尔比（James Sowerby）①、约翰·古尔德（John Gould）② 和菲奇（W. H. Fitch）③ 等人的博物学图画虽然令人赞叹，却不是单独的作品。那些画作主要是与文字叙述相辅相成，并且有相应的标本可以对照④，虽然由于自身图像的吸引力，它们也获得了自己在艺术和科学上的地位。相对而言，里夫斯的图鉴本身就是科学数据，而且通常是欧洲人掌握的有关中国动植物的唯一数据。在中国当地鉴定标本是很不可能的。里夫斯有限的科学知识使他很难对标本做有效的鉴定，再加上没有标本室、博物馆或者科学图书馆，情况就更加困难了。⑤ 因此，里夫斯常常无法为他的欧洲同行们提供任何图画之外的信息。

---

① 詹姆斯·索尔比（James Sowerby，1757—1822），英国博物学家、画家。——译者注

② 约翰·古尔德（John Gould，1804—1881），英国鸟类学家、动物画家。——译者注

③ 瓦尔特·胡德·菲奇（W. H. Fitch，1817—1892），英国植物学家、植物画家。——译者注

④ 奥杜邦为 *Ornithological Biography* 所作的早期图画受到了批评，因为它们没有科学性的描述，但他不久之后就求助于鸟类学家 William Mac Gillivray 以弥补这些缺陷。Blum, *Picturing Nature*，112-113.

⑤ 广州洋行确曾有一个图书馆，其中大部分是罗伯特·马礼逊的收藏。当然，这个图书馆对于生物分类研究是不够的。"在华的大英博物馆"的倡议于里夫斯在华的最后几年中被提出，但不久之后随着东印度公司对中英贸易垄断权的终结而被放弃。参见第 1 章。

约瑟夫·萨拜因（Joseph Sabine）①、约翰·林德利（John Lindley）②以及其他英国博物学家在没有可供对照的标本的情况下，常常不得不完全依靠里夫斯的图鉴工作。由于里夫斯的一些图鉴得到了经验上的肯定（例如当某种植物经历了远洋航行存活下来的时候），这增加了博物学家对那些没有标本支持的图画的信心。萨拜因说："我并不怀疑这些图画的正确性，因为这同一位画家描绘的其他一些植物与已在此地开花的实物是非常吻合的。"③

然而，中国画匠与一位植物学专业知识有限的博物收集者合作创作出来的作品，却获得了欧洲科学界接受的视觉权威性，这个事实值得重视。萨拜因本人很清楚，从中国移植到英国的许多菊花开出的花朵与里夫斯画作中的同名的花朵，看上去大不一样。但他没有把造成这种不同的原因归结于中国画师在技巧或观察能力方面的不足，也没有认为这些不同是由里夫斯的错误或无知引起的，而是认为造成这些不同的原因在于中、英两地园丁照管花卉的方式不同，当然也是因为两地不同的土壤、阳光与气候条件。④ 萨拜因显然赋予了里夫斯和他的中国画师很大的可靠度。这么说来，直到 19 世纪，博物学方面的科学信息网都还是相当宽广、开放和灵活的。⑤

里夫斯著名的鱼画系列现收藏于英国自然历史博物馆，这些画展现了他 *56* 与中国画师合作所取得的成就。

众所周知，鱼类很难保存；它们会很快腐烂、失去光泽。不管是干燥或浸泡的鱼类标本都难以再现鱼本来的样子。事实上，当时的远洋回航常经历四个月的温暖气候，在这种情形下，鱼类标本常常会烂得完全不成样子。如

---

① 约瑟夫·萨拜因（Joseph Sabine，1770—1837），英国律师、博物学家。——译者注

② 约翰·林德利（John Lindley，1799—1865），英国博物学家。——译者注

③ Joseph Sabine, "Further Account of Chinese Chrysanthemums; with Descriptions of several New Varieties," *Trans. Hort. Soc.*, sr. 1, 5 (1824): 412–428. 见 425 页。

④ Ibid., 425.

⑤ 关于早期近代科学信息网络的开放和灵活性，参见 David Lux and Harold Cook, "Closed Circles or Open Networks?: Communicating at a Distance during the Scientific Revolutions," *History of Science* 36 (1998): 179–211。

果想把它们装进瓶子用酒精泡起来保存，又常遇到鱼大瓶子小而装不进去的窘境。① 所以欧洲人对中国和日本海域的鱼类一直知之甚少就不足为奇了（直到 19 世纪 20 至 50 年代，一些经过训练的博物学家，如菲利普·弗朗兹·冯·西博尔德［Philipp Franz von Siebold］②，开始在中国和日本海域收集标本，这种情况才有所改观）。例如，林奈只知道 9 种中国鱼。约翰·里夫斯的鱼类作品一共约有 340 种，画中大多数的鱼都出自广州和澳门的市场，这些作品于是成了重要的科学信息来源。③ 它们都是水彩画，以精湛绝伦的技法绘制而成，描绘的大都是鲜活或刚杀的鱼。

为了表现鱼鳞斑斓绚丽的色彩，画师在作品中使用了金银粉。他们很迅速地在自己的画坊中把作品绘制完毕，然后送去给里夫斯验收。④ 1845 年，

---

① 对于来自中国的一些腐烂的鱼类标本，时任大英博物馆动物部助理保管员的 Albert Günter 评论道："标本经常在它们被高浓度酒精完全浸透前就从采集者那里寄发出去了；而不可避免的后果就是它们在长途旅行中因内在的腐败而变软，结果在搬运时被震散得七零八落。采集者在热带气候下采集到并放置于酒精中的所有标本在其被送出之前应该能至少保存四周，而酒精必须更换两到三次。"*Annals and Magazine of Natural History*，sr. 4，12 (1873)：239–250. Günter 是在 19 世纪 70 年代发表这一意见的；当时从中国到英国的航程已经因为船运的改进及陆运线路的发展而减少到只有一个月多一点的时间。由此可知，在 19 世纪初，航程要好几个月的时候，运输鱼类标本的失败率一定非常高。

② 菲利普·弗朗兹·冯·西博尔德（Philipp Franz von Siebold，1796—1866），德国医生、日本学家、博物学家。——译者注

③ P. J. P. Whitehead，"The Elopoid and Clupeoid Fishes in Richardson's Ichthology［sic］of the Seas of China and Japan 1846," *The Bulletin of the British Museum* (*Natural History*)，*Zoological Series* 14，no. 2 (1966)：17–52. 关于西博尔德对日本动植物的研究，参见 L. B. Holthuis and T. Sakai，*Ph. F. von Siebold and Fauna Japonica*：*A History of Early Japanese Zoology* (Tokyo：Academic Press of Japan，1970)；John Z. Bowers，*Western Medical Pioneers in Feudal Japan* (Baltimore：Johns Hopkins University Press，1970)，第 4 和 5 章；J. Mac Lean，"Von Siebold and the Importation of Japanese Plants into Europa *via* the Netherlands," *Japanese Studies in the History of Science*，no. 17 (1978)：43–79。

④ 参见里夫斯关于鱼类图画的笔记，NHML：John Reeves. Z. 88. ff. R。里夫斯在笔记中记录了这些对象（有时候有标本名和它们的当地中文名称）、与画师们的交易以及诸如鱼类是否在广州常见或它们是否美味等其他信息。例如图 1，"第 8 张图画……看起来很像我获得的另一种标本且由另一个人所画的图画，现在加到这里。在鱼死后其色泽很快就发生了变化"。

著名的鱼类学家约翰·理查森爵士（John Richardson）① 在给英国科学促进协会的报告中提到这些画时说："这些作品画得非常准确、细致，这在以前的鱼类著作中是找不到的，当今任何大型欧洲著作的插图也都难以超越这个水平。这些作品用色效果卓越，无与伦比，轮廓勾勒非常精准，绝妙地表现了他们试图描绘的鱼的形象。"② 确实，就连那些"更小的技术方面的细节"，只要"大到肉眼能够看清楚"，"中国画家都很少不把它们描绘出来"。③ 理查森仅仅依据这些图画就命名了 83 种新鱼类。

当然，里夫斯的画并没有为精确的科学分类提供所需的全部细节，例如牙齿、鳃条数目及其他一些细微特征，所以理查森鉴别那些鱼的时候是冒了一点风险的。然而，由于缺乏数据，当地画家的作品对欧洲人了解东亚的鱼类知识一直是非常重要的。④ 英国博物学家关于印度鱼类的知识其实大多就来源于托马斯·哈德威克（Thomas Hardwicke）⑤ 请当地画家绘制的鱼类图鉴。⑥ 因此，理查森的做法并非没有前例。他的论文是一篇重要的鱼类学著作，其中列出了 600 多种中国和日本的鱼类，比之前任何同类清单都要丰富得多。⑦

约翰·里夫斯的做法并非独一无二。上文提及，约翰·B·布雷克、詹姆斯·梅因、威廉·克尔还有其他一些人都曾经请广州的画匠绘制博物学图

---

① 约翰·理查森（John Richardson，1787—1865），苏格兰随船医生、博物学家。——译者注

② John Richardson, "Report on the Ichthyology of the Seas of China and Japan," *Report of the 15 th Meeting of the British Association of the Advancement of Science* (1845)：187-320. 此见 188 页。

③ Ibid. , 188.

④ Ibid. , 187.

⑤ 托马斯·哈德威克（Thomas Hardwicke，1755—1835），英国士兵、博物学家。——译者注

⑥ 在印度的英国博物学家雇用当地画师绘制博物学图鉴是一种惯常做法。参见 Mildred Archer, "Indian Paintings for British Naturalists," *The Geographic Magazine* 28 (1955)：220-230.

⑦ 其重要性被同时出现的西博尔德的鱼类学著作 *Faune Japonica*（1833-1850）掩盖了。然而，理查森的论文不仅补充了 *Fauna Japonica*，而且为东海中鱼类的地理分布的研究提供了关键性数据。

画，并把这些图画当作中国观赏植物的目录。① 托马斯·比尔也曾请人用绘画的方式把他最好的鸟禽和花草忠实地记录下来。② 大约同一时期，新加坡的托马斯·斯坦福·莱佛士爵士（Thomas Stamford Raffles）③ 也雇用了一名澳门画师和几个可能是华侨的当地高手绘制他的动植物收藏。④ 19 世纪中期，西奥多·坎托（Theodore Cantor）⑤、亨利·汉斯和罗伯特·福钧都曾委托中国画师绘制博物学图画。⑥ 这些画作除了具有科学价值外，也因其艺术价值而享有盛名。西方写实主义传统与中国洋画相结合产生的是既精确又引人入胜的独特风格。

里夫斯的博物图鉴是 19 世纪早期英国人获取中国动植物知识的重要来源。它们为英国博物学家提供了独一无二的科学数据。在华的英国博物学者雇用中国画师，裨助自己的研究工作；这些中国画师原先就已经吸收了西方写实主义的元素，他们很快地调整作画技巧以满足新顾客的要求。双方都为自己的目的在积极利用洋画交易带来的机会。双方都是制造、传播混合文化产品的媒介。在里夫斯的画中，艺术、商贸和博物学汇集在一起。而且我们应该把这些画看作更广泛的文化接触的一个缩影，这些文化接触包括商品及货币的交换、爱好及思想的通融、人际关系的延伸以及帝国间的遭遇。即使

---

① 克尔：小斯当东给东印度公司理事会的信件，1804 年 1 月 29 日，1805 年 1 月 23 日，1806 年 2 月 26 日，OIOC. MSS. EUR. D562/16。

② 诸如 1844 年 3 月 22 日罗伯特·福钧给约翰·林德利的信件，RHS. Robert Fortune Correspondence. 69D16。

③ 托马斯·斯坦福·莱佛士（Thomas Stamford Raffles，1781—1826），英国政治家，曾任爪哇、新加坡总督。——译者注

④ Mildred Archer and John Bastin，*The Raffles Drawings in the India Office Library London*（Oxford：Oxford University Press，1978），8；Archer，*Natural History Drawings in the India Office Library*，61.

⑤ 西奥多·坎托（Theodore Cantor，1809—1860），丹麦博物学家。——译者注

⑥ 西奥多·坎托的图画保存在 OIOC. NHD 8. Nos. 1151-1292 中。1844 年 1 月 31 日罗伯特·福钧给约翰·林德利的信件，RHS. Robert Fortune. Correspondence. 69D16。汉斯的图画收藏于邱园。为坎托和福钧工作的画师来自舟山岛，应该与西方艺术没有太多接触。然而，他们明显地受过中国动植物画的深厚传统的良好训练。值得注意的是，俄国医生亚历山大·塔塔林诺夫（Alexander Tatarinov）在北京也雇请了一位中国画师绘制植物。那些画作据说"根据自然标本"而且"精心着色"，图中还展现"每一种标本的植物学细节"。Bretschneider，"Botanicon Sinicum，" *JNCB*，n. s.，16（1881）：123.

其他方法不适用的时候，博物学的视觉表现传统也使在中国和欧洲的英国博物学家仍然可以进行科学信息的交流。然而，把这个过程变为可能的却是中国的画匠。

第二部分

地 域

第三章
科学与非正式帝国

鸦片战争失败之后，清朝被迫开放条约口岸以与西方人通商。英国人不
再被局限于广州；他们占据了香港，并于 1842 年获准进入五个沿海港口。
在贸易与外交利益的驱使下，英国人在法国人的协助下再次欺凌了清代中国
这一已经被自然灾害、财政困难以及此起彼伏的内乱困扰着的国度。在中国
北方，黄河一再决堤使数百万民众流离失所。① 太平天国运动（1850—
1864）② 席卷了中国南部与中部的大多数地区，并最终夺去了两千万人的生
命。1856 年，英国与清政府之间的"亚罗号事件"（Arrow War）爆发。在
一系列军事冲突（统称为"第二次鸦片战争"）之后，英法联军占领了北京，
并于 1860 年劫掠并焚毁了圆明园。

为了赢得喘息之机，清政府签订了那些确保西方人法律与外交特权的不
平等条约。西方人进而在中国内地建立商业与外交据点。通商口岸的数量到
1911 年逐渐增加到约 40 个，散布于中国各地，但大部分位于中国沿海与长
江沿岸——这些地带变成了列强眼中的英国势力范围。③ 英国人现在不仅仅

---

① Randall A. Dodgen, *Controlling the Dragon: Confucian Engineers and the
Yellow River in Late Imperial China* (Honolulu: University of Hawaii Press, 2001).

② 国内史学界一般以 1851 年作为太平天国运动起始年份。——译者注

③ 关于 19 世纪中西关系的概述可参见 Jonathan Spence, *The Search for Modern
China* (New York: Norton, 1990); Immanuel C. Y. Hsu, *The Rise of Modern China*,
5th ed. (New York: Oxford University, 1995); John K. Fairbank 及其他人编, *The
Cambridge History of China*, 第 10 卷, 第 1、2 部分 (Cambridge, England: Cam-
bridge University Press, 1978-1980). Hosea Ballou Morse 的 *The International Rela-
tions of the Chinese Empire*, 第 3 卷（台北，文星书店，1963 [1911-1917]）富含基
本历史叙述与信息。关于鸦片战争的文献浩如烟海，其中 Peter Ward Fay, *The Opium
War, 1840-1842: Barbarians in the Celestial Empire in the Early Part of the Nine-
teenth Century and the War by Which They Forced Her Gates Ajar* (Chapel Hill: University

能较自由地穿行于通商口岸，而且有机会进入腹地，甚至还在中国的许多地
62　方成功地建立起外交与传教组织。这些新的机会吸引着来自欧洲与美国的数
以千计的商人、外交官与传教士。①

在这些政治剧变的促发下，英国人对中国的博物学研究也发生了重大的
变化。由于有更多的机会进入中国不同的地区，以及更密切地与中国人接
触，英国人扩展了研究的领域，其中最突出之一是经济植物学。在 18 世纪
晚期和 19 世纪早期，约瑟夫·班克斯和他在中国的联络人就已经开始系统
性地收集有商业价值的植物的相关信息，但是他们研究的主要对象还是园艺
及装饰植物。英国人对中国花园植物的需求从未减退。然而，在 19 世纪中叶

of North Carolina Press，1975）与 James M. Polachek，*The Inner Opium War*（Cambridge，Mass.：Harvard University Press，1992）提供了不同的视角下的历史 。一些
专论也为本章提供了有用的背景信息，如 John K. Fairbank，ed.，*The Chinese World
Order：Traditional China's Foreign Relations*（Cambridge，Mass.：Harvard University Press，1968）；Immanuel Hsu，*China's Entrance into the Family of Nations：The
Diplomatic Phase，1858 – 1880*（Cambridge，Mass.：Harvard University Press，
1960）；Masataka Banno，*China and the West，1858–1861：The Origins of the Tsungli Yamen*（Cambridge，Mass.：Harvard University Press，1964）；John K. Fairbank，
*Trade and Diplomacy on the Chinese Coast：The Opening of the Treaty Ports，1842–
1854*，2 vols.（Cambridge，Mass.：Harvard University Press，1953）；Frederic Wakeman Jr.，Strangers *at the Gate：Social Disorder in South China，1839–1861*（Berkeley：University of California Press，1966）。

①　W. H. Medhurst 的 *The Foreign in Far Cathay*（London：Edward Stanford，
1872）一书描述了包括劳动阶层在内的在华西方居民的主要集团及其生活。另可参见
N. B. Dennys，*The Treaty Ports of China and Japan：A Complete Guide to the Open
Ports of Those Countries，together with Peking，Yedo，Hongkong and Macao：Forming a Guide Book & Vade Mecum for Travellers，Merchants，and Residents in General*
（San Francisco：Chinese Materials Center，1977［1867］）。当代学者论述可参见 Wellington Chan，*Merchants，Mandarins and Modern Enterprise in Late Ch'ing China*
（Cambridge，Mass.：Harvard University Press，1977）；Liu Kwang-Ching，*Anglo-American Steamship Rivalry in China，1862–1874*（Cambridge，Mass.：Harvard University Press，1962）；Yen-p'ing Hao，*The Commercial Revolution in Nineteenth-Century China：The Rise of Sino-Western Mercantile Capitalism*（Berkeley：University of
California，1986）；P. D. Coates，*The China Consuls*（Oxford：Oxford University Press，
1988）；Robert Bickers，"Shanghailanders：The Formation and Identity of the British
Settler Community in Shanghai，1842–1937,"*Past and Present* 159（1998）：161–211.

之后，他们的焦点逐渐从那些新种已被搜寻殆尽的花园与苗圃转移到野生植物上。在 19 世纪 40、50 年代来华采集植物的罗伯特·福钧或许是最后一位在城市的花园与苗圃中猎获他大部分主要发现的人了。相比较，福钧的传人，诸如厄内斯特·亨利·威尔逊（Ernest Henry Wilson）① 以及乔治·福里斯特（George Forrest）等在 19、20 世纪之交来华的植物采集员，则直接深入湖北、四川和云南的崇山峻岭之中。② 与此同时，与中国人日渐增多的接触使博物学者注意到他们之前不知道的，被当地人使用的种种动植物产品。因为他们认为这方面的研究可能最终会具有商业价值，所以就积极进行相关研究。

学者并未忽视帝国主义与经济植物学之间的关联。他们研究指出，英国的植物学帝国有着由邱园及殖民地植物园组成的如神经系统般的网络，为搜集对帝国具经济价值的植物产品，能将其触角延伸至远处各地域。③ 虽然我们基本上可以接受这一论述，但在考虑英国人在华的特殊历史背景时，我们必须对其加以修改。其中一个关键是目前对科学帝国主义的研究集中在殖民

① 厄内斯特·亨利·威尔逊（Ernest Henry Wilson, 1876—1930），英国园丁、博物学家。——译者注

② 关于福钧、威尔逊以及乔治·福里斯特的生平资料，参见 E. H. M. Cox, *Plant Hunting in China: A History of Botanical Exploration in China and the Tibetan Marches* (London: Collins, 1945), 70-96, 136-169; Alice Coats, *The Plant Hunters* (New York: McGraw-Hill, 1970), 101-110, 118-127. Bretschneider 在其 *History* 一书 403~518 页中记录了福钧在中国和日本的游历。

③ 例如，Lucile Brockway, *Science and Colonial Expansion: The Role of the British Royal Botanical Gardens* (New York: Academic Press, 1979); Donal P. McCracken, *Gardens of Empire: Botanical Institutions of the Victorian British Empire* (London: Leicester University Press, 1997); Richard Grove, *Green Imperialism: Colonial Expansion, Tropical Island Edens and the Origins of Environmentalism, 1600-1800* (Cambridge, England: Cambridge University Press, 1995); James E. McClellan, III, *Colonialism and Science: Saint Domingue in the Old Regime* (Baltimore: Johns Hopkins University Press, 1992), 第 9 章; Richard Drayton, *Nature's Government: Science, Imperial Britain, and the "Improvement" of the World* (New Haven: Yale University Press, 2000); Daniel Headrick, *The Tentacles of Progress: Technological Transfer in the Age of Imperialism, 1850-1940* (Oxford: Oxford University Press, 1988), 209-258; William Kelleher Storey, *Science and Power in Colonial Mauritius* (Rochester: University of Rochester Press, 1997)。

地，而在中国范围内，唯一由英国进行殖民统治的是香港这一小岛及其紧邻
的周边地区。① 尽管面临着内外压力，但是清政府依旧保持着相当大的独立
性。因此，我们必须采用一个不同的观念。本章认为，"非正式帝国"（infor-
mal empire）这个观念，在这里很具启发性，可帮助我们分析英国在华的科
学帝国主义。这一观念原本指称某一帝国势力，通常以自由贸易为名，对其
正式领土之外的地区施展经济管控。由于本文主题的关系，我们不会在此集
中讨论贸易或帝国主义经济方面的问题——不过我们要记得，它们仍是构成
科学帝国主义历史背景的重要组成部分——而将关注较少探究的问题，诸如
非正式帝国与科学家网络、知识的政治经济以及文化接触的机制的关系。

外国列强，尤其是英国，通过威胁利诱与炮舰外交迫使清政府在治外法
权、租借地及其他问题上妥协退让并签订不平等条约。所以，英国人在华的
存在多半归因于其帝国支配，而这种历史条件多少形塑了科学研究的目标、
方式及可能性。结果证明，那些并不主要肩负科学使命的外交及其他机构在
在华的英国科学帝国主义架构中扮演了重要角色。参与博物学研究的主要机
构是英国在华领事机关（British Consular Service in China）、中国海关（the
Chinese Imperial Maritime Customs）、新教传教团（the Protestant mission-
aries）以及香港植物园。② 英国在华领事机关是一个官方外交机构，其领事
馆位居在大多数通商口岸中，加起来构成了世界上最大的领事机构。③ 中国

---

① 关于香港早期历史，参见 Frank Welsh, *A History of Hong Kong* (London:
HarperCollins, 1993), 101–154; G. B. Endacott, *A History of Hong Kong*, 2nd ed.
(Hong Kong: Oxford University Press, 1973), 14–34。以及从另一个角度研究的
Jung-fang Tsai, *Hong Kong in Chinese History: Community and Social Unrest in the
British Colony, 1842–1913* (New York: Columbia University Press, 1993), 17–35。

② 参见诸如 Coates, *The China Consuls*; Stanley Wright, *Hart and the China
Customs* (Belfast: Mullan, 1950); K. S. Latourette, *A History of Christian Missions
in China* (台北，成文出版社，1966 [1929]); Paul Cohen, "Christian Missions and
Their Impact to 1900," *The Cambridge History of China*，第 10 卷，第 1 部分，543~
590 页; D. A. Griffiths 与 S. P. Lau, "The Hong Kong Botanical Gardens: A History O-
verview," *Journal of the Hong Kong Branch of the Royal Asiatic Society* 26 (1986):
55–77。

③ Jürgen Osterhammel, "Britain and China," 见 Andrew Porter, ed., *The Ox-
ford History of the British Empire: The Nineteenth Century* (Oxford: Oxford Univer-
sity Press, 1999), 146~169, 尤其参见 156 页。

海关则是清朝政府的一个部门，但是自成立起就处于英国影响之下，其组织结构甚至比英国在华领事机关还要庞大。本章强调，只有将这些非科学机构放到历史舞台的中央，我们才能理解在华的英国植物学帝国的规模、意图及实际活动。

那些零星散布于不同省份的博物学研究者，需要靠他们之间的联络网以收集、分析并分享信息与标本。事实上，博物学研究的这一问题不过反映了在华西方人的一个共同需要。不管他们是传教士、商人或者外交官，都会发现自己卷入收集及传输越来越多关于这个"神秘"帝国及其"独特"民众信息的过程中来。基于种种原因，他们认为必须充分掌握与中国相关的准确信息，结果就出现了以收集与散播信息为主要目标的机制。所有这类活动都可说是与"揭开中国的神秘面纱"有关。这类活动在现实考量及东方学的欲望驱使下，试图调查这个庞大帝国，并制造出关于这个帝国的"客观的"事实性知识。① 64

鸦片战争之后，英帝国主义在华势力的增强使得对中国的研究增加了新的

---

① 关于信息技术与帝国主义/殖民主义，可参见 C. A. Bayly 的 *Empire of Information: Intelligence Gathering and Social Communication in India*，1780－1870（New York：Cambridge University Press，1996），此书率先对信息收集、社会联系以及帝国主义做了研究。另可参见 Matthew H. Edney，*Mapping an Empire: The Geographical Construction of British India*，1765－1843（Chicago：University of Chicago Press，1997）；Richard Drayton，"Knowledge and Empire," in P. J. Marshall，ed.，*Oxford History of the British Empire: Eighteenth Century*（Oxford：Oxford University Press，1998），321－352；David Ludden，"Orientalist Empiricism: Transformations of Colonial Knowledge," in Carol A. Breckenridge and Peter van der Veer，eds.，*Orientalism and the Postcolonial Predicament*（Philadelphia：University of Pennsylvania Press，1993），250－278；Arjun Appadurai，"Number in the Colonial Imagination," Ibid.，314－339；Deepak Kumar，*Science and the Raj*，1857－1905（Delhi：Oxford University Press，1997），第 3 章；Marika Vicziany，"Imperialism，Botany and Statistics in Early Nineteenth-Century India: The Surveys of Francis Buchanan（1762－1829）," *Modern Asian Studies* 20（1986）：625－660；Daniel Headrick 注意到帝国通讯的问题，但是他的着眼点跟我的非常不同。Daniel Headrick，*The Tools of Empire: Technology and European Imperialism in the Nineteenth Century*（New York：Oxford University Press，1981），第 III 部分；同作者，*The Tentacles of Progress*（注释 5 中列出）。

面向。收集并掌握关于中国的"有用"信息成为英帝国监控与攫取经济机会的基础工作。英国在华领事机关如此之多，超出了与贸易的直接关系，但它并不是如某些学者所说的，是个"昂贵的奢侈品"①。我们必须注意一点，它经常被组织起来从事信息或"事实"的搜集；它在英国非正式帝国中发挥着关键性的作用。在中国的博物学研究呈现了英国对华总体研究的特征：其目的在于生产关于中国的"真实的"及"有用的"知识，在博物学这个例子中则是关于中国的动、植、矿物的相关知识。正因如此，博物学者能够利用他们所从属的那些非科学机构来从事博物学研究。

然而，在华的英国非正式帝国还是会受到真正的限制，尤其是在沿海、条约口岸以及长江沿岸之外。所以，要研究在华的英国科学帝国主义，不得不注意这一政治现实及其对科学研究的影响。在华博物学者经常发现自己缺少迫使中国人提供信息的能力；在这些情况下，信息搜集模式基本上是磋商、谈判、协调、交换，而且博物学者未必都占上风。事实情况是，大英帝国在全球权力政治中的优势，并不能渗透到中国或者一些殖民地的各个角落。因此，我们就有必要探究上述磋商中的策略、意义及权力关系，因为它们形成了英国在华收集信息的总体框架。如下文所示，收集对华信息的意识形态、实际操作与科学帝国主义及博物学家对于近代西方事实型知识的优越性的信念息息相关。

香港植物园

随着英帝国的扩张，邱园及其在殖民地的卫星植物园构成了流通活株植物、标本及信息的一个全球网络。这些植物学机构还直接参与开发在殖民地栽培具有经济价值的作物如茶树、剑麻及金鸡纳树等帝国及殖民地事业。②在中国，英国人只有一个殖民地植物园，即香港植物园，它与邱园保持着密切联系，并与其他殖民地植物园有类似的任务。但是，由于种种原因，它从

---

① Osterhammel，"Britain and China，" 156.

② Ray Desmond，*The European Discovery of the Indian Flora*（New York：Oxford University Press，1992），220 - 230；Headrick，*The Tools of Empire*，58 - 79；Drayton，*Nature's Government*，第 6、7 章。

未成为英国对华植物或经济作物调查的中心机构。因为殖民地植物园对于英国植物学帝国在其他地区的建立至关重要，香港植物园不显眼的业绩需要进一步加以说明。这个情况也有效地提醒我们，尽管试图彼此联合，不同的帝国机构之间事实上可能存在紧张、冲突以及相互竞争的关系。所以我们不能把大英帝国当成一个整齐划一、平稳运转的整体。

香港在刚置于英国殖民统治下时，因驻扎此地的英军遭到高发病及高死亡率而背负污名，当时的医学观念将其归因于瘴疠的热带气候。"在（1850 年）7、8、9 月间，我们埋葬了大约 300 人。"一位士兵哀叹道。①这占了军队总数的四分之一。为了改善气候，香港殖民政府决定通过种植大量绿荫树来绿化全岛，这是当时欧洲海外强权常在其热带殖民岛屿施行的方法。② 香港政府还想建立一座供英国居民休闲的公共花园。香港并没有引以为荣的漂亮公园；该岛的英国居民在往返欧洲的途中只能钦羡圣海伦娜、毛里求斯、加尔各答及锡兰③等殖民地上颇具规模的公园。通过在伦敦的上属机构——殖民部，香港政府向邱园园长约瑟夫·胡克咨询，以推荐能负责发展并管理公共花园的好园丁，并获得了他的支持。查尔斯·福特这位在英国很多公私花园中服务过的经验十足的园丁被遴选就任此职。他于 1871 年到达香港。④

尽管这看起来大有可为，但不久之后福特的事业就遇到了一些困难，他发现自己在殖民地政府与邱园之间左右为难。其实不少殖民地花园的主管都会有这种经历。福特的职责不仅仅包括发展香港植物园，而且还要为全岛造林。事实上，当他临退休之际，回顾在香港的 30 年职业生涯，他将绿化全岛而非发展植物园视作其最重要的"代表作"。⑤ 对香港政府而言，福特管理

66

---

① Keith Sinclair, ed., *A Soldier's View of Empire*：*The Reminiscences of James Bodell*，*1831–1892*（London：The Bodley Head，1982），58. 关于欧洲人在热带的高死亡率，参见 Philip D. Curtin, *Death by Migration*：*Europe's Encounter with the Tropical World in the Nineteenth Century*（New York：Cambridge University Press，1989）。

② Grove, *Green Imperialism*，第 5—8 章。

③ 即现在的斯里兰卡。——译者注

④ Kew：Misc. Reports. 4. 41. Hong Kong. Botanic Gardens. 1870–1915，ff. 2–19.

⑤ Kew：Misc. Reports. 4. 41. Hong Kong. Botanic Gardens. 1870–1915，ff. 28–30；Public Records Office（Hong Kong）. CO 129/189，129/190.

植物园的首要任务是为在香港的西方人建立并维持一座美丽的公共花园。如果将福特与像费迪南德·冯·米勒（Ferdinand von Mueller）① 这类的植物园长相提并论的话，也许会显得有点夸张。米勒是澳大利亚墨尔本植物园园长，也是一位杰出的植物学家。他对科学研究的浓厚兴趣使他与地方上只关心鲜艳花卉而不理睬干燥植物学标本的显贵们发生了严重冲突。② 但是，不论如何，福特也像米勒一样，经常向胡克抱怨他的困难处境。他每天得花那么多时间在种植树木和栽培花卉的业务上，没有什么空暇做植物学研究；做研究变成了一件罕见的奢侈事儿。福特还透露说，有一位特别不上道的香港总督，除了要求植物园定时为他那"庞大家庭"的餐桌供应蔬菜外，根本不关心植物园。③

在这件事上，香港政府倒未必是落伍、短视或者庸俗的，尽管福特及其科学界朋友这么觉得。④ 香港政府认为植物学研究，即使是与经济植物学相关的研究，也对香港没什么直接助益⑤，因为他认为在经济前景完全依靠贸易、船运及商业的一个小而多山的岛屿上发展任何形式的种植业，不但不可能，而且也没必要。因此，由香港政府资助的植物学研究的任何成果，都只会让其他一些英国殖民地来享用。对香港政府来说，这座植物园只是一处让西方居民在工作之余可以漫步，在夏季可以欣赏音乐会的"公众娱乐场地"⑥。它因此就既无科学也无经济功能。

---

① 费迪南德·冯·米勒（Ferdinand von Mueller，1825—1896），德国植物学家。——译者注

② Edward Kynaston, *A Man on Edge：A Life of Baron Sir Ferdinand von Mueller* (London：Allen Lane, 1981), 269-273, 280-292.

③ W. W. Perry 给西塞尔顿-戴尔的信件，Kew：Chinese and Japanese Letters，151（850）；Kew：Misc. Reports. 4. 41. Hong Kong. Botanic Gardens. 1870-1915, ff. 67-68。

④ Kew：Chinese and Japanese Letters, 150 (546), (550), (551), (850).

⑤ Kew：Misc. Reports. 4. 41. Hong Kong. Botanic Gardens. 1870-1915, ff. 40-43. 曾参与公园规划的植物学家亨利·汉斯对此非常了解。他鼓励决策者选择"科学发展"而非"休闲娱乐"作为公园发展的首要目标。参见 Berthold Seemann, *Narrative of the Voyage of H. M. S. Herald during the Years 1845-1851, under the Command of Captain Henry Kellett…*, vol. 2 (London：Reeve and Company, 1853), 227。

⑥ 汉斯给胡克的信件，Kew：Chinese and Japanese Letters, 150 (551)；福特给 J. D. 胡克的信件，Kew：Chinese and Japanese Letters, 150 (198-199)。

香港政府对其植物园所持的观点与邱园的观点相冲突。因为植物园属于香港政府行政系统，邱园对其管理只有有限的控制权。所以，约瑟夫·胡克不得不通过他跟位于伦敦的主管所有英帝国殖民地政府的殖民部的关系，以及他身为福特的保护人的身份，在幕后施加影响。胡克对殖民地植物园的功能与目的很明了，他在给殖民部的一封信中详细说明了他的观点。① 他认为，香港在探索"中国具有经济及科学价值的植物产品"中占据着独一无二的位置②，并强调香港政府仅把植物园当成一块休闲场地的态度与他的看法大相径庭。③

他更进一步表明，香港政府应该改变政策，允许福特不定期地从事实地考察，并支持他将植物园转型为"所有与中国相关的植物学研究的交流渠道"④。在另外一封信中，胡克向福特指出，关于"东南亚的植物及其可能用途"，目前所知甚少。⑤ 他指示福特建立一个植物标本室，并探访中国境内已开放的地区，"以采集植物并获取（中国人）关于药物、木材等资源的信息"⑥。胡克表示，这类植物学研究超越了任何个人或机构的能力，故而他建议福特在其调查中"寻求商人、商船船长、船医及其他人的合作"⑦。胡克以一种明确的口气提醒福特将植物园建成研究中国植物的大本营，"不管是在科学上，或者只是实用上的"。⑧

有了从伦敦来的这些指令，福特的官方职责现在除了园艺与造林还包含了考察及科学交流。⑨ 他遂建立了一个不算大的植物标本室和一个藏有植物

---

①②③④　Kew：Misc. Reports. 4. 41. Hong Kong. Botanic Gardens. 1870－1915，ff. 108.

⑤⑥⑦　Kew：Misc. Reports. 4. 41. Hong Kong. Botanic Gardens. 1870－1915，ff. 109－110.

⑧　Kew：Misc. Reports. 4. 41. Hong Kong. Botanic Gardens. 1870－1915，ff. 109－110. 值得注意的是，胡克和他的科学界同人刚赢得了与英国政府在邱园的首要目标方面一次激烈争论的胜利。这一争论与关于香港植物园的争论类似，并必然对香港植物园的争论有所影响。参见 Ray Desmond, *Kew：The History of the Royal Botanical Gardens* (London：Harvill Press，1995), 223－250；R. M. MacLeod, "The Ayrton Incident: A Commentary on the Relations of Science and Government in England, 1870－1873," in Arnold Thackray and Everett Mendelsohn, eds., *Science and Values* (New York：Humanities Press，1974), 45－78。

⑨　Kew：Misc. Reports. 4. 41. Hong Kong. Botanic Gardens. 1870－1915, f. 111.

学及园艺学书籍的小型图书馆。① 但是胡克的目标从未完全实现。尽管有胡克在伦敦高层的游说，福特还是只有很少的时间及机会进行植物学研究。② 福特略显被动的个性（按照一位友好的观察者的说法，"一位安静谦逊的年轻人"）也使得他不敢对抗对科学研究的支持有名无实的香港政府。③

　　另外还有一个原因来解释福特及其机构为何未能成为在华植物学的交流中心，这是因为已经存在着一个这样的中心了。领事体制里的亨利·汉斯从19世纪40年代起就研究中国植物，而且他早已建立了庞大的个人植物标本室以及植物学信息的广阔网络，更具有作为中国植物学权威的良好声望。事实上，福特是从汉斯那里学到植物学的基本功夫，如植物鉴别、标本保存等，而且时常向他请教植物学的问题。④ 如果要说的话，应该是福特被吸收进了汉斯已经广布的植物学网络，而不是颠倒过来。即便在1886年汉斯去世后，福特还不能弥补这一空白。问题是，一位长久待在一个不重要职位上的领事官员是如何获得这么大的植物学权威和如此多资源的？汉斯的科学事业显示了在华西方居民所构成的科学信息网络及其规模、影响以及效率，并促使我们去考虑英国科学帝国主义在总体上看来具有哪些显著特征。

亨利·弗莱彻·汉斯

　　除了在厦门和广州的短短任期，亨利·弗莱彻·汉斯（1827—1886）这位驻黄埔的副领事总是窝在那个小职位上，没有升迁的机会，原因是他不懂中文。⑤ 他早年在伦敦和比利时念书，精通拉丁语、希腊语、法语和

---

① Public Records Office（Hong Kong）. CO 129/217，129/218.

② 在论及其科学研究面临的阻力时，福特承认说："（植物学）的考察活动很难为香港带来物质上的收获。"但他也深感遗憾地指出："这里的民众并不了解为求知的目的而进行研究的必要性。"Kew：Chinese and Japanese Letters. 150（273-274）. 另参见 150（228-229），（247）。福特更对 Thiselton-Dyer 抱怨道："在我看来，当地政府中的一些高官对植物学的发展抱着小气嫉妒的态度。"见 150（399-401）。

③ 汉斯给 J. D. 胡克的信。Kew：Chinese and Japanese Letters. 150（546），（550）.

④ 参见收录于 Kew：Chinese and Japanese Letters. 150（193），（239-240），（268-269）中的福特的信件；Kew：Misc. Reports. 4. 41. Hong Kong. Botanic Gardens. 1870-1915, ff. 95-96。

⑤ Coates, *The China Consuls*，201-203. Kew：Misc. Reports. 4. 4. China. Hance, 2-4.

德语，但他还嫌不够，遂在空余时间内自学植物学。他于 1844 年随其父亲来华，数年之后历任公职。他于 1851—1852 年休假回英国。① 那时他已经开始发表植物学论文并接受了德国吉森大学的名誉博士学位。在回英国休假的日子里，汉斯见到了邱园园长威廉·胡克，并从此成为威廉以及他儿子和继任者约瑟夫·胡克的在华联络人。1851 年除夕夜，汉斯在邱园的一个小湖边，向他的未婚妻（一位"青梅竹马的儿时玩伴"）求婚，并随之将她带到了中国。② 他们不久之后就有了一个大家庭。由于手头拮据，汉斯再未回英国。30 年后，在他去世时，已是关于中国植物的世界权威。③

　　汉斯的专长在植物分类，所以除了 1857 年秋季在厦门的时候之外，从未进行任何重要的田野工作。④ 他长期任职之地的黄埔，也许是中国最糟糕的植物收集的地点；因为整个广州地区都被开发殆尽，鲜有野生植物，而且也是多年来西方人收集最彻底的地方。⑤ 但是汉斯意识到中国的很多植物依然未被探究，而标本和信息的收集是研究工作的关键。对植物学的热忱促使他以其领事机构的同人为核心建立起一个横跨中国的科学交流的广阔网络。汉斯虽然有点古怪、说话直率且可能贪杯（这几点肯定多多少少损害了其职业形象及升迁机会），却也和蔼、慷慨而坚持原则。⑥ 他常常手不释卷，并坐 69

---

　　① 在来中国前他已经学了一些植物学。*Dictionary of National Biography*，vol. 8，1156.

　　② Kew：Chinese and Japanese Letters，150（531）.

　　③ 汉斯的基本生平事迹，可参阅 *Gardeners Chronicle*，1886 年 8 月 14 日，218-219；*Hongkong Daily Press*，1886 年 6 月 26 与 28 日；Bretschneider，*History*，365-370，632-652；*Dictionary of National Biography*，vol. 8，1156-1157.

　　④ Kew：Bentham Correspondence. 5（1768-1769）.

　　⑤ 参见诸如 George Bentham，*Florae Hongkongensis：A Description of the Flowering Plants and Ferns of the Island of Hongkong*（London：Lovell Reeve，1861）以及汉斯的"Supplement"（1871）。

　　⑥ 对于汉斯个性的评价可见诸如 SOAS. Chaloner Alabaster Papers. MS 380451/2，1 月 2 日下的条目；MS 380451/3，6 月 1 日下的条目；E. H. Parker，"Henry Fletcher Hance," *JNCB*，n. s.，21（1886）：309-313。在他去世之后，汉斯的朋友们试图"纠正一些人对汉斯嗜酒问题的负面印象"。参见福布斯给 J. D. 胡克的信，收录于 Kew：Misc. Reports. 4. 4. China. Hance，ff. 23-25，以及在同卷 26 页中 Thomas Wade 的信件。

拥一座收藏丰富的私人图书馆。① 他在华建立科学网络的关键时期也许是 19
世纪 40 年代晚期和 50 年代早期，当他作为领事机关的新成员在等待分派任
务时，还常在香港和广州停留数月以学习中文。汉斯以其博学多识给他们留
下深刻印象，且激发起他们收集植物标本的兴趣，即使不一定都想钻研植物
学。随着他对植物学的热衷变得广为人知，他在中国的科学信息网络也大为
扩大了。②

　　在华的英国博物学爱好者非常尊敬汉斯。郇和（Robert Swinhoe），这位
在华的最重要的英国动物学家，与汉斯是领事体系中的同事、朋友和博物学
同好。③ 韩威礼（William Hancock），这位植物学家及中国海关理事告诉约
瑟夫·胡克："我个人对汉斯博士是如此尊敬（这还不算我对他作为植物学
家的钦佩），因此，我小心保存着他所有的信件。"④ 汉斯的植物学副手谭训，
曾经是一个为恶名昭彰的苦力买办工作的掮客，当他因这项工作在广东省内地
四处旅行时，他也勤为汉斯收集资料、标本。⑤ 庄延龄（Edward H. Parker）在
广州领事馆任职时跟随汉斯研究植物学，自那时候起他从未丧失这方面的兴
趣。⑥ 汉斯深深地影响了这些人以及其他跟他接触过的许多人。在中国，即使

―――――――――――

　　①　汉斯的个人图书馆包括数千册内容广泛的书籍。参见他的图书馆的拍卖目录，
收录于 Kew：Misc. Reports. 4. 4. China. Hance，ff. 127−137。

　　②　大约这时候，汉斯结识了一些科学界朋友，其中包括 John Champion 这位军官
及昆虫学家、Berthold Carl Seemann 这位访问香港的植物学家以及后来的郇和这位领
事官及动物学家，而且他还开始与欧洲主要的植物学家及植物学机构有所联系。Kew：
Bentham Correspondence. 5（1768−1769），（1770−1772），（1773−1775），（1780−
1786），（1790）.

　　③　Bretschneider，*History*，661−678. 另可参见汉斯给郇和的信件，收录于
Kew：Kew Collectors IV. Richard Oldham（120），（122）。

　　④　Kew：Chinese and Japanese Letters，151（475）。

　　⑤　参见诸如 Bretschneider，*History*，652−661；汉斯给胡克的信件，Kew：Chinese
and Japanese Letters，151（493），（514−515），（519）；1886 年 10 月 6 日谭训给西塞尔顿-
戴尔的信件，Kew：Chinese and Japanese Letters，151（928）；1864 年 10 月 9 日汉斯给郇
和的信件，Kew：Kew Collectors IV. Oldham（120）。谭训后来担任广州同文馆的教席，并
放弃了植物学采集工作。参见汉斯给丹尼尔·汉璧理的信件，收录于 RPS：Hanbury Pa-
pers. p313 [3]，[32]。

　　⑥　庄延龄对"老汉斯"的尊敬与爱戴能在他关于汉斯的讣告中看出来，见 *JNCB*，
n. s.，21（1886）：309−313。

是非英国的西方人也敬重他对植物学的狂热，与他联络并向他提供标本。在他的鼓励下，一位美国商人福布斯（Francis B. Forbes）① 开始了一个对所有已知中国植物进行编目的计划。这项计划不久之后由英国人接手，最后产生了权威性的丛书《中国植物名录》（*Index Florae Sinensis*）（1886—1905）。② 贝勒（Emil Bretschneider）③，这位北京俄国使馆的医生，一个博学多识的学者，基于他跟汉斯对植物学的共同兴趣以及对彼此学术造诣的尊敬，两者成了好朋友。④

就这样，汉斯从他遍布中国的联络人那里获得植物标本，并建立了一个可以与欧洲的研究机构在中国植物收藏上媲美的私人植物标本室，其中有很多原型标本。⑤ 他的妻子不辞辛劳地整理并标记这些标本。⑥ 汉斯很少依赖

---

① 福布斯（Francis Blackwell Forbes，1839—1908），美国商人，植物学家。——译者注

② W. T. Thiselton-Dyer, "Historical Notes," in F. B. Forbes and W. B. Hemsley, *Index Florae Sinensis*（1905），v-xi. 这一事件的细节可查阅 Kew：Misc. Reports. 4. 4. China. Index Florae Sinensis, 1883–1905。

③ 贝勒，原名埃米尔·布雷特施奈德（Emil Bretschneider，1833—1901），俄国著名汉学家。1866—1883 年出任俄罗斯驻华公使馆医生。——译者注

④ 本书 4 章对贝勒有更多的叙述。贝勒将汉斯描述为"在中国的每一位有教养的欧洲人都知道汉斯是一位卓越的植物学家"。E. Bretschneider, *On Chinese Silkworm Tree*（Peking：Privately printed，1881），1. 他还鼓励在华的西方居民送植物标本给汉斯。参见诸如 Bretschneider, *Notes on Some Botanical Questions Connected with the Export Trade of China*（Peking，1880），14。对于汉斯，"（贝勒）经常写信向他咨询信息，或者请他鉴定疑难植物"。贝勒在 1872 年拜访了汉斯，而汉斯将这次会面描述如下："在我一生中还从来没遇见有人向我就所有类型的植物学题目提出这么一大串问题……（他）迫使我翻找几百本书和引文。"而汉斯对这次会面非常满意。参见 RPS：Hanbury Papers. PH313［20］，PH313［24］。

⑤ 他的植物标本室中有超过 22 400 件不同标本，在他去世后，这些标本售给了大英（自然）博物馆。Kew：Misc. Reports. 4. 4. China. Hance, ff. 11，75，87.

⑥ Kew：Chinese and Japanese Letters，151（531）. 当时在中国的西方博物学者中很少有女性。部分原因是在华的西方人绝大多数是男的，但也是因为在大多数情况下，社会及政治环境很难允许女性从事田野工作。美国传教士 B. C. 亨利（B. C. Henry）的妻子经常跟他一起旅行内地，而且用亨利·汉斯的话说，她也"管理并制备标本收藏。从那些制作优秀的干燥标本来看，她证明了自己好像是物竞天择所特别设计来从事这件任务的"。B. C. Henry, *Ling-Nam or Interior Views of Southern China*（London：S. W. Patridge & Co.，1886），123–124. 海关成员马士的妻子，可能

70　欧洲研究中国植物的机构，因为他自己在华的联络网络带给他大量标本，使他较之在欧洲的任何植物学家有更多机会接触到中国东部和南部的植物，并确立自己在这方面的权威性。事实上，他反而是欧洲研究机构获得中国植物标本的一个主要来源；汉斯用他通过自己的在华网络收集到的标本复本，来跟位于欧洲的学者交换比较分类需要的标本。他发表了超过 200 篇关于中国植物及相关问题的论文，大多数刊登在重要期刊上。汉斯的联络网络是全球性的，远至美国的阿萨·格雷（Asa Gray）①、圣彼得堡的卡尔·马克西莫维奇（Carl Maximowicz）②以及在比利时、德国、法国与欧洲殖民地的一些主

___

也学会了怎么处理标本。参见 Kew：A. Henry. Letters to H. B. Morse, ff. 13, 19。另一个例子是 T. H. 莱顿（T. H. Layton）的妻子 S. D. 莱顿（S. D. Layton）。中国人用以制造蓪草纸的植物曾长期困扰着英国植物学家，这一问题在 19 世纪 40、50 年代中国稍微开放后，更受关注。对于这种植物的真正身份与何处可寻，多有猜测。当时在中国，包括香港总督约翰·包令（John Bowring），他的儿子，以及 T. H. 莱顿，驻厦门的领事，全都尽力探究这一问题。在莱顿去世后，他的妻子继续这一研究并说服了一位"年老但勇敢的中国水师将领"为她取得了这种植物。这位官员下令从台湾带个标本过来，但不幸的是他在事成之前也去世了。最后 S. D. 莱顿派了两位中国信差到台湾去找寻一些标本，也因此解决了植物学上的一个长久谜团。这种植物原来是一种在台湾并不鲜见的有髓木类。S. D. 莱顿应该是满富好奇心并对中国药材深有兴趣。为了获得蓪草纸植物，她还请一位在厦门领事处工作的中国职员（"一个极博学多识者，对其国家的古老植物学著作深有研究"）来描述该植物。S. D. 莱顿给 W. J. 胡克的信件，Kew：Directors Correspondence. 55（192–192E），（193–193B）；W. J. 胡克，"On the Chinese Rice Paper," *Hooker's Journal of Botany* 4（1852）：50–54。在华的一些英国妇女很可能善于画花卉植物，这类画作在受教育的维多利亚妇女中流行一时，即使当时在中国没有与著名的维多利亚时代的旅行家及植物画家 Marianne North 相比拟的人物。汉斯的第一任妻子"曾经是一位很有造诣的花卉画家，但是早就为了教养孩子而牺牲了这一成就"。据汉斯说，她多才多艺，还能弹一手好钢琴。参见 1871 年 2 月 5 日汉斯给丹尼尔·汉璧理的信件，RPS：Hanbury Papers. P313 [16]；Coates，*The China Cousuls*，90。关于维多利亚时代的女性博物学爱好者，参见 Ann Shteir, *Cultivating Women, Cultivating Science：Flora's Daughters and Botany in England, 1760 to 1860*（Baltimore：Johns Hopkins University Press，1996）以及 Barbara Gates, *Kindred Nature：Victorian and Edwardian Women Embrace the Living World*（Chicago：University of Chicago Press，1998）。

　　① 阿萨·格雷（Asa Gray，1810—1888），美国植物学家。——译者注

　　② 卡尔·马克西莫维奇（Карл Максимович，Carl Maximowicz，1827—1891），俄国植物学家。——译者注

要植物学家。他与邱园的联系特别密切，寄给他们他的中国植物中最好的复本，而且他将约瑟夫·胡克与乔治·边沁（George Bentham）① 视为他在伦敦最重要的植物学友人。对于汉斯这种信任，胡克与边沁也以帮他寻求升迁机会和例常科学协助作为回报。②

然而，汉斯与在伦敦的植物学家的关系并不都是平滑顺利的，他的脾气导致了一些冲突。如果他相信自己是对的，汉斯就不轻易向学术权威低头。1862年，当威廉·胡克为了派遣采集员到东亚咨询他的意见时，汉斯向这位长者强力理论，指出他上次派错了人，而且他这次的计划与管理也有问题。③汉斯的自信来自于他对中国的植物及情况的熟悉，贝勒及在华的其他能干的博物学家也同样有这种自信。贝勒有一次因为邱园园长威廉·西塞尔顿-戴尔 *71*（William Thiselton-Dyer）质疑他（和汉斯）在中国经济植物鉴定上的权威性而大感不悦。④

在早些年前有一次关于标本的争论，西塞尔顿-戴尔不满福特在将新采集到的植物送给邱园之前就与汉斯分享；他认为汉斯因此侵犯了邱园的所有权，并指责他试图垄断对中国植物的研究。⑤ 所有的科学机构都小心翼翼地保护其所有权与知识产权。它们争取拥有新植物的好的标本，尤其是原型标本，并发表这些新种的报告。但是，汉斯和邱园早先就达成了一个协议，同意让汉斯趁福特的标本还新鲜时，就直接发表文章描述这些植物。汉斯相信自己是无辜的，于是为自己做了强有力的辩护，并把西塞尔顿-戴尔骂了一顿，就像把这位邱园的助理园长当成是任何一个犯了错的年轻同事那样。⑥

位于都会与殖民地的植物学家之间的紧张关系，也可能涉及对于科学理论与实践的不同意见。这种紧张关系，因为边沁和胡克自1860年起力图稳

① 乔治·边沁（George Bentham，1800—1884），英国植物学家。——译者注
② 在他最后的遗嘱中，汉斯指定胡克、边沁以及邱园植物标本室看管人丹尼尔·奥利弗（Daniel Oliver）作为在其去世后出售其标本室时的代理人。关于帮助汉斯在领事系统晋升的努力，参见 Kew：Misc. Reports. 4. 4. China. Hance. 1882–1888, ff. 1–5, 23–25, 49。
③ Kew：Directors Correspondence. Chinese Letters, 57 (73)–(77).
④ Kew：Misc. Reports. 4. 4. China. Economic Products. I. ff. 229–230.
⑤ Kew：Chinese and Japanese Letters, 150 (574–575). 亦可参见 Ford's letters to Kew, 150 (217–218), 150 (221)。
⑥ Kew：Chinese and Japanese Letters, 150 (574–575).

定纷乱的植物分类和命名而雪上加霜。他们不仅在其《植物属志》（*Genera plantarum*）（1862—1883）中大规模地限定种和属，而且企图利用一些步骤来整合对植物分类的控制，包括在认定新种上偏重主要科学期刊和大的标本室。这一措施使权力平衡偏向都会的大型科学机构，并将地方性与殖民地的植物学家置于结构中的下级地位。[1] 虽然汉斯在中国植物上的权威并未因这个分类学的变化而受损，但是他像许多其他人一样，觉得这种做法在分类学上并不实用。他的观点因为他对达尔文主义喜忧参半的态度而更加复杂。

英国对达尔文主义的争议并未显著波及在华的英国社团，没有引起什么大的辩论。[2] 在华的英国传教士继续秉持其自然神学的信仰，达尔文鲜少在他们的出版物中出现。在另一方面，在华最杰出的博物学家很快地意识到了达尔文进化论的威力。郇和和达尔文时有书信联络，他和多数的英国鸟类学同人那样，迅速接受了达尔文主义。事实上，郇和是达尔文赠送其第一版《物种起源》（*On the Origin of Species*）的 90 位同事及朋友中的一个。[3] 汉斯的个性比较深沉，而且他对达尔文主义的态度也复杂得多。虽然他自认是达尔文学说的同志，但他还是担心一种伴随而来的建立在变异及类同这种抽象观念上的对物种的极端化趋向。他觉得这种做法过于任意，过分理论化而且在经验性上的证明并不充分，这些问题到头来会使达尔文主义变得容易被反对者所批评。他们会辩称这一理论只是"假说而无法被证实"。因此，汉斯指出，植物间的可观察到的差别不应该因为理论的关系就被摒弃掉。[4]

---

[1] JimEndersby, "Expertise: Joseph Hooker's Australasian Correspondence with William Colenso and Ronald Gunn," *Pacific Science* 55 (2001): 343-358.

[2] 在华的英国博物学者之间以及他们与英国同人之间对于达尔文主义并没有激烈的争辩。与之相反，在华法国博物学家，他们中大多数是天主教传教士，对达尔文主义的反应非常不同。起初像在法国的科学社团一样，他们无视这一观念。在 19 世纪的最后几十年中，他们对达尔文理论持强烈批评的态度。徐家汇的耶稣会传教士韩伯禄（Pierre Marie Heude）（1836—1902）是一位中国软体动物的权威。他抨击达尔文理论，并在他的著作中采用了自创的一种融合形态学与分类学的理论。本书第 4 章也提到了韩伯禄。

[3] Frederick Burkhardt et al., eds., *The Correspondence of Charles Darwin*, vol. 8 (Cambridge, England: Cambridge University Press, 1985), 556.

[4] H. F. Hance, "Remarks on the Modern Tendency to Combine Species," *The Journal of Botany*, *British and Foreign*（也称为 *Seemann's Journal of Botany*）4 (1866): 84-86.

尽管汉斯的议论诉诸观察与经验科学，但是它事实上也源自于比植物分 72
类更深一层的关怀。在私人书信中，他和胡克对后者于1868年在英国科学
促进协会（British Association for the Advancement of Science）所作的主席
演讲有过一次"坦诚的"意见交流。汉斯称赞胡克的演讲，说这是捍卫达尔
文主义的一篇杰作，但是他也将自己与那些比他更服膺达尔文主义的人作了
区分。他认为达尔文的进化论"在一定范围内……无懈可击"，但拒绝一路
跟着胡克和达尔文走下去，尤其是他们最近的意见。在他看来，当这个理论
被推得太远时，就只有一个逻辑结果，那就是唯物主义。汉斯隐约地看到了
"卡尔·沃格特（Karl Vogt）① 及其学派"的幽灵逐渐逼近。② 胡克承认他现
在把来世的观念更看作一种希望而不是信仰；汉斯回复他说自己20年来在
大卫·弗里德里希·施特劳斯（David Friedrich Strauss）③ 以及其他德国圣
经学家的自由派神学（the liberal theology）中已找到了心灵归宿。尽管有意
见上的不一致，但是直到他去世为止，汉斯与边沁及胡克一直保持着真挚的
友谊。

汉斯的科学生涯证明了在华的博物学家可以在非科学组织的基础上发展
出强大广阔的科学网络。汉斯除了其精力及个人品格之外没有其他资源，他
单枪匹马地动员起他在领事体系的朋友与同事们以及其他组织为其收集科学
资料。但是他的成功也仰赖在华英国居民的社群以及外交与其他机构的一些
特性。虽然散布各处，但在华的西方社群只是一个小世界，信息及影响能快
速而广泛地传递。人人都知道在黄埔的汉斯博士欢迎植物标本，而且他从不
会拒绝提供植物学上的协助。于是，标本从四面八方涌向汉斯的家，在那
里，这位喜欢喝酒、看书及逗弄小孩，而且仕途不顺的领事，小心翼翼地鉴
定这些植物，并将它们引入植物学的世界。

---

①　卡尔·沃格特（Karl Vogt, 1817—1895），德国博物学家，庸俗唯物主义
者。——译者注

②　Kew: Directors Correspondence. 150 (504-505), (508-511). 这些分歧基本上
是友好相处的。汉斯后来说他自己"已经早就接受以进化论作为研究众多类同的现存生
物的一把万能钥匙"，而且声称他"完全相信它们有共同的祖先"。H. F. Hance, "On
Silk-worm Oaks", *The China Review* 6 (1877): 207-208.

③　大卫·弗里德里希·施特劳斯（David Friedrich Strauss, 1808—1874），德国
哲学家，青年黑格尔派代表人物之一，以对基督教的批判而著名。——译者注

非正式帝国的机构

73 　　尽管汉斯在华的科学联络人主要由他在英国领事机关的同事组成，在华的一些其他机构——中国海关、新教传教士甚至商人团体都为博物学研究提供了干才与基础组织。英国领事体系与中国海关，这两个政府机关雇用了大量的英国职员。在 19 世纪 40 年代到 90 年代之间，英国在华领事机关雇用了 200 多名职员，这还不包括次要雇员和许多中国文书。到 1880 年，他们已经在 20 多个城市建立了领事馆。① 另一个政府机构——中国海关，事实上是中国的一个政府部门，始建于 1854 年，主管在条约口岸的关税及其他贸易行政事务。② 在英国的压力下，这一组织的实际管理权从一开始就在很大程度上由英国人掌握。其职员自总税务司以下大多数是英国人，但也包括其他欧洲人和美国人。1896 年，海关有 679 位西方雇员，其中有 374 位英国人、83 位德国人、51 位美国人，等等。③

　　在大约 1860 年之后，上述两个政府机构都采取类似的办法招募新成员。它们通过考试选择受过良好教育的英国和爱尔兰年轻人（而中国海关则包括欧洲大陆人和美国人）。④ 其中不少是从爱尔兰新教区和苏格兰招募来的，这点与其他英帝国海外地区相似，很多在英帝国和殖民体制中工作的人都有类似背景。中国海关招了不少爱尔兰新教徒，部分因为其总税务司赫德（Rob-

---

　　① 在华的领事人员与领事机构在 Coates, *The China Consuls* 一书 489～490 页中有详尽罗列。

　　② Wright, *Hart and the Chinese Customs*，以及在 Katherine F. Brunner, John K. Fairbank 与 Richard J. Smith, eds., *Entering China's Service*: *Robert Hart's Journals*, *1854–1863* (Cambridge, Mass.: Harvard University Press, 1986) 中的介绍性文章以及同一作者的 *Robert Hart and China's Early Modernization*: *Robert Hart's Journals*, *1863–1866* (Cambridge, Mass.: Harvard University Press, 1991)。

　　③ 吴圳义：《清末上海租界社会》（台北，文史哲出版社，1978），55 页。

　　④ Coates, *The China Consuls*, 76–80; Wright, *Hart and the Chinese Customs*, 260–271. 赫德经常在他的日记与信中记下对招募新成员的看法。参见注释 62 中的赫德日记以及 J. K. Fairbank, K. F. Bruner 与 E. M. Matheson, eds., *The I. G. in Peking*: *Letters of Robert Hart*, *Chinese Maritime Customs*, *1868–1907*, 2 vols. (Cambridge, Mass.: Harvard University Press, 1975)。

ert Hart）本身就是这种背景。理所当然的，苏格兰的大学则贡献了许多医学职务方面的人员。被称为"热带医药之父"的万巴德（Patrick Manson）是阿伯丁大学医学院的毕业生，而其在热带医学领域的重大发现则是他在厦门任中国海关的医官时作出的。① 这些政府机构也积极招募伦敦大学的毕业生，因为他们在英格兰的职业前途比不上老牌大学牛津、剑桥的精英们。新招募的成员 20 岁左右，在刚到中国的最初几个月要恶补中文，之后才被委派至各地任职。这些机构也雇用了许多中国职员，即使是最小的领事馆也要有一两名中国文书，另外还有其他雇员及杂役。②

　　虽然这些组织并不是科学机构，但是他们比任何正式科学机构都提供了更多研究中国自然界的人才。只有法国传教组织和俄国人的成就可相比拟，正是因为前者有自己基础牢固的内地网络和传教活动，而后者有特殊条件进入清帝国的西部、北部和东北部。③ 在英国领事机构和中国海关服务的年轻人，几乎都精力充沛且受过良好教育，正是博物学工作的理想人选。④ 此外，他们的职位还提供了搜集科学资料的方式与机会。他们之中，有些是还在英国时就已经对博物学有兴趣的：郇和、阿查利（Chaloner Alabaster）⑤、白挨底（G. M. H. Playfair）⑥ 以及爱德华·包腊（Edward C. Bowra）⑦ 属于这

74

---

　　① Shang-Jen Li, "Natural History of Parasitic Disease：Patrick Manson's Philosophical Method," *Isis* 93（2002）：206 - 228；Douglas M. Haynes, *Imperial Medicine：Patrick Manson and the Conquest of Tropical Disease*，*1844 - 1929*（Philadelphia：University of Pennsylvania Press，2001）.

　　② Robert Fynn, *British Consuls Abroad*；*their Origin*，*Rank and Privileges*，*Duties*，*Jurisdiction and Emoluments*；*Including the Laws*，*Orders in Council*，*and Instructions by Which They are Governed*，*As Well As Those Relating to Ship-Owners and Merchants in Their Connection with Consuls*（London：E. Wilson，1846），30～31 页中描述在华领事机构的基本人事结构。该机构在 19 世纪后半期迅速扩张。

　　③ 作为一位当时的目击者，贝勒对这一事实很清楚。参见他的 *History*，631。

　　④ 新成员的标准之一是"公学毕业或更高学历"。见 Coates, *The China Consuls*，78。公学（public schools）在英国指的是初高中阶段，通常要寄宿的私立付费学校，一般只有社会较高阶层家庭的孩子才能入学。参见 Coates, *The China Consuls*，78。

　　⑤ 阿查利（Chaloner Alabaster, 1838—1898），英国翻译官、博物学家。——译者注

　　⑥ 白挨底（G. M. H. Playfair, 1850—1917），英国外交官、博物学家。——译者注

　　⑦ 爱德华·包腊（Edward C. Bowra, 1841—1874），英国在华海关官员、博物学家。——译者注

一类。① 但是大部分是来华以后才发展了这个爱好的。他们兴奋地想象，在这个领土辽阔的国度一定藏有发现西方人闻所未闻的动植物的无穷机会，比较热心的还会拉其朋友和同事加入研究行列。当郇和在福建任职时，他指导他的领事处同事霍尔特（H. F. W. Holt）研究鸟类学，还把他的中国标本剥制人借给这个初学者使用。② 同样的，韩尔礼（Augustine Henry）这位海关官员和积极的植物采集者鼓励他的同事马士（Hosea Morse）③ 及其妻子从事植物采集。④

虽然这些博物学者或采集者中只有一小部分名扬科学界，他们从博物学活动中却多有所获。他们将采集活动当作一种爱好，既可满足求知欲，又可修身养性，增进自我，说不定可以因为对科学有所贡献而自豪，或至少可以因为有个优良的业余嗜好而心安。有时候，他们则是应朋友所托，或者依上级命令去调查某种动植物产品。此外，住在较小的通商口岸的西方人，其生活常常是非常单调无趣的，简直令人泄气。在这种情况下，采集标本和网球、纸牌以及打猎成为打发时间的休闲活动。⑤ 在年轻的外交人员中，有些

① 当郇和初抵中国，还是见习生并学习中文时，他抛开了指定教科书，用一本中国博物书籍代替。参见 Coates, *The China Consuls*, 98。阿查利在刚到香港时就已经开始收集"众多草本植物"。他有"收集草类并写一本这方面专著"的念头，但他后来成了一位专注的外交官，很少有时间从事植物学研究。收录于 SOAS. Chaloner Alabaster Papers. Diary 1. MS 380451/1, 18, 19, 28 October 1855 等。出身于著名医药世家的白挨底在来华后不久给邱园的第一份信中已经显示出他对植物学的兴趣。参见白挨底给胡克的信件，Kew：Chinese and Japanese Letters，151（875–879）。关于包腊对植物学的早期兴趣，参见诸如其 1863 年 7 月 18 日的日记，SOAS. Bowra Papers. MS English. 201813. Box 2. No. 7。

② Robert Swinhoe, "Ornithological Ramble in Foochow，in December 1861," *Ibis* 4 (1862)：257.

③ 马士（Hosea Ballou Morse，1855—1934），英国博物学家，曾任中国海关税务司多年。——译者注

④ Kew：Augustine Henry. Letters to H. B. Morse, 1893–1909，ff. 3–5；7–9；10–12；17–18；19；29；34–35. 另可参见 John King Fairbank, Martha Henderson Coolidge 以及 Richard J. Smith, *H. B. Morse：Customs Commissioner and Historian of China* (Lexington：University of Kentucky Press，1995)，117–118.

⑤ 这些是韩尔礼与其在宜昌的同事间的日常惯例活动。参见他的日记，收录于 NBG. Augustine Henry Papers. 582.095。韩尔礼研究植物学的另一个动机是他对中国本草日渐增长的兴趣。参见第 4 章。

是典型的维多利亚时代的登山迷，这些人酷爱健行。韩威礼曾经登过欧洲和
美洲的诸多高峰，沿路还为约瑟夫·胡克采集植物学标本（胡克自己也不是
等闲之辈，曾爬过喜马拉雅山脉）。① 在中国任职时，韩威礼不但为汉斯和胡
克采集标本，而且力行"强健帝国主义"的维多利亚时代精神，效法郇和的
例子，探访了传闻中台湾原住民里的猎头部落。②

　　总的说来，只要不耽误日常公务，中国海关与英国领事机关基本上都会
支持其成员的科学活动。但是，由于这两个机构隶属于不同的政府，它们在
回应英国科学机构的请求时，有着不同的官方态度。赫德在任期间指示中国
海关下属调查一系列关于渔业、卫生、蚕桑及经济植物的问题，而他也以对
科学的"开明"支持而受到在华西方人的尊敬。③ 但奇怪的是，虽然邱园曾

75

----

　　① 1884 年 4 月 22 日韩威礼给胡克的信件，Kew：Chinese and Japanese Letters，
151（470-472）。另可参见 151（475），（476），（481）。关于胡克的科学旅行，参见 Ray
Desmond，*Sir Joseph Hooker：Traveller and Plant Collector*（Woodbridge，England：
Antique Collectors' Club，1999）。对于科学及登山活动，参见 Bruce Hevly，"The He-
roic Science of Glacier Motion，" in *Osiris* 11（1996）：66-86。Peter H. Hansen 在其
"Albert Smith，the Alpine Club，and the Invention of Mountaineering in Mid-Victorian
Britain" 中对登山运动及强健帝国主义作了论述，见 *Journal of British Studies* 34
（1995）：300-324；同一作者，"British Mountaineering，1850-1914"（哈佛大学博士学
位论文，1991）。

　　② 韩威礼对博物学的强烈兴趣在其 "Notes on the Physical Geography，Flora，
Fauna，etc.，of Northern Formosa，with Comparisons between that District and Hainan
and Other Parts of China" 中可以见及，这是其 *Tamsui Trade Report for the Year* 1881
（Tamsui：Customs House，1882）一书的附录。该报告 31~38 页叙述了他与当地土著
居民的遭遇。Robert Swinhoe，*Notes on the Ethnology of Formosa*（London：Frederick
Bell，1863），最初于 1863 年在英国科学促进协会上宣读。英帝国主义及男子气概的问
题在 Richard Philips，*Mapping Men and Empire：A Geography of Adventure*（Lon-
don：Routledge，1997）尤其是第 3、4 章；G. Dawson，*Soldier Heroes：British Ad-
venture，Empire and the Imagining of Masculinities*（London：Routledge，1994）；
Jonathan Rutherford，*Forever England：Reflections on Race，Masculinity and Empire*
（London：Lawrence & Wishart，1997）中以一种有某些冒险性的模式作了论述。亦可
参见注释 73 中 Hevly 和 Hansen 的著作。

　　③ 1884 年 4 月 22 日韩威礼给胡克的信件，Kew：Chinese and Japanese Letters，151
（471）。另可参见 "Shanghai Museum，Report of the Curator for the Year 1880，" *JNCB*，
n. s.，15（1880）：xxiv；Bretschneider，*History*，631。除了关于众多口岸的年度报告，中
国海关还出版了专门的科学书籍。例如，*List of Chinese Medicines*. China. Imperial Maritime

直接请求支援，但他从未对其提供过有力的官方协助。例如，邱园园长西塞尔顿-戴尔对韩尔礼在植物收集方面的成果印象深刻，遂建议赫德允准这位年轻人休假离职一段时间，以进行植物学田野工作。然而，令他俩失望的是，赫德只准韩尔礼在平常的暑假外再延长三个月。[①]赫德没有解释为什么他对邱园的合作要求采取低调处理的方式，他也许觉得不方便或不应该将隶属清政府的人力和资源直接支援一个英国机构。[②]但是赫德却允许间接协助与私人性质的活动。多年之后，韩尔礼回想，为什么他总是被派驻到像海南、台湾和云南等偏远的地方，他猜测，说不定赫德考虑到他对植物学的兴趣，觉得这些地方适合他的植物收集工作。[③]同样是海关成员的鸟类学家拉都胥（John David Digues La Touche）[④]也得到赫德的特准假，在武夷山进行田野调查，他因而把那次考察发现的一种无足蜥蜴以赫德命名。[⑤]

在这方面，英国在华领事机关跟中国海关很不同。它是英国政府的一个部门，并多少能感受到胡克在伦敦的影响力。邱园将其请求函送至位于伦敦

Customs，III. Miscellaneous Series，No. 17（Shanghai：Statistical Department of the In-spector General of Customs，1889）；*An Epitome of the Reports of the Medical Of-ficers to the Chinese Imperial Maritime Customs Service from 1871 to 1882；With Chapters on the History of Medicine in China；Materia Medica；Epidemics；Famines；Ethnology；and Chronology in Relation to Medicine and Public Health*（London：Baillère，Tindall and Cox，1884）；*Silk*，China. Imperial Maritime Customs，II. Special Series，No. 3（Shanghai：Department of the Inspectorate General，1881）；*Special Cat-alogue of the Chinese Collection of Exhibits for the International Fisheries Exhibition，London，1883*（Shanghai：Statistical Department of the Inspector General，1883）。

①　Kew：Chinese and Japanese Letters，151（596-597），（621），（627），（629）.

②　赫德非常在意他作为一位清政府雇员的角色，而且要求他的部下也同样注意，当然有时候在感觉与利益上都不免有些冲突。关于细节，参见注释 62 中罗列的赫德日记与信件以及 Wright，*Hart and the Chinese Customs*，261-262。

③　1899 年 5 月 10 日韩尔礼给 C. S. 萨金特的信件，NBG. Augustine Henry Pa-pers，收录于 "C. S. Sargent" 文件中。

④　拉都胥（John David Digues La Touche，1861—1935），英国鸟类学家。——译者注

⑤　1898 年 7 月 28 日拉都胥给 Oldfield Thomas 的信件，NHML：Curator of Mammals. Correspondence. DF232/6，F. 512。G. A. Boulenger，"On a Collection of Reptiles and Batrachians Made by Mr. J. D. La Touche in N. W. Fokien，China," *Proc. Zool. Soc.*（1899）：161.

的外交部，该部通常直接给在北京的使馆发文，并附上邱园的请求。在华使馆依例照办，行文各地领事执行这些命令，进行调查。大部分的调查跟经济植物有关。因为一些领事对博物学本来就有兴趣，并与邱园有着私人联系，他们自然就特别卖力地帮邱园收集资料。①

科学网络

在华的博物学者大多数另有正业，如公务员、传教士以及商人，他们采用的研究方式，一方面善用这些职业提供的机会，一方面也受其限制。例如，领事机构和海关两者都经常调度他们的官员，每隔几年，有时甚至一年多次，这些外派官员就会从一驻地被遣调至另一驻地。这原是这些机构的内部政策，跟科学研究无关，但结果却刚好强化了博物学者的网络并有助于他们收集研究资料。它提供了对博物学有兴趣的成员流动性、社会接触的机会以及新的田野调查的地点。一位领事（以郇和为例）在其职业生涯中可能被派驻到像台湾淡水和山东烟台相隔这么遥远的地方，以及其间的其他任何可能的驻地。② 海关也有类似的政策。每一次调动都意味着有机会找到一块新的田野工作场所，尤其是当驻地位于西方科学界陌生的地区时。③ 郇和以其

①　邱园向外交部要求协助的申请与驻中国领事的答复的副本收录于 Kew：Misc. Reports. 4. 4. China：Foods，Medicines，& Woods，1869—1914；Misc. Reports. 4. 4. China：Economic Products，I；Misc. Reports. 4. 4. China. Economic Produces，II；Misc. Reports 4. 4：China & Tibet，Misc. 1861—1924；Misc. Reports. 4. 4. China. Economic Products. Insect White Wax；Kew：Misc. Reports. China. Plant Collections. Cultural Products，etc. 1853—1914。

②　Philip B. Hall，"Robet Swinhoe（1836—1877），FRS，FZS，FRGS：A Victorian Naturalist in Treaty Port China，"*The Geographical Journal* 153（1987 年 3 月）：37—47. 例如，领事、著名的佛教学者倭妥玛（Thomas Watters）在他 30 年的职业生涯中经历了 13 个部门。参见 *The Foreign Office List*，*Containing*，*Diplomatic and Consular Appointments*，&c.（London，1896），223。

③　当然，驻地的调动有时会造成博物学研究上的困难。韩威礼在 1890 年被调到汉口，他抱怨说"在他来华居住的 13 年中"从没有待过"这么一个比汉口更乏味而（在植物学上）无收益的地区"。1890 年 4 月 27 日韩威礼给胡克的信件，Kew：Chinese and Japanese Letters，151（481）。但是在那个对中国的动植物所知甚少的时代，新的调动经常意味着好的机会。

在 19 世纪 60 年代身处台湾时的许多动物学发现闻名欧洲科学界，台湾在此
之前还是博物学的未知地。当他到那里任副领事时，住在淡水（位于台湾北
部）一间不大的中式房子里，当地总共只有 4 个外国人。① 他公务清闲，大
多数时间都花在博物学研究上。两年后，他调到台湾南部的高雄（时称"打
狗"），这里同样是博物学的未知地，在那里他有了更多的发现。②

频繁调动也增进了职员间的相互接触，并拓展了他们的社会网络。在他
们的职业生涯中，一位官员能与许多同样从一地调到另一地的同事认识并建
立起友谊，从而形成横跨中国本部多个地点的广阔联系网络。许多官员曾是
某时某地同一个办公室的同事，友谊通过书信往返而得以维持。通商口岸通
过海路、河道以及相关陆路彼此相连。从 19 世纪 60 年代起，汉口与上海间
600 英里的长江中，定期航行着数十艘汽船；而在 1878 年之后，航运服务范
围扩大到上游 400 英里之遥的新近建立的通商口岸宜昌。通讯服务快捷而可
靠。例如，汉斯于 1885 年 3 月 1 日从广州寄出的一封信在当月 20 日就到了
身在宜昌的韩尔礼手中。6 月 7 日发出的另一封则于 6 月 27 日到达宜昌。③

因此，虽然在华的英国人居住在相距数百甚至数千里之遥的城镇，他
们事实上还是组成了颇为亲密的网络，并以上海和其他几个大的洋人聚居
地为核心。因为这个社群有这样的特性，一位热心的博物学家能影响相当
多的同事，鼓励他们关注博物学或者请求他们在中国各地为其收集标本和
博物学资料。这些博物学家——不管是书斋型（如汉斯）还是田野考察型
（如郇和）——在建立科学信息网络方面并未遇到太多阻碍，而且如本书下
一章所示，这些网络随着在华的一些西方杂志与报纸的出版而能延伸得
更广。

那些以其知识成就而在在华西方人中享有盛誉的博物学家，很多人会主
动送标本给他们。同事都知道郇和因痴迷动物学而冷落妻子，所以他也常常

————————

① 1864 年 3 月 19 日欧德汉给胡克的信件，Kew：Kew Collectors. Oldham,
1861-1864，IV，ff. 33-36。

② 关于郇和在台湾的科学研究，参见张誉腾：《英国博物学家史温侯（即郇
和——译者注）在台湾的自然史调查经过及相关史料》，载《台湾史研究》，1993（1），
132～151 页。

③ 这些信件收录于 NBG. Augustine Henry. "Letters to Henry" 文件中。亦可参
见其日记中这些日期下的记录，NBG. Augustine Henry. 582.095。

意外地收到一些动物，并获取相关的信息。① 只要一个在华的英国人得到某种不常见的动物，不管何时何地，他很可能会将之送给郇和先生。在上海的一位领事从日本带回了一对"鹤"，养在领事馆的花园中，但是这对日本来的新客显得咄咄逼人，并攻击原来就在那里的中国鹤。这对凌霸者马上就被赶出花园，遣送给郇和，他发现它们其实并不是鹤，而是鹳，还是个新种。② 赠送者可能获得以其名字为动植物命名的荣耀。郇和向中国海关的葛显礼（Henry Kopsch）③ 索取在后者任职地区出没的一种鹿的标本，并保证如果它被鉴定为是一种新种的话，就会以葛氏的名字命名。④ 为了类似的理由，威廉·格雷戈里（William Gregory）这位副领事花了很大的工夫，从台湾给郇和送来了一条"大型的杨枝鱼⑤"⑥。

　　然而，这些博物学爱好者身为公务员的官方业务也限制了其博物学研究。最常见的问题大概是时间的不足。除了周日，这些职员们必须从上午九点到下午四点一直待在办公室里，而且在一年中的某些特定时段可能会有颇重的工作量。所以，他们在给欧洲博物学同好的信中常常抱怨这一点。一位领事在向西塞尔顿-戴尔解释他不得不忙着写公文后，推测在华的英国官员要比他们在英国的同事肩负更多的公务。⑦ 既然公务缠身，整天待在办公室，他们就很难有充分的时间研究博物学，更不能常常进行田野工作，很多人于

---

　　① 关于郇和对博物学比对其妻子更关心注意，参见 Smith et al., eds., *Robert Hart and China's Early Modernization*，256。

　　② Robert Swinhoe, "On the White Stork of Japan," *Proc. Zool. Soc.* (1873)：512-514。

　　③ 葛显礼（Henry Kopsch），英国在华外交官、博物学家。——译者注

　　④ Robert Swinhoe, "On Chinese Deer, with the Description of an Apparently New Species," *Proc. Zool. Soc.* (1873)：574. Kopsch 也因为他送给郇和鸟类标本而获得同样的鼓励。例如，Swinhoe, "On a New Species of Nettapus (Cotton-Teal) from the River Yangtze, China," *Annals and Magazines of Natural History*，sr. 4.，11 (1873)：15-17。

　　⑤ 杨枝鱼俗称"海龙"，是河海洄游性鱼种，成鱼多生活在淡水或咸淡水水域，之前在台湾西南部河川中多有所见，现已罕见。——译者注

　　⑥ 1866 年 4 月 23 日郇和给 A. Günter 的信件，NHML：Z. Keeper's Archives. 1. 8. Letters. 1858-75. SM-Z，No. 284。郇和将这条鱼转送给大英（自然）博物馆以作鉴定。

　　⑦ 1885 年 11 月 2 日 William Cooper 给西塞尔顿-戴尔的信件，Kew：Chinese and Japanese Letters，151 (138)，(142-143)。

78 是就雇用当地人来做采集工作。当然，公务繁忙与否，依官员的职位与驻地
而各不相同，某些人的职责要比其他人的轻一些。到 19 世纪中叶时，黄埔
作为通商要港的光辉已经褪去，汉斯也因而有大量时间从事植物学研究。郇
和与韩尔礼的成就也多少基于类似原因。

在像中国这样的外国，博物学研究者常常都得靠当地人帮忙，他们通过官
方渠道或者私人关系取得当地地方官、商人的协助，裨助采集标本及收集信息
的工作。博物学者作为政府官员，拥有一定的身份、地位和权威，所有这些都
有助于其科学工作。中国官员心底里未必喜欢这些洋官员，但是他们通常会以
礼相待，或者作出友好姿态以表示愿意帮忙。这种日常社会交往与西方的帝国
权势只有间接的关系；它主要遵循中国官员与西方官员之间的官场与社交礼
仪。郇和想解答东北虎是不是一个新种的疑问，他在一位巡抚的帮助下获得了
一个头骨。① 还有一回，"一位高官很客气地"帮他弄到了一张稀有熊类的毛
皮。② 反过来说，郇和以各种方式得到的做动物学研究用的动物，也吸引了中
国官员向他求取那些可做药用的部分。例如，当他在台湾时，他曾弄到了一头
山羊，而那位"镇上的大官向我讨去这动物的血，还认为这是件厚礼"③。

在某些类型的研究中，海关职员占据着独一无二的地位，因为他们的职
责要求他们检查通过口岸的贸易货物。他们因此就有机会收集关于动植物产
品与药材的信息，鉴别植物并判定它们的产地。此外，他们还能接触那些交
易或提炼这些自然产品的人，这些人拥有关于药材、香料、织物、靛青、各
类菜油豆油以及其他经济作物的第一手信息。包腊在担任广州的海关职员
时，就成功地为汉斯找到了一个菝葜的活株标本，因为包腊的"职位使他在
进行这类调查时大为便利"。汉斯"久已想确定"这种药材的来源。④

---

① George Busk, "Notes on the Cranial and Dental Characters of the Northern and
Southern Tigers and Leopards of China as Affording Marks of Their Specific Distribu-
tion," *Proc. Zool. Soc.* (1874): 146-150.

② Robert Swinhoe, "On the Mammals of the Island of Formosa," *Proc. Zool. Soc.*
(1862): 347-365, 351.

③ Swinhoe, "On the Mammals of the Island of Formosa," 362. 按照郇和的说法，这
位官员"将（山羊血）滴在小饼中，烘干并研成粉末，然后小心地把它收藏在药箱中"。

④ Henry Hance, "On the Source of the China Root of Commerce," *The Journal
of Botany, British and Foreign*（也称为 *Seemann's Journal of Botany*）10 (1872):
102-103.

贝勒，这位中国本草的权威，鼓励海关职员多进行这类的调查工作，他 79
还写了一篇文章列举了几十种亟须进一步调查的重要植物产品，并评估它们
的经济潜力。① 当然，只有少数海关职员有足够的博物学知识进行细致的科
学研究，而大多数只能做采集标本及搜集资料之类的工作。贝勒批评中国海
关编著的关于丝绸及药材的研究报告，指出了其中的许多错误，尤其是对植
物、药材等做了辨误工作。② 但是我们应该知道，贝勒抱怨的主要原因是求
全求好，他觉得不应该错过或草率对待这些研究的机会。而事实上，在做研
究时，他自己也经常查阅他所批评的那些海关报告。

对草药的研究在我们这个化学药物的时代看来稀奇古怪，但是它对 19
世纪植物学与药物学的发展有着直接贡献。在 19 世纪 60 年代，伦敦的药物
学家丹尼尔·汉璧理（Daniel Hanbury）开展了一项鉴定不同药材并分析其
化学成分的艰难计划。因为很多药材要靠进口或者从外地传入，所以他的研
究得仰赖遍布世界的联络人网络。他在中国的主要联络人包括植物学家汉斯
和他在上海经商的弟弟托马斯·汉璧理（Thomas Hanbury）。他有一次请求
汉斯帮他确定"高良姜"的植物来源，这是从中国进口的一种有刺激性的药
材。欧洲人几个世纪前就知道该药材的干燥的根茎，但不知道它的原生植物
是什么。为了回应汉璧理的请求，汉斯发动了他在华的科学网络，最后有好
几个人作出了贡献。

在一次到海南岛的公务之旅当中，谭训遇见了汉斯想找的那种植物，但
是谭训并没采集到完整的标本。幸运的是，在次年，廷得尔（Edward Tain-
tor）③ 这位任职中国海关的美国人刚好也随团到海南岛考察。廷得尔先前曾
为汉斯采集到中国北方一种重要的橡树标本。廷得尔这次成功地从海南岛带
回 5 株这种植物的活标本。为作比较，汉斯向他的联络人之一、爪哇茂物植

① Bretschneider, *Notes on Some Otanical Questions Connected with the Export Trade of China* (Peking，1880).

② Bretschneider, "Botanicon Sinicum: Notes on Chinese Botany from Native and Weatern Sources, Part III," *J NCB* 29（1895）：11-12；同一作者，*On Chinese Silkworm Trees* (Peking：Privately printed，1881)，1-2. 另可参见其 *Notes on Some Botanical Questions*，1。

③ 廷得尔（Edward Taintor，1842—1878），美国在华海关职员，植物采集者。——译者注

物园园长特基斯曼（Johannes E. Teijismann），索取一种相关植物的标本。
汉斯在比对活株植物、在华收集的药材、来自荷属东印度的标本以及来自汉
璧理的原样本之后，得出结论：这种植物在植物学上是新品种。汉斯和汉璧
理于是各自写了一篇文章分别描述在植物学和药物学领域中的这一新发现。
这一事例说明了欧洲科学研究者、非正式帝国中的机构以及欧洲殖民地植物
园是如何在博物学、药用植物学以及药物学的相交领域协同合作来进行科学
调查的。①

传教士与商业机构

虽然在华的英国博物学爱好者多数是领事或海关职员，但是也有一些传
教士以其对博物学的专注而著称。与天主教（尤其是法国）传教士相比，在
华的新教传教士，多半是英国人和美国人，他们对博物学的贡献不大。在这
段时期，某些法国传教士的成就令欧洲科学界瞩目，例如著名的动物学家谭
微道（Armand David）、贝类学家韩伯禄（Pierre Heude）以及植物采集者赖
神甫（Jean Marie Delavay）②。③ 没有哪位新教传教士有他们一半的成就。新
教与天主教传教士在博物学上的成就之所以差别如此之大，部分原因在于他
们对传教工作所采取的不同方式。天主教传教士很早就在中国内部建立并维
持了广阔的网络。传教士常常深入内地，单身在一地长期居住传教，有时一
待就是几十年。这些传教士衣着起居都跟当地人相似，也熟悉地方语言、社
会、文化。比起其他西方人，这些传教士有更多机会考察包括云南和川藏边
地在内的中国西部及西南部地区，而这些地方刚好有繁多而奇特的动植物种
类。这些法国传教士也保持着早期来华的耶稣会士的某些特征，他们受过良
好而严格的教育，并强调西方在科学上的成就。因此，他们在北京及靠近上

① Henry Fletcher Hance, "On the Source of the Radix Galangae Minoris of Pharmacologists," *The American Journal of Pharmacy* (1871 年 9 月): 404-410; Daniel Hanbury, "Historical Notes on the Radix Galangae of Pharmacy," *American Journal of Pharmacy* (1871 年 10 月): 452-456.
② 赖神甫（J. M. Delavay, 1838—1895），亦称德拉维，法国传教士。——译者注
③ 关于这些人与其他一些法国传教士的生平资料，可参见 Bretschneider, *History*, 824-929。

海的徐家汇建立了很好的博物馆。谭微道和韩伯禄的科学研究，很多就是为了这些博物馆而做的。①

　　相比较而言，新教传教士通常已婚，并与妻小住在一起。他们主要的活动范围限于沿海城市或其他通商口岸，一般都保持西方生活方式，致力于服务城市及郊区贫民的工作。② 中国内地会（the China Inland Mission）力图将新教传教工作推展到内地，但这只是在 19 世纪的最后几十年中才开始起步。③ 所以，从整体来看，新教传教士局限在城市中，无法轻易地进入内地或到荒郊野外进行考察。因为地缘的关系，通商口岸是被西方博物学家研究最多、最彻底的地方，要在附近地区发现新的动植物并不容易。"英国传教士在对华博物学收集工作上无所建树，这其实一点都不奇怪……"，一位天主教传教士说道，"他们大多数都局限在城镇中，在那里定居。"④

　　这种评价算是中肯，但是我们不能因此推断在华的新教传教士对博物学就没有兴趣或者根本忽略了它。事实上，他们中有不少人常为诸如邱园的科学机构以及在华的科学同好采集标本，例如麦高温（D. J. McGowan）⑤、香便文（B. C. Henry)⑥、卫三畏（S. Wells Williams)⑦、韦廉臣（Alexander

81

---

① 徐家汇站也有一个著名的天文台。参见 Lewis Pyenson, *Civilizing Mission：Exact Science and French Overseas Expansion，1830-1940* (Baltimore：Johns Hopkins University Press，1993)，155-206。

② Medhurst, *The Foreigner in Far Cathay*，32-35. 谭微道这位法国传教士兼博物学家对新教的方法不屑一顾："这些人，通常为家庭所累，很少能投身于危险的事业。" Armand David, *Abbé David's Diary* (Cambridge, Mass.：Harvard University Press，1949)，193.

③ 对于中国内地会，参见 Leslie T. Lyall, *A Passion for the Impossible：The China Inland Mission，1865－1965* (London：Hodder and Stoughton，1965) 以及 A. J. Broomhall, *Hudson Taylor and China's Open Century*，7 vols. (London：The Overseas Missionary Fellowship，1981-1989)。

④ 1899 年 2 月 18 日 Father Hugh 给 Oldfield Thomas 的信件。NHML：Curator of Mammals. Correspondence. DF232/5，No. 234-235.

⑤ 麦高温（D. J. McGowan,？—1922），美国传教士、汉学家。——译者注

⑥ 香便文（Benjamin Couch Henry, 1850—1901），美国传教士、岭南大学创始人之一。——译者注

⑦ 卫三畏（Samuel Wells Williams, 1812—1884），美国传教士、汉学家。——译者注

Williamson)①、罗约翰（John Ross)②、湛约翰（John Chalmers)③、麦都思（alter Medhurst，Sr.）④，以及花之安（Ernst Faber)⑤。⑥ 像罗约翰那样，有些人在为传教工作四处奔走时沿路采集标本，另一些则像施维善（Frederick Porter Smith)⑦ 那样研究中国药材，尤其是因为新教传教士在行医传教方面非常活跃，并且在华建立了许多教会医院。⑧

英国在华居民中最大的团体既非外交人员也非传教士，而是商人（包括在公司、商号工作的工程师及其他专家，例如采矿技师）。⑨ 尽管人数众多，

---

① 韦廉臣（Alexander Williamson，1829—1890），英国传教士、植物学家。——译者注

② 罗约翰（John Ross，1841—1915），英国传教士、汉学家。——译者注

③ 湛约翰（John Chalmers，1825—1899），英国传教士、汉学家。——译者注

④ 麦都思（Walter Henry Medhurst，1796—1857），英国传教士、汉学家。——译者注

⑤ 花之安（Ernst Faber，1839—1899），德国传教士、汉学家。——译者注

⑥ 在他们中间，卫三畏、麦高温和香便文是美国人，花之安是德国人，其他是英国人。关于他们的基本生平资料可参阅 Bretschneider, *History*.

⑦ 施维善（Frederick Porter Smith），英国循道会传教士、医生。——译者注

⑧ 罗约翰在中国东北南部采集。参见他给胡克的信件，Kew：Chinese and Japanese Letters，151 (916) -(918) 以及 J. G. Baker, "A Contribution to the Flora of Northern China," *Journal of the Linnean Society* 42 (1880)：375-390。关于韦廉臣，参见其 *Journeys in North China，Manchuria，and Eastern Mongolia*，vol. 2 (London：Smith，Elder & Co，1870)，"Appendix D. List of Plants from Shan-tung, collected by the Rev. A. Williamson." 美国传教士香便文在他的传教旅途中为汉斯采集标本。Henry, *Ling-Nam or Interior Views of Southern China*，123-124；Kew：Chinese and Japanese Letters，150 (338-339)。博学的德国传教士花之安为汉斯和福特采集标本。参见 Bretschneider, *History*，954-959；Kew：Chinese and Japanese Letters，150 (353-354)，(572)。施维善是汉口的一位英国传教士医生，他编纂了 *Contributions towards the Materia Medica and Natural History of China：For the Use of Medical Missionaries and Native Medical Students* (Shanghai：American Presbyterian Press，1871)。

⑨ 在上海（在香港也是如此）还有一些劳工阶层的西方人，但是他们是否采集标本或研究中国动植物，现在已经无迹可寻。Anne Secord 证明在英国至少有一些工匠热衷于植物学。Anne Secord, "Artisan Botany," in N. Jardine et al.，eds.，*Cultures of Natural History*，378-393；同一作者，"Science in the Pub：Artisan Botanists in Early Nineteenth-Century Lancashire," *History of Science* 32 (1994)：269-315；同一作者，"Corresponding Interests：Artisans and Gentlemen in Natural History Exchange Network," *British Journal for the History of Science* 27 (1994)：383-408.

但总体而言，这一团体在博物学上的建树较外交人员及传教士要小。这种差别部分源自于商人社群对博物学的兴趣不大，但还有着外部的因素，那就是，大多数的商人定居于主要的通商口岸。理由很简单，大的生意只有在大城市中才能找到。其结果就像新教传教士那样，他们聚集在那些不适合做田野调查的地方，但是，一些人确实进行了博物学研究。香港学者型总督包令爵士的儿子约翰·C·包令（John C. Bowring）在华从商。他热衷于昆虫学，并在 19 世纪 50 年代末之前就收藏了为数众多的昆虫标本。① 工程师兼商人金斯密（Thomas Kingsmill）② 是在华的少数几位英国地质学家之一，他收藏化石标本，其中不少是在上海的药房里找到的。③ 一家美国大公司的老板福布斯则致力于植物学及标本采集。④

　　商人在博物学上的贡献以动物学为主，部分原因在于打猎是在华的西方 82 居民很喜欢的一项活动。商人史坦（Frederic William Styan）和里克特（Charles Boughey Rickett）与海关官员拉都胥这三位猎友在一起，比任何其他英国人都做得更多，来填补 1875 年郇和提早退休所留下的空缺。商人团体也资助对中国自然资源、贸易路线以及市场潜力所进行的地理学与地质学调查。最值得注意的是费迪南德·冯·李希霍芬（Ferdinand von Richthofen）⑤ 在 19 世纪 80 年代对中国矿产资源的勘察。为调查中国各地的自然资源，在上海的西方（主要是英国）商人聘用李希霍芬这位德国地质学家来

---

　　① James Troyer，"John Charles Bowring (1821-1893)：Contributions of a Merchant to Natural History," *Archives of Natural History* 10 (1982)：515-529. 另可参见［佚名］，*The History of the Collections Contained in the Natural History Departments of the British Museum*，vol. 2（London：The Trustees of the British Museum，1904-1912），581，这说明"包令于 1862 年向（大英）博物馆馈赠了他所有的甲虫类的收藏，共约 23 万件标本。包令在居住中国和其他地方时亲自不懈地采集标本，并雇用其他人为他收集"。另外，他从在欧洲的昆虫学家那里买来了大量标本，这占了他收藏的大部分。

　　② 金斯密（Thomas Kingsmill，1837—1910），英国地质学家。——译者注

　　③ George Lanning，"Thos. W. Kingsmill," *JNCB* 41 (1910)：116-118；Robert Swinhoe，"Zoological Notes of a Journey from Canton to Peking and Kalgan," *Proc. Zool. Soc.* (1870)：427-451（特别是 428～429 页）.

　　④ Bretschneider，*History*，720-723.

　　⑤ 费迪南德·冯·李希霍芬（Ferdinand von Richthofen，1833—1905），德国旅行家、地理和地质学家、科学家。——译者注

勘测地质形态以及煤炭和其他矿物的矿床。李希霍芬在中国内地四处旅行，勘查地质、地貌。①

　　商贸是维持在华洋人社会繁荣兴盛的基本动力，而当时主要的贸易项目很多是动植物产品，例如茶叶、蚕丝、各式油类、麻织品等。上海博物馆创立于1874年，隶属于皇家亚洲学会北华支会，其历任馆长都力图增加对贸易产品的收藏，包括自然原料与人工制品。② 后来，甚至还有建立一座"商业与贸易博物馆"的提议。③ 该博物馆将用来陈列贸易项目中的人工及自然产品，也就是作为对华贸易的一个展示窗。这一博物馆将因此而具有更明显的商业、科学及教育目的。追根究底，在华的英国商人应该会希望保护其既存商业利益，这种态度可能妨碍了他们积极调查中国原产动植物制品的"秘密"。作为生意人，他们自然希望能继续垄断为西方或其他世界市场供应这些产品。对他们而言，让中国人维持供应，事实上要比将之转移到殖民地生产更有商业利益。当印度开始大量生产销售茶叶时，在华的英国茶叶商的收益随之受损。

　　相较而言，领事官员、海关职员和传教士在这方面没什么个人利益关系，所以能自由地追求经济植物学及相关研究。甚至像亨利·汉斯这样执著的植物分类学家也积极研究诸如天蚕、编席材料及其他经济植物的问题。④

----

① Ferdinand von Richthofen, *Letters to the Shanghai General Chamber of Commerce* (Shanghai, 1875). Wang Gen-yuan 与 Michel Gert, "The German Scholar Ferdinand von Richthofen and Geology in China," in Wang Hungchen et al., eds., *Interchange of Geoscience Ideas Between the East and the West* (*Proceedings of the XVth International Symposium of INHIGO*) (武汉, 中国地质大学出版社, 1991), 47-51.

② 参见诸如 A. A. Fauvel, "Shanghai Museum, Report of the Curator for the Year 1878," *JNCB*, n. s., 13 (1878): xvii-xviii; D. C. Jansen, "Shanghai Museum, Report of the Curator of the Year 1880," *JNCB*, n. s., 15 (1880): xxiii-xxiv。

③ H. B. Morse, "Report of the Council on the Proposed Trade and Commerce Museum," *JNCB*, n. s., 23 (1888): 49-53.

④ 例如 Henry Hance, "On Silk-Worm Oaks," *China Review* 6 (1877): 207-208; 同一作者, "On the Sources of the 'China Matting' of Commerce," *Journal of Botany*, n. s., 8 (1879): 99-105; 同一作者, "On a New Chinese Caryota," *Journal of Botany*, n. s., 8 (1879): 174-177。

领事机构的阿利国（Rutherford Alcock）① 不仅为伦敦动物学会弄到了谭微道不久前发现的鹿②，而且还给他们送去了以繁殖力强取胜的中国绵羊，尝 *83* 试将其引入英国。③

　　虽然本节论及的外交、传教、商业以及植物学组织表面上各有不同的任务，但是它们也有着重要的共同之处，就是说，这些组织机构全都设法收集、处理并传播关于中国的信息。领事机关及中国海关分别是英国和清朝政府处理（广义上的）外交及贸易事务的重要机构。它们时时注意在华的政治发展、社会变迁以及经济状况。教会组织则带着改变中国人的目的而研究中国人。商人则调查贸易路线、潜在的新市场以及有利可图的出口产品。尽管香港植物园摆脱不了官僚障碍，但还是极力设法达到约瑟夫·胡克为之提出的目标——调查中国的植物群以及原产的中国植物产品。这些机构的主要功能包括收集、分析、流通并传布关于中国及其民众、文化、社会、商业、地理以及自然界的信息，它们因而发展出执行这些功能的社会网络和基础结

---

　　① 阿利国（Rutherford Alcock，1809—1897），英国人。或译为阿礼国、阿尔考、阿尔考克。初任英国驻厦门领事，后调任驻福州领事。清道光二十六年（1846）起，任驻沪领事，后调任驻广州领事。咸丰八年（1858）后，赴日本任职。同治四年（1865）至同治十年（1871），任驻华公使。著有《大君之都》。——译者注

　　② 这种鹿即著名的麋鹿（Pere Pavid's Deer）。——译者注

　　③ P. L. Sclater, *Guide to the Gardens of the Zoological Society of London* (London: Bradbury, Evans, and Co., 1872), 39; A. D. Bartlett, "Description of Chinese Sheep Sent to H. R. H. Prince Albert by Rutherford Alcock," *Proc. Zool. Soc.* (1857): 104-107. 然而，总体而言，英国人并没有系统性地来引进和驯化中国的动物，而且也没有证据显示在中国与英国（或者英国殖民地）之间有任何重要的动物贸易。关于印度与英国之间的动物贸易，参见 Christine Brandon-Jones, "Edward Blyth, Charles Darwin and the Animal Trade in Nineteenth-Century India and Britain," *Journal of the History of Biology* 30 (1997): 145-178. 总的说来，法国人在引进和驯养动物方面比英国人更积极。参见诸如 Michael Osborne, "The Société Zoologique d'Acclimatation and the New French Empire: Science and Political Economy," in P. Petitjean et al., *Science and Empires* (Amsterdam: Kluwer Academic Publishers, 1992), 299-306; 同一作者, *Nature, the Exotic, and the Science of French Colonialism* (Bloomington: Indiana University Press, 1994). 例如，在华的法国人试图将中国鱼类引入法国并加以驯化。参见诸如 P. Dabry de Thiersant, *La pisciculture et la pêche en Chine* (Paris: Librairie de G. Massion, 1872). 梯尔桑（Dabry de Thiersant）是上海的法国领事，风土驯化学会（Société d'Acclimatation）荣誉会员和动物标本的积极采集者。

构。可靠的通讯管道使得私件、公文、出版品都能又快又远地传递。正是基于此，这些组织才能独立或者共同运作，以收集关于中国的信息并生产出关于中国的事实型知识。从这种观点来看，对中国自然世界的探究，也不过是"全面考察"中国这项事业的一部分。

科学帝国主义与事实型知识

研究中国的动植物经常需要当地人的参与。例如，在进行田野调查时，博物学家总是会雇用当地向导和采集者，并总是想从那些熟悉该地区动植物的本地人那里获得独一无二的信息。如果是研究经济植物，那更是要仰赖当地中国人。因为他们控制了这些产品的供应，而且他们知道这些产品取自何种动植物，还有在何处能找到那些动植物。况且这种研究不仅仅要确定产品的来源，还必须找出用以获取并提炼它们的方式。因为中国人在这一信息网络中占据关键地位，所以博物学家的主要研究步骤之一就是确保他们的合作。

邱园想调查一种不同寻常的"樟脑油"的来源。已知的是这种油的行销路线经过海南岛，但是对其源头却莫衷一是，因为要从最后成品来追溯原来的植物是极不容易的。在海南岛的领事菲沙（M. F. A. Fraser）利用他的职务之便，在中国人中间打探消息。结果，一些来自樟脑油产地广西的商贩，不仅熟悉制油的植物，还知道提炼这种油的方法。他们给菲沙指认了正确的植物，而且在其要求下说明了制造这种油的过程。①

罗伯特·福钧为东印度公司在印度的茶园招募中国茶农的任务，可能是获取关于生产植物制品的当地知识最令人瞩目的例子。当他深入中国茶叶产地探查时，福钧有好几次机会参观茶叶生产过程，他也尽可能详尽地记下了细节。然而一些技术细节只有在经年累月的实作后才能体会；这种"难以明言的知识"即使是最细心的观察者也难以掌握。结果，在领事机关的协助下，福钧成功地说服了好些中国茶农怀揣着他们安身立命的工具远赴海外，去帮助英国人发展在印度的茶工业。这后来证明是技术转移的一条捷径。从

---

① Kew：Misc. Reports. 4. 4. China. Economic Products. II. ，ff. 284 - 285，286 - 288，289-295.

中国引进的茶树在印度都没能活下来，最后是靠当地的野生茶树和中印杂交品种来推动印度茶叶的输出的，但是怎么制茶的知识却来自于已经移居印度的中国人以及那些被福钧带去茶园的茶农。①

很少人会随便跟自己的竞争对手分享自己的商业机密，中国人也并非不知道这一简单的事实。不同的博物学家对提供资料的中国人印象各不相同，但是有不少还是抱着久已有之的西方观念，认为中国人对外国人既不信任又小气嫉妒。② 不管这是不是出于想象，博物学家经常感到中国人在关键时刻会留一手。当他们从中国人那里买到的种子没有发芽时，他们就怀疑中国人预先煮熟、炙烤或者毒杀了这些种子，以保护商业利益。英国人广泛持有这种中国人使坏心眼的观念。在给《园丁纪事》（*Gardener's Chronicle*）的一封信中，亨斯洛叫嚷道："我已经不止一次收到从中国寄来的装在小罐子里的种子了，但是它们中绝少能发芽。我相信中国人习惯把他们售给外番的种子先烫熟！"③

福钧有一次决定要解开中国种子的谜团，就去拜访 Aching 这位在广州的苗圃老板（见第一章），请他示范如何选种并包装出口。可怜的老 Aching 这些年在英国人中间早已"声名狼藉"，因为他卖给他们的种子经常不发芽。④ 然而，在观察了整个过程之后，福钧觉得中国人还是有点诚信："中国

85

---

①　福钧对采茶的努力在其 *Journey to the Tea Countries of China*（London：Midmay Books，1987［1852］）及 *A Residence among the Chinese：Inland，on the Coast，and at Sea*（London：John Murray，1857）中作了叙述。在他之前，东印度公司也派了 George James Gordon 到中国去采集茶种并招募中国制茶人到印度去。在德国传教士郭实腊（Karl Gutzlaff）和其他人的帮助下，他至少完成了部分任务。参见 James Melweill，ed.，*Tea Cultivation（India）：Copy of Papers received from India relating to the Measures adopted for introducing the Cultivation of the Tea Plant with the British Possessions in India*（Copy by the House of Commons，1839），5-6，29-46，57-63，72-74，79-80，87-90，117-118；Percival Griffiths，*The History of the Indian Tea Industry*（London：Weidenfeld and Nicolson，1967），34-58，64-69，78-81，90。印度茶工业在 19 世纪中后期也经历过一些起伏，但究其原因并不是茶工业技术上的。

②　Kew：Chinese and Japanese Letters，150（285）.

③　《园丁纪事》，1844 年 6 月 22 日，405。

④　Robert Fortune，*Three Years' Wanderings in the Northern Provinces of China*（London：John Murray，1847），55.

人是够坏，但是就像其他恶徒，他们有时候被涂抹得比真实的他们还糟。"①最后，他将问题的症结归为长途运输。然而，怀疑依旧不绝如缕。汉斯在 19世纪 70 年代试种八角这一具有商业价值的植物，在屡次失败之后，他断定中国人在卖出这些种子前先把它们烘烤过了。但是他的朋友福特后来发现在东京（Tonkin）②的法国人寄给他的同类种子也不发芽。福特于是归结说这些种子本来就容易失去活力。③

如果这些例子意味着博物学家对中国人有不信任的倾向的话，那么，这种怀疑的态度大概是相互的。有些中国人应该是设法保护自己的利益。1882年，福特经过长途跋涉到了一处产肉桂树的地方，结果发现当地人只愿意给他几棵活株。他们不想跟外国人分享他们的摇钱树。福特后来一定因他自己策略的成功而沾沾自喜。他派一名自己的中国采集者假扮成去做生意的商人，前往下一个肉桂树产区。结果在当地人发现他的真正身份之前，他已经"将苗圃中的所有年轻植株都一买而空了"④。在他的在华旅行中，福钧发现了一种有绝佳驱虫效果的"蚊香"，因此他想要找出药物的成分。他拜访了一家制造并售卖这种东西的商店，问东问西，想找出主要成分、比例、制造过程等，但店家闪烁其词，没给他正面答复。然而，福钧不准备放弃，就将打听这件事交给了他的中国朋友。他对这店家下了好几个月的工夫，最后才得到了宝贵的信息。⑤

不管这些叙述的真实度如何，它们显示了博物学家在描述自己与当地人接触时常采用的一种再现策略。如果中国人企图保护他们的利益或使用不好的商业伎俩的话，他们就是奸诈、小气、狡猾。但是如果英国人自己做这些事情，甚至违反了中国的法律，他们就被描述成大胆机智的英雄巧取那些骄

86

---

① Fortune, *A Journey to the Tea Countries*，130–132. 福钧要么两次叙述了相同事件，要么在这第二次旅途中又看见了 Aching 在包装种子。

② "东京"是越南首都河内的旧名。法国人在 19 世纪后期控制越南北方以后，也用这个名字称呼整个越南北部地区。——译者注。

③ Pubilc Records Office（Hong Kong）. CO 129/202，129/206.

④ B. C. Henry, *Ling-Nam or Interior View of Southern China*，102. 这次事件并不是唯一的。"考虑到中国人在让出他们的种子时的忌妒之心，"福特在几年后告诉西塞尔顿-戴尔，"他们不会允许甚至是像蒲葵（扇形棕榈）这样的种子……通过栽种棕榈地区的海关关卡。"Kew：Chinese and Japanese Letters，150（417–418）.

⑤ Fortune, *A Residence among the Chinese*，109–115.

傲自负的当地人。罗伯特·福钧广为流传的游记中充斥着这类奇遇。这种东方学家式的再现（representation）容许博物学家为其不名誉的行为辩解。[①]这些叙事因为有中国"助手"的出现，而变得较为错综复杂，但是他们通常被化约成被动配合的角色。所以在这类的叙事中，中国人要么被剥夺了其动机和自发性，要么（也就是当他们表现出这些特征时）被看作坏角色或捣乱者。

如果追随近来的学术潮流，研究者可能会设法用后殖民研究的观念把上述中国人的行动看成是为了抵抗帝国支配。[②] 也就是说，那些中国人使用"弱者的武器"[③] （诸如"破坏"种子、保留秘密）去抵抗西方帝国势力。

---

① 我认同麦肯齐（John M. MacKenzie）及其他人的观点，即所谓的"东方主义"（orientalism），作为一种历史现象，其实包含了复杂多样的内涵，而且欧洲人对东方的论述与再现并非如萨义德（Edward Said）所说的那样单一不变。John M. MacKenzie, *Orientalism: History, Theory and the Arts* (Manchester: University of Manchester Press, 1995); Edward Said, *Orientalism* (New York: Pantheon, 1978). 此外，中国在西方人对其他文明的表述中可能占有一个较特殊的地位。Jonathan Spence, "Western Perceptions of China from the Late Sixteeenth Century to the Present," in *Heritage of China: Contemporary Perspectives on Chinese Civilization*, ed. Paul S. Ropp (Berkeley: University of California Press, 1990), 1–14 以及他的 *The Chan's Continent: China in Western Minds* (New York: Norton, 1998). 在此书中，我使用"东方主义"这术语来指称一种重要的再现非西方人与文化的模式；这种模式大量地依赖他者化的语言，而且弥漫在某类叙事或表现方式之中。

② 抵抗的观念当然并不局限于殖民主义/帝国主义的背景中，而被广泛地用以解释各类日常生活中的权力实践活动。参见诸如 John Fiske, *Understanding Popular Culture* (Boston: Uniwin Hyman, 1989). 但是本文最相关的背景可能是殖民主义/帝国主义。请参阅 Gyan Prakash, ed., *After Colonialism: Imperial Histories and Postcolonial Displacements* (Princeton: Princeton University Press, 1995); Edward Said, *Culture and Imperialism* (New York: Alfred A. Knopf, 1993), 第 3 章; Homi K. Bhabha, *The Location of Culture* (London: Routledge, 1994). 另可参阅 Nicholas Dirks, Geoff Eley 以及 Sherry Ortner, eds., *Culture/Power/History: A Reader in Contemporary Social Theory* (Princeton, N. J.: Princeton University Press, 1994) 一书 3~45 页的"导言"; Sherry Ortner, "Resistance and the Problem of Ethnographic Refusal," in Terence J. McDonald, ed., *The Historical Turn in the Human Sciences* (Ann Arbor: University of Michigan Press, 1996), 304.

③ 我从 James C. Scott, *Weapons of the Weak: Everyday Forms of Peasant Resistance* (New Haven: Yale University Press, 1985) 一书中借用了这一词汇。另可参见同一作者, *Domination and the Arts of Resistance: Hidden Transcripts* (New Haven: Yale University Press, 1990). 应该注意到 Scott 主要关注的是社会阶层之间的权力关系。

这种解读大多基于为理解在殖民地状况下而发展出的一种权力关系模式，虽然有其价值，但并不能套用于清代中国；即使饱受西方压迫，清代中国却依旧保持着相当大的政治自主性，有跟正式殖民地不同的情境。事实上，这种抵抗/支配的模式，甚至对大部分的殖民地而言，都过于简单呆板。

我们当然必须考虑西方帝国主义无情地通过武力、经济侵略以及外交压力来企图建立自己与中国之间的权力关系的秩序。但是，同样重要的是探究中国人自己是怎么来看待这种文化遭遇的，因为在博物学工作的文化遭遇中，他们也是历史过程的动因，根据他们对事件的诠释来采取行动。那么他们怎么看待西方人再三的探索？[①] 由于没有直接证据，我们只能靠推测。然而，一些中国人的确很可能不愿跟西方人分享他们的行业秘密，因为他们不愿削弱自己的商业优势或帮助自己的竞争对手（毫无疑问，他们对同胞也一样）。他们大概不会以帝国支配/本地抵抗的观点来看这件事，而是根据他们的生意经来办事。

虽然博物学家通常用多疑和忌妒来解释为什么很难从中国人那里获得可靠信息，他们还指责中国人妨碍追求真理的另一个、更严重的"罪过"，亦即中国人不知道"事实"的价值。在西方人眼中，中国人的过失里很少有比他们（所谓的）对"事实"的草率态度更糟糕的了。西方人把这一点当作中国人马虎、无知、落后的一项确凿证据。这个问题对博物学家而言困扰尤深，因为他们以自己对"客观"信息的严格要求而自豪。罗伯特·福钧在他到中国的第一部游记中，在第三页就开始批评中国人的这一点："在我于这个国家的游历中，我经常被他们（对正确信息漠不关心）的习性惹恼。"[②] 比起其他评论中国人的西方人，福钧还算是有同情心的。但他在关于中国的游记里再三重复这一点："（一个人）很容易被中国人所误导；

① 请参见 Sherry B. Ortner，"Thick Resistance：Death and the Cultural Construction of Agency in Himalayan Mountaineering," *Representations*，no. 59（1997 年夏）：135-162；刘禾（Lydia Liu），*Translingual Practice：Literature，National Culture，and Translated Modernity-China，1900-1937*（Stanford：Stanford University Press，1995）。

② Fortune，*Three Years' Wanderings in China*，3.

倒未必是故意的，而是来自无知或一种不在乎所给的信息是不是对的态度。"① 我们几乎可以想象得到狄更斯《艰难时世》（*Hard Times*）中格兰德格林（Gradgrind）先生向一位中国人咆哮："现在，我要的是事实……忠于事实，先生！"

学者已经讨论过"事实"作为一种近代观念是如何形成的，并描述了这种关于事实型知识的信念在现代早期欧洲逐渐获得了无可争议的文化权威。② 在华的西方人所坚信的是，这种知识传统比那些昏头昏脑的中国人拥有的任何知识传统都要优越。我们可以在中国海关的管理中找到这一态度的最好例子。中国海关虽然从属于清政府，但在管理上近于西方式的机构，由西方人主持及运作。英国人坚持要有管理这个机构的控制权，部分原因是他们确信中国人不能把它办好（当然这也刚好是个借口）。赫德指示他的下属汇集出版一系列关于运转通商口岸的重要商品（包括鸦片及中药材）的详尽统计报告，同样，他们还出版了多册关于丝绸、渔业、公共健康等的科学调查报告。这些报告是集结编纂各个通商口岸呈给总部的报告而成的。各个口岸的职员显然花了很大工夫去搜集、归类并分析数据。这些报告的形式与内容都尽力标榜自己事实、数据的精确性：好几册都布满了西方式的图表与统计数字。③

应该注意到的是，中国人有自己收集政治、经济及地理信息的传统，而且它们也常以官方形式出版。方志是地方政府的一种官方出版物，通常包括了当地历史、地理与物产的"事实"以及人口及税收的数据。在华的西方人不但知道方志的存在，而且实际上还常常使用它们，从中发掘信息。然而，他们认为中国人在对待事实的态度上有个很基本的缺陷。"我在中华帝国的经历告诉我，"梅都斯（Thomas T. Meadows）这位英国领事及著名汉学家声

88

---

① Fortune，*A Residence among the Chinese*，206.

② 例如 Shapin，*A Social History of Truth*；Lorraine Daston，"The Moral Economy of Science," in *Constructing Knowledge in the History of Science*，ed. Arnold Thackray；*Osiris* 10（1995）：3-24；同一作者，"Baconian Facts，Academic Civility，and the Prehistory of Objectivity," *Annals of Scholarship* 8，nos. 3-4（1991）：337-364；Mary Poovey，*A History of the Modern Fact*：*Problems of Knowledge in the Sciences of Wealth and Society*（Chicago：University of Chicago Press，1998）。

③ 参见注释 75。

称，"不可能从中文资料中获得（做定量研究用的）材料。"① 他们深信，西方人力图追求客观的、经验性的知识，而中国人则不可避免地会将幻想、神话以及各种错误信息与事实混合在一起。这是因为中国人总是喜欢稀奇古怪的事物，加上他们容易轻信又没有观察力。他们分不清事实和荒诞不经的故事，而且对此毫不在乎。因此，这种东方学家式的论述把中国人他者化，其定义是——他们无法欣赏"事实"的独一无二的价值。在他们关于中国的主要著作中，德庇士（John Davis）② 和卫三畏都同意"（中国人）科学发展的总体程度"充其量只是达到了欧洲人"在采取归纳法研究方式之前"的水平。③

　　这种观点使得西方博物学家相信，他们探究中国自然界以及收集经济植物学相关信息的任务绝不只是帮助大英帝国。他们以互利互益的理由使自己对中国自然资源的探索正当化，其论点如下所述：那些无知且不科学的中国人因为无法充分利用他们的自然资源而受苦。更糟糕的是，他们与生俱来的忌妒心使他们看不到事实上让那些"开明的"西方人来开发自然财富的话，将不但让自己获益，还能造福大众。所以，中国人表现得又笨又自私，目光短浅，不能接受追求这个崇高的目标。而且尽管他们有时候能够做出些新奇

89

---

　　①　Thomas Taylor Meadows，"Report on the Consular District of New Chuang, with the Particular Reference to Its Commercial Capabilities，" 1. 这一报告收集在 *Commercial Reports from Her Majesty's Consuls in China for the Year* 1862 (Printed to both Houses of Parliament，1864)，1 - 21。Victor Hilts，*Statist and Statistician：Three Studies in the History of Nineteenth-Century English Statistical Thought*（New York：Arno Press，1981)；同一作者，"Aliis Exterendum, or the Origins of the Statistical Society of London，" *Isis* 69 (1978)：21-43；Theodore M. Porter，*The Rise of Statistical Thinking*，*1820 - 1900*（Princeton：Princeton University Press，1986)；Poovey，*A History of the Modern Fact*，第 6、7 章。

　　②　德庇士（John Davis，1795—1890），英国汉学家。——译者注

　　③　S. Wells Williams，*The Middle Kingdom：a Survey of the Geography，Government，Literature，Social Life，Arts，and History of the Chinese Empire and Its Inhabitants*，vol. 2（New York：Charles Scribner's Sons，1913 [1882])，65；John Davis，*China：A General Description of that Empire and Its Inhabitants*，rev. ed.，2 vols.（London：John Murray，1857)，vol. 2，221. 正如 Michael Adas 提醒我们，科学与技术是 19 世纪西方人把其他人种排定高低的主要标准之一，但是他过于淡化了西方人依照人种的身体与智能来评定优劣高低的倾向。

的玩意，但是他们缺少真正的知识——尤其是科学知识——去改进它们。因此，博物学家深信他们有权利和责任来获取关于中国自然界的知识，特别是具有经济价值的动植物产品及相关知识。他们认为，留在中国人手中的话，这些自然财富将会被白白浪费掉。这种父权家长式帝国主义（paternal imperialism）的逻辑深化了博物学家的信念，亦即他们理所当然要获取他们需要的信息；当然，这中间还有着许多自大贪婪的成分。

知识与帝国

在帝国背景下，博物学的活动——制图、采集、整理、分类、命名等——不只代表探求事实（matter-of-fact）的科学研究，也反映出（某种文化定义下的）认知领域的侵略性扩张。"发现"一种新的鸟类或植物——用林奈分类法或其他通用分类法加以分类，用严格的科学拉丁文加以描述，用西方制图传统及技术加以再现，将实物标本转变为抽象科学观念及专门术语的体现，用精确定义的图表展现其全球分布——也同时赋予这种定义自然、事实和知识的方式一个特殊的地位。在 19 世纪，科学考察的核心观念与行动包括采集、测量、制图与旅行，而其最终目的是要全面而精确地书写全球博物史。这种信念源自于与欧洲扩张相伴而生的地理与自然观，也源自于认为欧洲科学家有权"客观地"游历观察世界其他大陆的假设。这种认为自己有认知权利的信念，相信这种权利理应不受人为界限——特别是那些当地人对欧洲科学研究者所划的界限——所约束，在一定程度上，这是从事实型知识的普世信念当中延伸出来的。

因此，在意识形态与实际运作上，科学帝国主义的主要组成部分之一是收集世界其他地方的信息并生产关于世界其他地方的知识——这种知识号称 *90* 是真实、客观、科学及无可置疑的。而且它自认为具有认识论上的权威性，并且是企图把自然世界，不管国家和其他人为的界限，置于真理的崇高视角之下的理想和信念。在华的英国博物学家参与了建立这种信息帝国、知识帝国的事业。这种信息帝国的另一个主要部分是其生产的知识并不只是"客观的"，而且还是有用的。对那些博物学家来说，获得中国博物学及经济植物的资料不但对欧洲人有利，对中国人自己也有利。他们相信他们能从这些信息中生产出有用的科学知识，而不管这种知识是地质学、经济植物学还是其他科学，它最终都会为中国人带来实质性的利益。从这种观点来看，获得就等于是慷慨的赠予。[①] 当地人的意愿在这种科学共同体的堂皇视野中毫无立足之地。[②]

考虑到信息收集在这一视野中的重要性，我们就能了解为什么胡克会这么坚持把考察和通信当作福特任香港植物园主管的官方职责的关键部分。两者都是收集资料——信息与标本。同样，我们也不必惊讶于胡克会指示福特将植物园转变为研究中国植物的"交流渠道"，并鼓励福特从那些在华居住或旅行的人那里"寻求合作"。胡克的这种理想，因为英国帝国机构之间的繁杂分歧以及更重要的外部政治形势的限制，而未能实现。殖民地植物园的网络不容易在非殖民地域衍生。但是英国科学帝国主义并未止于殖民地边界，而是随着非正式帝国的法律、政治和经济机制而扩张开来。就在这非正式帝国的背景下，在华的维多利亚时代的博物学家发展了信息技术，并进而从事他们的研究。

[①] 参见 Pratt，*The Imperial Eye and Stephen Greenblatt's Marvelous Possessions：The Wonder of the New World*（Chicago：University of Chicago Press，1991）.

[②] 当然，单单证明这个帝国想象并不能完全解释博物学家诠释从中国人那里获得信息的方法与策略。关于这点，参见本书第 4 章。

图 1 广州洋行的周边环境。广州洋行位于广州城城墙外的西南角，紧邻
珠江。虽然洋人很少有机会进入广州城内，但他们还是会每天跟住在珠江
边以及紧挨着广州洋行的中国人有所来往。

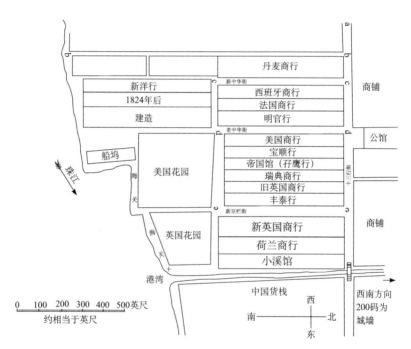

图2　广州洋行。洋行大多是租借给西方公司在广州进行商贸活动的栈房。
这一区域的街道布满了商店，到处都是熙熙攘攘的搬运工、小贩和外国游客。

图 3　广州码头一览，约 1770 年（维多利亚和阿尔伯特博物馆提供）。

图 4　卖花小贩。在广州街头出售的动植物让英国博物学家有不少的新发现（维多利亚和阿尔伯特博物馆提供）。

图5　行商的花园。英国博物学家在行商的花园中发现了园艺学
的宝库（维多利亚和阿尔伯特博物馆提供）。

图6　槟榔树。中国的出口画画师成功地将技艺运用到绘制这样
的博物学图鉴之上（英国自然历史博物馆提供）。

图 7　红梅树（英国自然历史博物馆提供）。梅树与鹤（图 8）在中国传统花鸟画中都是习见的主题。里夫斯收藏的这两幅画体现了这类图画的典型美学技法。

图 8　丹顶鹤（英国自然历史博物馆提供）。

图 9a 与 9b　里夫斯鱼画系列的样本（英国自然历史博物馆提供）。1845 年，鱼类学家约翰·理查森（John Richardson）仅仅依据这些图画就命名了 83 种新鱼类。

图 10 亨利·弗莱彻·汉斯，黄埔副领事，中国植物学的权威
(英国皇家植物园［邱园］提供)。

图 11　罗伯特·郇和，英国领事，精力充沛的田野动物学家
（英国皇家植物园［邱园］提供）。

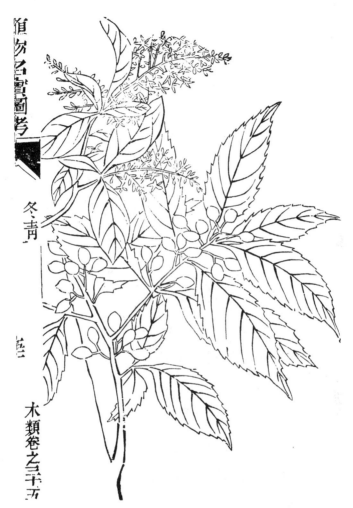

图 12　《植物名实图考》（1848）中的一幅图例，该书是 19
世纪末在华的西方植物学家经常查阅的植物图典（李约瑟研
究所提供）。

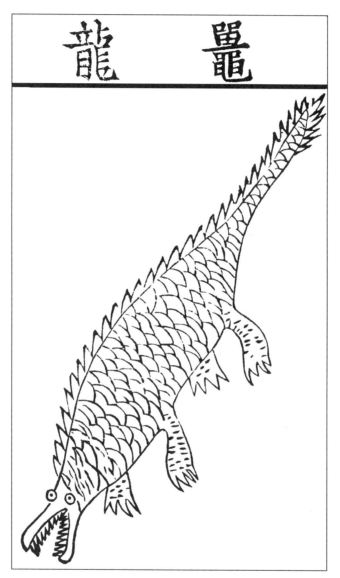

图 13　鼍龙。福威勒（A. A. Fauvel）在研究中国鳄鱼时使用了这一来自《本草纲目》（1596）的图例。哈佛大学恩斯特·迈尔图书馆（Ernst Mayr Library）。

图 14 在华西方运动员手册的插页。在上海和长江下游的西方居民中间，猎取雉鸡风行一时。哈佛大学恩斯特·迈尔图书馆（Ernst Mayr Library）。

图 15 野地里的中国猎手。火绳枪是中国猎手的制式武器。哈佛大学恩斯特·迈尔图书馆（Ernst Mayr Library）。

第四章
汉学与博物学

有学者认为 19 世纪后半期英国的科学经历了渐趋专业化的过程。当时
较前卫的科学界人士觉得既存科学建制在学术上停滞不前，在政治上趋于
保守，因而对其日益不满，进而引发了对体制改造、专业自治和学术革命
的吁求。这一专业化进程为科学开创了新的研究方法和领域。虽然前进派
大将、植物学家胡克的主要研究兴趣还是集中在收藏、植物分类学和植物
地理学上面，但他在皇家邱园的继承者威廉·西塞尔顿-戴尔从 19 世纪 70
年代即开始提倡依赖建立在实验室研究、生态学概念以及农业应用之上的
新植物学。①

但是，如果我们不假思索，强将这个专业化过程的描述套用于英国人 19
世纪在中国的科学研究的话，就会造成误导。新植物学从来没有成为这个世
纪英人在华科学研究的主要领域。英国人在中国与其在种植场殖民地（plan-
tation colonies）的情形不同，这点有助于解释为什么他们很少在中国进行新
植物学方面的研究。因为在华的英国人缺乏为扩充这些领域研究所需要的知
识和机构方面的支持，所以大英帝国植物学的雄心来到了一个不受英国政府
直接管辖的区域之后，也不得不将就于政治现实和制度上的束缚。值得注意
的是，在 19 世纪后半期，英人在华的博物学研究却从日益专业化的汉学中
汲取力量，从而发展出了新的研究领域。

---

① 19 世纪英国科学的职业化是一个持久的史学议题。近期有两部重要相关著作：
Richard Drayton, *Nature's Government*（参见第 3 章，注释 5）以及 *Journal of the
History of Biology* 34（2001）的专辑。与先前的研究成果相比，这两部著作提供了更
多角度的看法。

　　汉学的制度化始于 19 世纪上半期的欧洲大陆，稍后在英国出现。[①] 它可以说是东方学论述型构中的一个晚进者。[②] 西方汉学家在华的学术机构中最重要的一个，就是英国的东方学术重镇"皇家亚洲学会"（Royal Asiatic Society）的分会。与博物学一样，汉学也必须从历史脉络中加以理解。很多 19 世纪在华的西方人热衷于同时研究汉学和博物学，但他们并没有将之截然分隔为两个不同的学术畛域，反而认为二者是相关联的研究项目。下文将论及，汉学兼博物学的学者与其他东方学学者共享某些研究兴趣、观念和技巧。他们的东方学背景增进了他们对中国的博物学研究。

　　然而，本章主旨不是强调 19 世纪欧洲帝国主义意识形态对科学表述中国自然界的作用[③]，而是要考察西方对关于自然界的中文著述的研究如何导致了汉学与博物学之间跨学科对话的过程。在此，我们的首要关注点是描述并解释该历史情境，以及西方博物学家如何获取、解释和翻译中文文本中所包含的中国人关于大自然的知识。本文的着重点在于分析这一过程，而不是评估最后结果。为了理解在特殊历史条件下知识传译的复杂微妙之处，我们必须尝试解答博物学家为什么要参考中文著作，他们最常用的中文著作有哪些，为什么要用这些著作，以及他们如何为了研究博物学来解释和阐明这些中文的文本。

　　因其汉学内容的关系，汉学兼博物学学者的工作可能显得很特殊，只像

---

　　① 　Ming Wilson and John Cayley, eds., *Europe Studies China*（London：Han-Shan Tang Books，1995）中的文章对欧洲汉学史作了全景式的论述。另可参见 Herbert Franke, *Sinology in German Universities*（Wiesbaden：Franz Steiner，1968），1－11；T. H. Barrett, *Singular Listlessness：A Short History of Chinese Books and British Scholars*（London：Wellsweep Press，1989），19－75；J. J. L. Duyvendak, *Holland's Contribution to Chinese Studies*（London：The China Society，1950），3－23；Ch'en Yao-sheng and Paul S. Y. Hsiao, *Sinology in the United Kingdom and Germany*（Honolulu：East-West Center，1967）；Norman J. Girardot, *The Victorian Translation of China：James Legge's Oriental Pilgrimage*（Berkeley：University of California Press，2002），尤其是 1～16 页。

　　② 　Edward Said, *Orientalism*（参见第 3 章，注释 123）；Raymond Shwab, *The Oriental Renaissance：Europe's Rediscovery of India and the East，1680－1880*（New York：Columbia University Press，1984）.

　　③ 　这一议题已在本书第三章讨论过。

是西方博物学大河当中的一个偏门学问的小岛——孤立、地方化、远离主流。但从更深的层面来看，他们的工作事实上是博物学学术传统的合理衍生，因为文本证据、语文学和历史资料的运用始终是博物学学问和实作的一部分。比起田野调查及博物馆实作等其他形式的科学实作，文本实作的博物学传统已经被研究 19 世纪博物学的历史学者所遗忘。① 针对这一点，本章质疑当今科学史界习见的说法：文本的角色在现代初期的某一时间点淡出了博物学；博物学进而转型为建立在直接观察和解剖学研究基础之上的一门科学。② 我认为，事实上，迟至 19 世纪，文本实作以及其他人文学科的学术传统都还在博物学中占据着根本性的重要地位。③

① 在 Jardine, Secord, and Spray, eds., *Cultures of Natural History*（参见"导言"，注释 4）以及 Bernard Lightman, ed., *Victorian Science in Context*（参见第 2 章，注释 4）两书中收录了很多关于博物学实作的论文。关于田野调查的研究，参见本书第五章。关于自然历史博物馆，参见 Mary Winsor, *Reading the Shape of Nature：Comparative Zoology at the Agassiz Museum*（Chicago：University of Chicago Press, 1991）；Sally G. Kohlstedt, "Museums：Revisiting Sites in the History of the Natural Sciences," *Journal of the History of Biology* 28（1995）：151-166；Sophie Forgan, "The Architecture of Display：Museums, Universities and Objects in Nineteenth-Century Britain," *History of Science* 23（1994）：139-162；Timothy Lenoir and Cheryl Lynn Ross, "The Naturalized History Museum,"收录于 Peter Galison and David Stump, eds., *The Disunity of Science：Boundaries, Contexts, and Power*（Stanford：Stanford University Press, 1996），370-397。

② William Ashworth 的 "Emblematic Natural History of the Renaissance," in Jardine, Secord, and Spray, eds., *Cultures of Natural History*，17～37 页将 17 世纪中叶视为转折点。在另一方面，或许可以将布丰和林奈（Linnaeus）视作关键性人物。参见 Rhonda Rappaport, *When Geologists Were Historians, 1665-1750*（Ithaca：Cornell University Press, 1997），第 3 章；John Lyon and Phillip R. Sloan, *From Natural History to the History of Nature：Readings from Buffon and His Critics*（Notre Dame：University of Notre Dame Press, 1981），第 1 章；Sten Lindroth, "Two Faces of Linnaeus," in Tore Frängsmyr, ed., *Linnaeus：The Man and His Work*（Canton, Mass.：Science History Publications, 1994），1-62。

③ 已有几位学者指出更早时期人文学和博物学的联系。例如，Barbara Shapiro, "History and Natural History in Sixteenth-and Seventeenth-Century England：An Essay on the Relationship between Humanism and Science," in Barbara Shapiro and Robert Frank, eds., *English Scientific Virtuosi in the 16th and 17th Centuries*（Los Angeles：Clark Library, 1979），3-55；Paula Findlen, *Possessing Nature：Museums, Collecting, and Scientific Culture in Early Modern Italy*（Berkeley：University of California

本章论述多牵涉到不同知识传统和不同语言之间的跨文化翻译。有学者认为，中、西之间存在着原则上的文化不可通约性，这根植于两者思维范畴、语言或世界观的根本不同。①这些学者的部分目的是要批评从欧洲中心立场来审视中国文化的不当之处。然而颇具反讽意味的是，到最后，他们的说法却重复了东方主义的论述，又再次对中国和"西方"作了二元对立的界分。②每个文化都变成了一个固定僵化的结构，而不同的文化则被视为互不相容。③这个观点终究不过是预设并本质化了文化，并未对其进行解释。此外，它还忽视了历史人物的实际作为，反而将其当成囚困于文化图

Press，1994）；William Ashworth 指出了古物学对博物学的重要性，参见其 "Natural History and the Emblematic World View," in David Lindberg and Robert Westman, eds., *Reappraisals of the Scientific Revolution* (Chicago: University of Chicago Press, 1990), 303 - 332; Joseph Levine, *Dr. Woodward's Shield: History, Science, and Satire in Augustan England* (Ithaca: Cornell University Press, 1977); 同一作者，"Natural History and the New philosophy: Bacon, Harvey, and the Two Cultures," in *Humanism and History* (Ithaca: Cornell Vniversity press, 1987), 123 - 154; Paolo Rossi, *The Dark Abyss of Time: The History of the Earth and the History of Nations from Hooke to Vico* (Chicago: University of Chicago Press, 1984), part II and III; Ann Blair, "Humanist Methods in Natural Philosophy: The Common Place Book," *Journal of the History if Ideas* 53 (1992): 541-551; Jerome Bylebyl, "The School of Padua: Humanistic Medicine in the Sixteenth Century," in Charles Webster, ed., *Health, Medicine and Morality in the Sixteenth Century* (Cambridge, England: Cambridge University Press, 1979), 335-370. Anthony Grafton 强调在另一个背景下人文学术广泛而持久的影响，可参见其 *Defenders of the Text: The Traditions of Scholarship in an Age of Science, 1450-1800* (Cambridge, Mass.: Harvard University Press, 1991)。

① 诸如，Jacques Gernet, *China and the Christian Impact* (Cambridge, England: Cambridge University Press, 1987), 尤其是 238～247 页; Alain Peyrefitte, *The Immobile Empire* (第 1 章，注释 42)。

② 本书第三章已讨论东方主义和现代观念中的"事实"是如何在西方人对"他者"的定义中汇聚在一起的。

③ 史华慈（Benjamin Schwartz）批评并修正了这一看法。Benjamin Schwartz, "Culture, Modernity, and Nationalism-Further Reflections," *Daedalus* 122 (1993 夏季): 207-226, 尤其是 207～208 页。

圈的人偶。① 此观点所承继的僵化二分法使得对文化相遇的任何精微诠释都变得不可能。不管从现代学术的观点而言，中、欧在对自然界事物的认知的相互传译和比较是如何复杂，那些历史人物都已经付诸实际行动，进行传译比较了。对研究历史的学者而言，这一现象正是我们想要在历史脉络中加以解释的。以文本实作和博物学者的阅读策略为重点，本章将调查历史人物的动机、目的、标准和翻译实作。我的兴趣在于了解他们所想和所经历的，以及他们如何定义、磋商并跨越了不同知识传统的边界。

现存史料使我们无法完全重构曾加入这一科学事业的中国人的角色和意图。在运用中文书籍从事博物学研究的过程中，他们无疑参与了知识的收集、解释和翻译工作。然而可惜的是，我们可能永远无法确定他们参与此事业的细节，或者考察在翻译中文著作过程中他们如何与西方的同事商讨语言和知识的范畴。② 我们可以确定的是，如果没有本地的助手，即使是最好的西方汉学家也会觉得捉襟见肘，左支右绌。③ 传教士理雅各（James Legge）

94

---

① 作者于此处受益于其他多部著作中的真知灼见。Lydia Liu, *Translingual Practice*（参见第 3 章，注释 126），1—44；何伟亚，《怀柔远人》（参见第 1 章，注释 42）；G. E. R. Lloyd, *Demystifying Mentalities*（New York：Cambridge University Press, 1990）。何伟亚著作的争议在某种程度上与这个方法论的议题相关。我认为不必因为认识其方法论的价值而接受何伟亚对马嘎尔尼使团的解释。Joseph Esherick, "Cherishing Sources from Afar," in *Modern China* 24 (1998)：135—161；James Hevia, "Postpolemical Historiography," *Modern China* 24 (1998)：319—327；Joseph Esherick, "Tradutore, Traditore," Ibid. , 328—332.

② 相比较而言，在西方科学传译到晚清中国方面已有大量研究。如熊月之的名著《西学东渐与晚清社会》（上海，上海人民出版社，1994）。另可参见 David Wright, *Translating Science：The Transmission of Western Chemistry into Late Imperial China, 1840—1900*（Leiden：Brill, 2000）；John Rear-Anderson, *The Study of Change：Chemistry in China, 1840—1949*（New York：Cambridge University Press, 1991），第 1、2 章；Paul Cohen, *Between Tradition and Modernity：Wang Tao and Reform in Late Ching China*（Cambridge, Mass.：Harvard University Press, 1974）；James Pusey, *China and Charles Darwin*（Cambridge, Mass.：Harvard University press, 1983）；王扬宗、樊洪业：《西学东渐——科学在中国的传播》（长沙，湖南科学技术出版社，2000）；坂出祥伸：《中国近代の思想と科学》（东京，同朋舍，1983），第 4 章；Bridie Andrews, "Tuberculosis and the Assimilation of Germ Theory in China, 1895—1937," *Journal of the History of Medicine and Allied Sciences* 52 (1997 年 1 月)：114—157.

③ Emil Bretschneider, "Botanicon Sinicum：Notes on Chinese Botany from Native and Western Sources," *JNCB* 16 (1882)：19.

是维多利亚时代最重要的汉学家之一，他在撰写其闻名于世的《中国经典》
(*The Chinese Classics*，1861—1872) 期间，就非常倚重助手王韬的专长和
学识。①

另外一个历史偶然性也决定了中、英在博物学接触方面的情形。在整个
19 世纪，英国博物学者们从未与精通博物学的中国学者接触过：例如，在
1765 年为《本草纲目》写了补遗之作的赵学敏②；在 1816 年出版了一部有
关动物的百科全书《蠕范》的李元③；而吴其濬出版于 1848 年的不朽之作
《植物名实图考》则成为 19 世纪后半期在华西方植物学家的标准参考书。我
们只能想象这种学术相遇可能产生的结果，不过我们可以确知的是，欧洲博
物学家们曾广泛发掘关于自然界的中文著作。

初探

汉学与博物学的联系在 19 世纪以前就已开始。耶稣会传教士自 16 世纪
起在中国创立基业，他们在近代早期向欧洲传播有关中国的信息方面扮演了
关键角色，其中就包括博物学方面的研究。④ 但当时极少有欧洲人能解读中

---

① 张海林：《王韬评传》(南京，南京大学出版社，1993)，100～105 页。最近一
部理雅各的传记大力推崇理氏在欧洲汉学史上的地位，但该书仍然承认中国合作者的
贡献。Girardot, *The Victorian Translation of China*, 356-357.

② 赵学敏 (约 1719—1805)，字恕轩，号依吉，清代医药学家。19 世纪末编成
《本草纲目拾遗》(十卷)，是继李时珍《本草纲目》之后一部重要的本草著作。——译
者注

③ 李元，清乾隆时人。著有《蠕范》(八卷)，这是一部关于动物的重要类
书。——译者注

④ 关于在华耶稣会士的资料很多。参见诸如 Willard Peterson, "Learning from
the Heaven: The Introduction of Christianity and Other Western Ideas into Late Ming
China," in *The Cambridge History of China*, vol. 8, part II (Cambridge, England:
Cambridge University Press, 1998), 789-839; Gernet, *China and the Christian Im-
pact*; Charles Ronan and Bonnie Oh, *East Meets West: The Jesuits in China* (Chicago:
Loyola University Press, 1988); Jonathan Spence, *The Memory Palace of Matteo Ricci*
(London: Faber & Faber, 1985); John Young, *Confucianism and Christianity, the
First Encounter* (Hong Kong: Hong Kong University Press, 1983); 韩琦：《中国科学
技术西传及其影响》(石家庄，河北人民出版社，1999)。

文。赴华的利玛窦（Matteo Ricci）曾说："对一个外国人而言，没有哪种语言像中文那样难学。"① 有时候，17 和 18 世纪欧洲的学者也许能找到来访的中国人帮助他们破译中国文字②，但几乎所有欧洲学者都不得不在耶稣会士所记录的芜杂的表意文字中孜孜钻研。③ 因为在欧洲学者的眼里，中文具有如此强烈的异国情调和神秘性，他们富有想象力地提出了很多解释它的起源和特性的理论。比如，韦伯（John Webb）④ 和有些学者相信中文是人类最早的口说语言。⑤ 其他人，包括基歇尔及较晚的德经（Joseph de Guignes）⑥ 和蒙博多勋爵（Lord Monboddo）⑦ 在内，都确信中文源于埃及象形文字。⑧ 当17 与 18 世纪之间欧洲各国学者企图发展出世界共同语时，威尔金斯（John Wilkins）⑨、莱布尼兹（Gottfried Leibniz）⑩ 以及其他学者都试图从中文中汲取灵感。⑪ 此

95

---

① Matthew Ricci, *China in the 16th Century：The Journals of Matthew Ricci, 1583-1610* (New York：Random House，1953)，28.

② 这些中国翻译是被传教士带到欧洲的天主教信徒。参见 Barrett, *Singular Listlessness*，37-38，49；Jonathan Spence，"The Paris Years of Arcadio Huang," 收录于其 *China Roundabout*（New York：W. W. Norton，1992），11-24；同一作者，*The Question of Hu*（New York：Vintage Books，1989）。

③ 例如，Knud Lundbaek, *T. S. Bayer（1694-1738），Pioneer Sinologist*（London：Curzon Press，1986），31-140。

④ 韦伯（John Webb，1611—1672），英国学者。对中国语言文字有所研究，著有《历史随笔一则：试论汉语为一原始语言的可能性》一书。——译者注

⑤ John Bold，"John Webb：Composite Capitals and the Chinese Language," *Oxford Art Journal* 4（1981）：9-17. Rossi, *The Dark Abyss of Time*，137-144. David Mungello, *Curious Land：Jesuit Accommodation and the Origins of Sinology*（Stuttgart：Franz Steiner Verlag Wiesbaden GMBH，1985），第4~6章。

⑥ 德经（Joseph de Guignes，1721—1800），法国著名汉学家。——译者注

⑦ 蒙博多（Lord Monboddo，1714—1799），英国法官、语言学家、哲学家。——译者注

⑧ Antonello Gerbi, *The Dispute of the New World：The History of a Polemic, 1750-1900*（Pittsburgh：University of Pittsburgh Press，1973），150-154.

⑨ 约翰·威尔金斯（John Wilkins，1614—1672），英国语言哲学家。——译者注

⑩ 莱布尼茨（Gottfried Leibniz，1646—1716），德国哲学家、数学家。——译者注

⑪ Mary Slaughter, *Universal Languages and Scientific Taxonomy in the Seventeenth Century*（Cambridge，England：Cambridge University Press，1982），112-113；James Knowlson, *Universal Language Schemes in England and France, 1600-1800*（Toronto：University of Toronto Press，1975），25-27；David Mungello, *Leibniz and Confucianism：The Search for Accord*（Honolulu：University of Hawaii Press，1977），43-65；同一作者，*Curious Land：Jesuit Accommodation and the Origins of Sinology*，第6章。

外，在启蒙运动中关于语言起源的论战中，有关中文的问题频频出现。尽管欧洲学者长期以来对中文很好奇，然而中文学起来很难，又缺乏相关信息，他们最终不是大惑不解，就是穿凿附会。①

西方学者对中国博物界的兴趣和对中文著作的兴趣经常相辅相成，融汇在一起。中国人创作了大量研究植物、动物和矿产的著述，而耶稣会士对此善加利用。早在 17 世纪中叶，赴华的波兰籍耶稣会士卜弥格（Michael Boym）② 就写了一些有关中国医药的著作，其中部分借助了中国本草书籍。③ 他的著作后来被收入基歇尔的《中国图说》（*China Illustrata*），并引发了欧洲学者关于麝鹿和蛇石的争议。④ 人参、大黄、樟脑和其他某些产自中国的动植物，因为相关的报告总是零散无序或相互矛盾，曾困惑了好几代欧洲学者⑤，即便是大植物学家林奈，也不得不茫然地在黑暗中摸索。他对茶叶知之甚少，但热衷于将这一农作物引进瑞典，以便大量栽种。当然，他的宏图大计只能以惨败收场。⑥ 杜赫德（J. B. du Halde）⑦ 的著作成为中国

---

① C. A. Wells, *The Origin of Language：Aspects of the Discussion from Condillac to Wundt* (Le Salle, Ill.：Open Court, 1987), 61-62.

② 卜弥格（Michael Boym, 1612—1659），波兰传教士。曾将《本草纲目》译成拉丁文本，书名《中国植物志》（*Flora sinensis*）。——译者注

③ L. C. Goodrich, "Boym and Boymiae," *T'oung Pao* 57 (1971)：135；J. Roi, "Les missionnaires de Chine et la botanique," *Collectanea Commissionis Synodalis in Sinis* 11 (1938)：695-706；Edward Kajdnski, "Receptarum Sinensium Liber of Michael Boym," *Janus* 73 (1990)：105-124；Paul Pelliot, "Michael Boym," *T'oung Pao* 30 (1933)：95-151. Robert Chabrie, *Michel Boym. Jésuite polonais et la fin des Ming en Chine* (Paris：Bossuet, 1933). 该书一直是卜弥格生平最全面的著作。潘吉星：《中外科学之交流》（香港，中文大学出版社，1993），479 页。

④ 关于麝鹿，参见 Timothy James Billings, "Illustrating China：Emblematic Autopsy and the Catachresis of Cathay"（康奈尔大学博士学位论文，1997），243-265；Martha Baldwin, "The Snakestone Experiments：An Early Modern Medical Debate," *Isis* 86 (1995)：394-418.

⑤ Clifford Foust, *Rhubarb：The Wondrous Drug* (Princeton：Princeton University Press, 1992)；Daniel Carey, "Compiling Nature's History：Travellers and Travel Narratives in the Early Royal Society," *Annals of Science* 54 (1997)：269-292, 尤其是281页. Denis Leigh, "Medicine, the City and China," *Medical History* 18 (1974)：51-67.

⑥ Lisbet Koerner, *Linnaeus：Nature and Nation* (Cambridge, Mass.：Harvard University Press, 1999), 116-117, 136-139, 150-151.

⑦ 杜赫德（J. B. Du Halde, 1674—1743），法国传教士。编纂有《中华帝国通志》。——译者注

动植物信息的主要宝库，为几代欧洲博物学家所仰赖。① 该书被翻译成欧洲所有主要语言，其中就包括《本草纲目》中的章节，从而将这部中文著作介绍给了许多西方学者。

在 19 世纪，汉学和西方对中国博物界的研究各自都发展出了新的形式。汉学开始制度化：1814 年法兰西学院（Collège de France）设立了一个汉学研究的讲席②；其他欧洲国家在接下来的几十年中相继效法。欧洲第一代的学院派汉学家大部分从未到过中国。随着时间推移，越来越多的西方人来到中国，很多人返欧以前在中国居住了数年甚至数十年之久。在 19 世纪后半期，欧洲学院里的汉学家许多都是从这些才学经历兼备的人中脱颖而出的。与此同时，鸦片战争后不断扩展的中西接触，也为西方人研究中国动植物学和地质学带来了新的契机。

1800 年以前，只有极少的英国人懂一点中文。19 世纪上半叶，情况有少许改观，当时有小斯当东和马礼逊等人潜心钻研汉学，最终赢得了欧陆汉学家的认可。英国这些前辈汉学家及其同行大多对博物学深感兴趣，但限于清朝律令，他们求入无门，只能翘首向往传闻中地大物博的内地，心中倍感挫折。一位旅居广州的西方人慨叹："中国的大自然杰作被硬生生地在我们眼前关上了。"③ 因为没有登堂入室的路径，博物学者只能善用任何他们可以得到的机会及工具。也就是说，他们试图打开一扇窗户，从中窥视："我们能够查阅中国人的书籍"；"他们关于医药和植物的论著确实数多量大，我们有理由相信，积极阅读这些著作会很有收获"。④

但事实上，只有到了 19 世纪后半期，才有较多西方人能从这个窗口看进去。1850 年到 1900 年间懂中文的西方人的数量随着外交和传教机构的扩

___

① J. B. du Halde, *Description géographique*, *historique*, *chronologique*, *politique et physique*…*etc. etc.*, 4 卷（Paris：P. G. Le Mercier, 1735）.

② Wilson and Caley, *Europe Studies China*, 13-14.

③ *Chinese Repository* 5（1836-1837）：119. 后殖民主义学者常强调欧洲人客体化视像与（被性别化的）东方之间，以及充满欲望的凝视与（被投射成）暧昧诱人的身体之间的论述关系。我们可以在博物学家的著述中找到不少支持这一看法的证据。同样的，很少有人会否认帝国主义式的想象和侵略性的认知被铭刻在 19 世纪博物学的论述之中。本文的主要目的不是重访这些已经被讨论过的议题，而是要了解博物学家用什么阅读策略去克服他们研究中的"障碍"。

④ *Chinese Repository* 5（1836-1837）：119.

张而显著增加。很少有商人会费力去学中文，通常他们都依赖中国买办和职员在语言上提供帮助。[1] 相对而言，外交人员和传教士必须对语言有一定程度的熟悉，以便履行他们的职责。英国驻华领事系统和中国海关要求雇员学习读和说汉语。[2] 这些雇员升迁的机会在很大程度上取决于他们的语言能力。[3] 与这些外交官员相仿，在华传教士因为传教的缘故也需要懂中文；他们不仅在圣职上要经常性地使用中文，而且他们渴望洞悉异教徒的心理和中国人的思想。由于有这些需求，就不难理解为什么很多传教士都成为用功的汉学家。[4] 无独有偶，外交、教会这些非科学性机构也造就了博物学方面的研究者，并为搜集和传播科学信息提供了交流网络。

97 汉学兼博物学家

1850 年以后，上海取代广州成为中国首要的国际港口，市内形成了一个洋人集中居住的地方。[5] 随着在华西方居民人口的增长，他们的文化和学术生活也日益丰富。成立于 1857 年的上海文理学会（Shanghai Literary and Scientific Society）在第二年改名为皇家亚洲学会北华支会（North China Branch of the Royal Asiatic Society）。[6] 该学会是在华汉学研究的中心，会举行例行会议，并拥有一个颇大的附属图书馆。博物学在该学会倡导的学术活动中排名很高。在学会首任主席裨治文（E. C. Bridgman）[7]的就职演讲中，他敦促会员要研究博物学，还要把中

---

[1] Yen P'ing Hao, *The Comprador in Nineteenth-Century China：Bridge between East and West*（郝延平：《19 世纪中国的买办：东西方间的桥梁》）（Cambridge, Mass.：Harvard University Press，1970）。

[2] Coates, *The China Consul*（参见第 3 章，注释 3），81-86。

[3] Ibid.；另可参见 Stanley Wright, *Robert Hart and the Chinese Customs*（第 3 章注释 7 中列举），277。

[4] 英国传教士或外交官兼汉学家的人不少，举其较知名者就包括马礼逊、理雅各、威妥玛（Thomas Wade）、艾约瑟（Joseph Edkins）、翟理斯（Herbert Giles）。

[5] Linda Cooke Johnson, *Shanghai from Market Town to Treaty Ports，1074-1858*（Stanford：Stanford University Press，1995），第 7~12 章。

[6] 关于学会早期的报告，参见 *JNCB* 35（1903-1904）：i-xx。

[7] 裨治文（E. C. Brigeman，1801—1861），美国传教士、汉学家。——译者注

国自然界介绍到西方。①

《皇家亚洲学会北华支会会刊》(*Journal of the North China Branch of the Royal Asiatic Society*)是在华出版的最具名望和影响力的西方学术刊物，其他还有几种学术味较重的杂志，也可与众多的在华西方刊物区分出来。新教传教士的主要期刊《中国丛报》(*Chinese Repository*)于 1832 年创刊。该刊出版的文章主题范围很广，举凡宗教、历史、语文学、民族志、科学，都兼容并包。可惜的是，这个重要刊物于 1851 年停办了。1867 年的《教务杂志》(*Chinese Recorder*)填补了它留下的空缺。《中日释疑》(*Notes and Queries on China & Japan*)也于同一年创刊，后来演变成为《中国评论》(*China Review*)，这也是汉学研究的主要期刊之一。上述刊物是在华西方学者可定期表达观点、讨论研究及宣布新发现的纸上聚会地。例如，《北华支会会刊》既刊登超过 100 页的研究论文，也提供短评。《中日释疑》，正如其标题所示，主要功能像是一个公告栏或讨论区，发表关于中国和日本主题的疑难问答。不过，该刊也发表学术文章。②

这些严肃刊物和机构的影响远达上海以外的地方。北华支会的会员从 19世纪 60 年代后期的 150 人增加到 80 年代的 250 人左右，遍及其他通商口岸和口岸以外的地方。例如，《中日释疑》来自广州和香港，而《教务杂志》则来自福州和上海；但这些刊物甚至在欧洲、北美都有读者。于是，在华西人社区的扩大，以及 19 世纪 60、70 年代学术讨论渠道的增加，有助于由汉学研究所主导的一个学术共同体的形成。

这一学术机构上的发展与同汉学专长及地理位置结合的身份认同携手共进。在华汉学家把自己视为独具通往他们研究主题门路的专家。有些在中国 *98*

---

① E. C. Bridgman，"Inaugural Address," *Journal of the Shanghai Literary and Scientific Society* 1 (1858 年 6 月)：1–16. 第 6 页上说裨治文 (Bridgman) 是一位美国传教士。

② 目前尚未有这些杂志的全体记录。但可参见 Frank King, *The China Coast Newspaper Project of the Center for Research Libraries and the Center for East Asian Studies* (Lawrence：University of Kansas Press，n. d.)；虽然该书侧重于报纸，但足以呈现在华西方团体繁忙的出版事业的情形。《中国丛报》和《教务杂志》都是美国传教士创立的。关于《中国丛报》，参见 Murray A. Rubinstein，"The Wars They Wanted：American Missionaries' Use of *The Chinese Repository* before the Opium War," *The American Neptune* 48，no. 1 (1988)：271–282。

境内西文期刊发表文章的作者，不但在旅华西人中大名鼎鼎，甚至在国际汉学圈里也享有学术声誉。理雅各便是 19 世纪最重要的西方汉学家之一。① 与在欧洲的同行相比，在华汉学家享有与中国人直接接触的有利条件。他们能"追本溯源地调查这个人口众多的民族在物质、知性乃至道德状况方面的所有特征"②。此外，相比较而言，他们能很容易地从本地学者那里得到帮助。他们不但有中文教师讲授语言和中国文书帮助翻译，而且还能通过朋友关系或者半官方关系求助于中国学者。杰出的汉学家、广州副领事梅辉立（W. F. Mayers）③ 在研究中国玉米的历史时，曾向当地中国官员求教信息和文献。而广东督粮道向他提供了一篇以中文材料为基础的文章。④

许多在华汉学家要么将博物学当成一种嗜好，要么把它看作一项严肃的研究活动。尽管他们中很少有人在欧洲取得杰出博物学家的声誉，但他们却是自己专长领域的权威。在这方面，除了在西方博物学上的必要训练，研究者还需要对中国文学传统及中国历史地理有一定程度的熟悉，此外还得具备解读中文博物学著作中的术语和行文的能力。作为汉学家以及拥有这个神秘国度的第一手知识的人，这些博物学者以自己的专长为傲。他们不但希望以自己的著作留名，也希望在学术命名方式上留下印记。⑤

例如，郇和取笑那些"留在国内的大博物学家们"，说他们总是不加分辨地滥用"中华"（Sinensis）这个词来指称"从中国来的一切东西"。他解

---

① 英国汉学并没能达到欧陆的水平，但靠着英国大量在华人口及相关设施，发展出了包括博物学在内的许多重要研究领域。

② 《上海文理学会杂志》（*Journal of the Shanghai Literary and Scientific Society*），第 1 期（1858 年 6 月），"序言"。贝勒在自己的《关于中国植物学著作的研究和价值，附〈中国资料中的植物史和地理植物学〉注解》（*On the Study and Value of Chinese Botanical Works*，*with Notes on the History of Plants and Geographical Botany from Chinese Sources* [Foochow：Rozario，Marcal & Co.，1871]）一书序言中表达了相同的看法。该书最早出现在《教务杂志》第 3 期（1870）的几个部分之中。

③ 梅辉立（W. F. Mayers，1831—1878），英国外交官、汉学家。——译者注

④ W. F. Mayers，"On the Introduction of Maize into China," *The Pharmaceutical Journal and Transactions*，Vol. 3，No. 1（1870-1871），522-525.

⑤ 关于 19 世纪博物学中术语学的重要性，参见 Harriet Ritvo，*The Platypus and the Mermaid*，*and Other Figments of the Classifying Imagination*（Cambridge，Mass.：Harvard University Press，1997），第 1、2 章。

释道，事实上标本有可能"来自这个庞大帝国的一个孤立角落"，甚至是 99
"西藏或满洲某个遥远的部分"。① 郇和本人能采用非常明确具体的称谓。他
以驱逐荷兰人并占据台湾的国姓爷（郑成功）来命名一种鼠类，因为他以为
这种老鼠从大陆移居台湾，而且支配了当地的鼠类。② 他还提议以 11 世纪的
文豪苏东坡来命名在海南岛发现的一种鸟类，因为苏东坡在这个偏僻的岛上
住了很多年，可惜剑桥鸟类学家牛顿（Alfred Newton）③ 并不欣赏这样的汉
学色彩，他最终劝服郇和放弃了这个念头。④ 在北京的俄国汉学家兼植物学
爱好者贝勒，虽然没有郇和那么异想天开，但他也支持采用本土的名字来称
呼新发现的植物，以存留其渊源。他举出荔枝、牡丹和玉兰为可效法的佳
例，并反对那种"常常以无关的学者或其他人来命名某种植物"的陋习。⑤

学术身份认同和科学论述

　　一种学术身份的形成以及一个交换信息、表达观点的论坛的建立，两者促
成了一种独特的结合了汉学及博物学用语、概念和目的的论述。虽然在中国的
西方杂志并不算是科学专业刊物，却为在华西方博物学者提供了一个方便出版
其发现的地方。他们之中最有造诣的，当然更愿意将他们的专业论文发表在欧
洲的学术刊物上。举例来说，植物学家汉斯和动物学家郇和都在欧洲顶尖的科
学期刊上发表过很多文章，其中包括系统植物学和动物学的《植物学杂志》
（*Journal of Botany*）以及《林奈学会杂志》（*Journal of the Linnean Society*）。

　　类似的技术性文章也偶尔会出现在中国的杂志上，但除了个别学者如汉
斯和耶稣会士兼动物学家韩伯禄之外，大部分在华的西方博物学家并不特别

① Robert Swinhoe, "The Small Chinese Lark," *J NCB*, no. 3 (1859)：288.

② Robert Swinhoe, "On a New Rat from Formosa," *Proc. Zool. Soc.* (1864)：185–187.

③ 牛顿（Alfred Newton, 1829—1907），英国动物学家、鸟类学家。——译者注

④ 郇和致牛顿的信，1869 年 11 月 23 日，收于剑桥大学图书馆手稿部（Cambridge University Library MSS），"牛顿论文"。郇和跟牛顿解释道："苏东坡是一个出色的古典文学作家，科学领域大可容纳此类值得尊敬的名字。但既然你不喜欢这名字……"

⑤ E. Bretschneider, "Botanicon Sinicum：Notes on Chinese Botany from Native and Western Sources," *J NCB*, n. s., 16 (1881)：18–230. 此见 110 页。

擅长分类学。① 有些人，如郇和及遣使会传教士谭微道，是令欧洲同行尊敬的田野型博物学家。② 但是多数人基本上只是热情能干的标本搜集者，顺便将他们汉学的兴趣带进了博物学研究之中而已。他们的研究兴趣，包括经济植物学、药物学，或是现在所说的民族科学（ethnoscience）——研究中国人对自然界的认知。他们也发表关于某地动植物的名单、旅行日志和书评。因为他们的著作常包含汉学研究——比如说语文学问题、关于中国历史和文化的讨论、文本分析等——绝大多数欧洲博物学家会觉得这一部分晦涩难懂，但又不能忽视那些常常有价值的结论。如此一来，汉学博物学家可以说开辟了一块融合汉学与博物学论述的学术天地。或者说，他们成功地发展了一种大多数欧洲博物学家难窥其奥的跨学际混合语。③

然而，我们不应过于强调学术界限的分垒。很多汉学博物学家与欧洲科学团体保持着密切联系。19 世纪科学团体的工作大量依赖书信网络，博物学方面的事业也不例外。郇和、汉斯、贝勒、韩尔礼及其他许多在中国的博物学同好，都与欧洲科学机构保持经常性的通讯。这种联系对双方都有利。欧洲的博物学家需要他们远方同行的帮助。因为后者不但有地利及特殊门路，又能运用他们的汉学专长来调查中国的动植物。而对在华的西方博物学爱好者而言，这种合作关系为他们赢得同侪的认可、声望以及间接进入有丰富收藏的欧洲博物馆及标本室的渠道。④

---

① 不过，韩伯禄的分类学著作因其反达尔文主义的立场而多有争议。他也是一个重要的在华科学旅行家和田野调查博物学家。参见 *Mémoires concernant l'histoire naturelle de l'empire chinois*, tome v., second cahier (Shanghai: Impr. de la Mission catholique, 1906), 1–29; P. Fournier, *Voyages et découvertes scientifiques des missionnaires naturalistes français* (Paris: Paul Lechevalier, 1932), 36–42。

② Fournier, *Voyages et découvertes scientifiques*, 67–91; Emmanuel Boutan, *Le nuage et la vitrine: Une vie de Monsieur David* (Bayonne: Raymond Chabaud, 1993)，这是一部在谭微道通讯基础上写成的传记。

③ Peter Galison, *Image and Logic: A Material Culture of Microphysics* (Chicago: University of Chicago Press, 1997)，第 1 章。

④ 类似议题曾在殖民语境中被讨论过。参见诸如 Satpal Sangwan, "From Gentlemen Amateurs to Professionals: Reassessing the Natural Science Tradition in Colonial India, 1780–1840," in Richard Grove, Vinita Damodaran, and Satpal Sangwan, eds., *Nature and the Orient*（参见第 1 章，注释 8），210–229; Reingold and Rothenberg, eds., *Scientific Colonialism: A Cross-Cultural Comparison*（参见"导言"，注释 6）。

汉学探索与博物学的范畴

与欧洲同行一样，在华西方博物学者通常专攻博物学的一两个分支，而同时又涉足其他分支。汉学兼博物学家常常喜欢带有人文色彩的科学研究，漫游在自然史与人文史以及自然科学（如动物学、植物学等）与人文科学（如语文学、民族志）的交界地带。我认为，仔细考察汉学博物学家参考中文著作的目的，将有助于重绘 19 世纪博物学的学术地图，填补旧图像的空白及残缺。基本上，我们可以将他们的目的归为两类：一类与中国文化的研究较为相关；另一类则与对中国大自然的考察相关。

作为汉学家，博物学学者注意到中国人拥有大量关于植物、动物、矿物 *101* 和其他自然物产的文献。他们的本草、农学、花谱，以及博物志、游记、地方志等，都富藏着关于自然环境的信息。① 这类著述占了传统中国文献不小的部分。

汉学博物学家知道此类文献对了解中国文化的功用，而他们有时候就主要从汉学家的角度来切入分析。例如在 19 世纪 60 年代后期，常为《中日释疑》撰稿的谭训，在一篇文章中表明其主题是"中国人通俗观念中的……无花果，而不是植物学意义上的无花果"②。为了评价中国人在博物学上的成就，英国驻华领事倭妥玛（Thomas Watters）③"花费了可观的时间"研究有关鸽子的中国文献，也探索了中国神话里的狐狸。④ 在这些例子里，汉学博物学家考察中国人对自然环境的知识，并且试图了解特定动植物在中国社会文化中扮演的角色。我们可以说，这类研究的主要目的是要通过关于自然界

---

① 我们对中国博物学传统及中国人对自然环境的态度的研究尚嫌不足。李约瑟的《中国科技史》（*Science and Civilization in China*）（Carmbrige，England：Carmbrige University Press，1954-）第 6 卷"生物学"是一个起步，但就如标题所示，该书受限于李约瑟将现代科技范畴强加于中国知识传统的倾向。

② Theophilus Sampson，*Botanical and Other Writings on China*，*1867-1870*，ed. H. Walravens（Hamburg：C. Bell Verlag，1984），19.

③ 倭妥玛（Thomas Watters，1840—1901），英国外交官、汉学家。——译者注

④ T. Watters，"Chinese Notions about Pigeons and Doves，" *JNCB*，n. s.，4（1867）：225-241；同一作者，"Chinese Fox-Myths，" *JNCB*，n. s.，8（1873）：47-49.

的中文著述来理解中华文化。

　　然而，通过博物学文献来探索中国的社会文化只占博物学家研究工作的一小部分，更主要的是，他们想要挖掘出有助于研究中国动植物和其他自然物的材料。由于清朝对在内地的外国人活动进行严格控制，英国人在系统考察中国土地的进程中面临着巨大障碍。到 19 世纪末，旅行限制有所放松，但即使有偶尔从远离通商口岸地区带回来的零星信息，仍无法拼凑出一幅令人满意的关于这个庞大帝国的自然世界的图像。在这种情况下，在华的英国博物学家自然希望借重中文文献，充分利用其独有的资料。

　　比如，他们很期望从中国文献中发掘关于中药材的资料。① 因为许多在华的西方人对中药材和草药治疗很好奇，所以他们就开始研究中国关于博物学的著作。他们相信在林林总总的中药材中必定有一些有用的东西。但是，准确鉴定那些晒干或加工过的根、茎、叶并非易事，因为即便是经验丰富的分类学家也需要保存良好的花、果实和叶子才能确定一株植物的身份。在中国，药材来自全国各地，特别是鲜有西方人到过的遥远山区。既然他们对那些地方的植物知之甚少，要从残缺不全的药材回溯本来的植物，多少得依赖臆测。汉学博物学家爬梳中国文献著作，部分原因就是为了在其中寻找相关线索。

　　在其药理学研究中，汉璧理不但向在华的医生和博物学家求助，而且还努力学习中文，以便能钻研中文药书《本草纲目》中的片段章节。② 几乎与此同时，汉口的传教士医生施维善参照中文本草和西方著作编了一本关于中

_____

　　① 英国人对中国的医药很感兴趣。参见 Denis Leigh，"Medicine, the City and China"；Roberta E. Bivins，*Acupuncture, Expertise and Cross-Cultural Medicine* (Houndmills, Britain：Palgrave, 2000)，它也许可以与 Fa-ti Fan, "Science and Medicine, Asia and Europe," *Metascience* 11（2002 年 7 月）：177-184 一并阅读。

　　② Daniel Hanbury, "Notes on Chinese Materia Medica," 收录于其 *Science Papers* (London, 1876)。他与亨利·汉斯、雒魏林（William Lockhart）以及施维善都有书信往来。后面两位是传教士医生。参见英国皇家药物学会（Royal Pharmaceutical Society of London, RPS）：Hanbury Papers, P273 [8]，[62]；Hanbury Miscellaneous Letters, P300 [39]；P301 [34]，P313 [1] 等等。大部分此类信件是对汉璧理有关中国药物问题的回复。

国药材的书。① 他之所以从事这一项研究，主要是因为他觉得多知道一点中
药材将有助于西方或本地传教士医生的工作。以植物采集著称的韩尔礼是中
国海关的一名医生，他在 19 世纪 80、90 年代时开始投身于植物学研究，一
半是为了消遣，但另一半则是希望鉴别中国药用植物和药材。② 他尝试解读
中国本草，并发表了几篇文章，罗列出所鉴别的植物。至于那些不懂中文的
人，则利用其他方式来获取中国药物方面的知识。例如，19 世纪 80 年代末期，
香港植物园长及林务监督福特对中药材产生了兴趣。他便与曾在阿伯丁大学学
医的律师何启（Ho Kai）③ 合作，从事一项鉴定分析中国药物的研究。④

　　最后，博物学者搜寻中文著作的另一个重要原因，源于他们对植物地理
学以及植物栽种史的兴趣。动植物的地理分布在博物学上长期以来都是一个
重要议题，历代学者发展了各式观点、理论来试图解释动植物分布的形式、
过程及原因。⑤ 进入 19 世纪，尤其是因为洪堡（Alexander von Humboldt）

---

　　① F. Porter Smith，*Contributions towards the Materia Medica and Natural History of China*，*for the Use of Medical Missionaries and Native Medical Students*（Shanghai：American Presbyterian Mission Press，1871）. 该书在欧洲也有潜在读者，因为汉璧理帮助施维善找到了伦敦的一家出版社出版此书。参见 RPS：Hanbury Miscellaneous Letters 1871，P302 [72]，[73]。

　　② NBG：Augustine Henry Papers，581.634，"Pharmac. Notes." Augustine Henry，"Vegetable Productions，Central China，" *Bulletin of Miscellaneous Information Kew Gardens*，no. 33（1889）：225−227；同一作者，*Notes on Economic Botany of China*（Kilkenny，Ireland：Boethius Press，1986 [1893]）以及 "Chinese Drugs and Medicinal Plants，" *Pharmaceutical Journal* 68（1902）：316−319，322−324。

　　③ 何启（Ho Kai，1858—1914），字迪之，号沃生。广东南海人。医生、律师、政界名人，曾开办香港西医书院、香港大学，并与区德合作修建了香港启德机场。——译者注

　　④ Charles Ford，Ho Kai and William Edward Crow，"Notes on Chinese Materia Medica，" *China Review* 15（1886−1887）：214−220，274−276，345−347；16（1887−1888）：1−19，65−73，137−161. 福特很明显对此项研究深感自豪。参见福特给威廉·西塞尔顿-戴尔的信，Kew：Chinese and Japanese Letters，150（310），（322），（323），（356）。

　　⑤ Janet Browne，*The Secular Ark：Studies in the History of Biogeography*（New Haven：Yale University Press，1983）；同一作者，"Biogeography and Empire，" in Jardine，Secord，and Spray，eds.，*Cultures of Natural History*，305−321；Michael Dettelbach，"Humboldtian Science，" in *Cultures of Natural History*，287−304；Philip F. Rehbock，*The Philosophical Naturalists：Themes in Early Nineteenth-Century British Biology*（Madison：University of Wisconsin Press，1983），第 2 部分；Malcom Nicolson，"Alexander von Humboldt and the Geography of Vegetation，" in Andrew Cunningham and Nicolas Jardine，eds.，*Romanticism and the Sciences*（Cambridge，England：Cambridge University Press，1990），169−185。

植物地理学的影响，这个问题变得更加重要。为了挑战这个难题，学者援引
一些较新但富争议性的理论；比如说，关于动植物迁移或地球历史的新观点
以及达尔文进化论等。汉学博物学家很少有能力直接介入这方面的争论，但
是他们当中有不少人还是注意到了相关讨论。[①] 他们认同杰出的瑞士植物学
家德堪多（Alphonse de Candolle）的努力，亦即把人类历史带入植物地理学
的研究之中。[②] 德堪多将人类行动列为植物传播的媒介之一；如果有人想知
道现代植物分布是如何形成的，就必须将人类历史考虑在内。德堪多还认
为，由于栽培植物对于经济植物学、农业和文明史的重要性，故而值得加以
特别关注。他甚至提出，中文书籍可能为栽培植物史方面一些问题的解决提
供有用的线索。[③]

著名汉学家贝勒写出了有影响力的著作，来证明中国文献能为地理植物
学和栽培植物史的很多疑问提供解答。他认为这些文献可以用来追溯众多栽
培植物的源头，甚至能帮助确定其传播路线。[④] 例如，善用此类文献可判断
特定的中国植物是后来从美洲引进的，还是在之前甚至是古代就有的。再举
个例子，史料提及张骞（约公元前 120 年）在出使中亚的外交活动后带回了
甜瓜、葡萄和其他异地水果。虽然汉学家未必同意这个故事的细节，但是他
们对其认真看待，并采用其他语言史料里的证据进行对照考证。[⑤] 汉学兼博
物学者的学术背景，有助于解释为什么他们会被这类的研究所吸引。对中华

---

① 例如，金斯密的主席就职演说 "Border Lands of Geology and History"，
JNCB, n. s., 11 (1877)：1–31。

② Alphonse de Candolle, *Géographie botanique raisonnée, ou exposition des faits
principaux et des lois concernant la distribution géographique des plantes de l'époque
actuelle*, vol. 2 (Paris：Masson，1855)，第 9 章；同一作者，*Origin of Cultivated
Plants*，第 2 章（New York：Hafner Publishing Company，1967 [1886]）。

③ Alphonse de Candolle, *Géographie botanique raisonnée*, vol. 2，979–980。

④ Bretschneider, *On the Study and Value of Chinese Botanical Works*，6–7；同
一作者，"Botanicon Sinicum,"　20–21。

⑤ 这方面有很多的参考书，Berthold Laufer, *Sino-Iranica：Chinese Contribu-
tions to the History of Civilization in Ancient Iran, with Special Reference to the His-
tory of Cultivated Plants and Products*（Chicago：Field Museum，1919）。当时大部分
的争议集中在判定某种植物是否是由张骞引进中土的，较少有人全面质疑张骞从中亚
带回异域植物的故事。

文明的兴趣、对文学研究的喜好，以及在汉学和与文学方面的知识，将他们引向了与上述问题相关的研究。贝勒声称植物分类学"枯燥""单调"的一个主要原因，就是它遗漏了"植物与人的关系"。[①] 贝勒的说法道出了许多在华同好的心声。

与博物学一样，历史地理学和语文学是在华西方学者中间流行的学门。在中国的西方杂志常刊登关于这些主题的报告、问答和热烈讨论，其中许多是分析中国与世界其他地方，尤其是与印度和中亚的关系。中国、印度和中亚的文化交流源远流长，在语言、宗教、物质文化、驯养动物和栽培植物方面都留下了印证。但是要从散乱难缠的史料中重构历史，却并非易事。在华汉学家应用东方学的成果，例如从研究印欧语系所发展出的比较语言学，来着手进行历史地理学、民族志和博物学的研究。

汉学博物学家对博物学和其他研究领域的兴趣并非截然二分。他们不仅将历史地理学应用在博物学的研究上，更以博物学裨助历史地理学研究。例如，同样从事历史地理学研究的贝勒和谭训曾撰文驳斥某些欧洲汉学家提出的中国和尚在 6 世纪发现美洲的主张。史料记录了远行的和尚在当地所看到的奇异动植物。谭训和贝勒从中国关于植物的著作中找出证据来反驳欧洲同行们的论断，他们认为游记中的扶桑树不是指墨西哥芦荟，而指涉的国家大概是日本。[②]

中国传统的"博物学"

与鸦片战争前相比，19 世纪后半期在华英国人可以接触到大量的中文书籍。他们可以轻易地在主要城市购买到图书。图书资源的增加，拓宽了他们对中国文献的接触，也让他们在博物学研究中可以参考更多的资料。本章至此比较宽松地使用诸如"关于博物学的中文著述"或者"中文的植物学著述"之类的用语，这是因为西方汉学博物学家自己就采用这些说法。这种把

---

① Bretschneider，*On the Study and Value of Chinese Botanical Works*，7.

② Bretschneider，"Fu-sang, or Who Discovered America?" *Chinese Recorder* 3 (1870-1871)：114-120；Sampson，"Buddhist Priests in America," 收入其 *Botanical and Other Writings*，30-31。

自己的知识分类强加于中文著述的习惯，源于文化遭遇时把不熟悉的事物按其特点翻译并归类于自己熟悉的事物的做法，也就是帕顿（Anthony Pagdon）所谓的"比附原则"（principle of attachment）。① 它也显示出汉学博物学家以西方的科学为透镜来看待中文著述。然而，在事实上，中国人并没有一门学科、一个知识体系，甚或一个连续的学术传统，刚好与西方的"博物学""植物学""动物学"相对应。现代中文中的"植物学"（即对植物的系统及科学的研究）诞生于 1858 年，用来指称西方有关植物方面的科学。它最早出现在林德利《植物学提要》（*Elements of Botany*）一书的中文译本当中。与此类似，"博物学"也是 19 世纪翻译西方著作时出现的新词新义。② 但是中国人的确著述了大量关于动、植、矿物方面的文献，而且发展出各种文体、分类及学术传统来描述、组织动植矿物。举个例子，在晚明和清代士人中间盛行的园林文化和园艺促成了大批园艺学文献的出现，其中包括花谱、园艺手册、花卉画入门之类的著作。文人莳花养草、咏梅颂竹，菊谱、梅谱、兰谱等对这些花按照其美学特质及象征意义，分门别类，品评高下。所以，只有从这种"花文化"来看，我们才能理解这大量文献著作的原来意义。③ 西方

---

① Anthony Pagden，*European Encounters with the New World*（New Haven：Yale University Press，1993），第 1 章。

② Georges Métailié，"La creation lexicale dans le premier traité de botanique occidentale publié en chinois（1858），" *Documents pour l'histoire du vocabulaire scientifique* 2（1981）：65-73；潘吉星：《谈"植物学"一词在中国和日本的由来》，载《大自然探索》，1984（3），167~172 页；中国植物学会编：《中国植物学史》（北京，科学出版社，1994），122~123 页。"植物"这个术语意指 plants，而"学"指有组织的整体学问。当时，翻译者常常用"学"指称西方的或西式的学习科目。"博物学"里的"博物"显然来自"博物志"这个文体，因其中多涵盖自然万物，译者觉得与普列尼（Pliny）的 *Natural History* 和其他著作类似，因此将 natural history 译为"博物学"。但是，"博物"直到与"学"相结合而成为一个新词之前，它并非仅仅指称自然界事物。与此类似，"植物"是一个传统术语。它早已被用以指称各种植物，例如，在吴其濬的《植物名实图考》（1848）中，它可译为"对植物的名称与特征的图像研究"（the pictorial study of the names and natures of plants）。

③ 参见第 1 章。亦可参见 Jack Goody，*The Cultures of Flowers*（Cambridge，England：Cambridge University Press，1993）；Craig Clunas，*Fruitful Sites：Garden Culture in Ming Dynasty China*（London：Reaktion Books，1996）；王毅：《园林与中国文化》（上海，上海人民出版社，1990）。

汉学博物学家们当然知道，这些中文著作原定的读者和自己有着很不相同的品味与需要。但是他们将这些著作以自己的科学观念词语加以重新组织，从而评价它们对博物学研究的价值。在浩瀚的中国文献中，博物学家认为最有用的是什么样的资料呢？

　　首先是那些专注于动植物或其他自然事物的著作。这些文献与西方博物学的书写模式似乎有足够类通之处，因而西方博物学家经常直接将其比拟为自身的博物学传统。但是如果把边沁的《香港植物志》（*Flora Hongkongensis*）、西博尔德的《日本动物志》（*Fauna Japonica*）、弗朗谢（Franchet）的《谭微道植物志》（*Plantae Davidianae*）或者谭微道的《中国鸟类》（*Les oiseaux de la Chine*）与一部传统中文著作摆在一起，在华的维多利亚时代博物学者大概会觉得后者是个大杂烩。除了那些愿意去加以深入了解的博物学者，其他的博物学者，在刚接触到中国传统对自然事物的分类、排序和描述时，恐怕是失望居多。

　　一般说来，最常被西方博物学者引用的中文著作是李时珍的《本草纲目》（1596），通常被译成"Great Materia Medica"。该书体例庞大，内容广博。17世纪的一个版本有36卷，囊括了超过1 200种植物、动物和矿物。至少从17世纪晚期开始，西方学者就已知道这部著作，即使在19世纪，它也一直是"所有研究中国博物学的学者必备的教科书"①。《本草纲目》循古习将动物归类成五"部"——虫、鳞、介、禽、兽。每一部再分若干类，例如禽部包括了水禽类、原禽类、林禽类、山禽类。每一类又分很多种；这些

---

① O. F. von Möllendorff, "The Vertebrata of the Province of Chili with Notes on Chinese Zoological Nomenclature," *JNCB*, n. s., 11 (1877)：41-111，此见44页。对于《本草纲目》的简要介绍，参见 Paul Unschuld, *Medicine in China*：*A History of Pharmaceutics* (Berkeley：University of California Press, 1986)，145-164；Joseph Needham, *Botany*, vol. 6, part 1, *Science and Civilization in China* (Cambridge, England：Cambridge University Press, 1986)，308-321。关于李时珍，参见席文 (Nathan Sivin) 在《科学传记辞典》（*Dictionary of Scientific Biography*）第8卷，390～398页中的文章。另可参见中国植物学会编：《中国植物学史》，69～81页；中国药学会：《李时珍研究论文集》（武汉，湖北科学技术出版社，1985）；Georges Métailié, "Des plantes et des mots dans le *Bencao Gangmu* de Li Shizhen," *Extrême-Orient*, *Extrême-Occident* 10 (1988)：27-43。潘吉星在他的《中外科学之交流》中讨论了《本草纲目》在欧洲的传播，见206～214页。

"种"有的与现代生物分类学的物种相对应。鳞部分成四类，但这些类别是基于外形而定，不像禽类是以栖息地来划分：龙类（如龙①、蜥蜴、穿山甲）、蛇类、鱼类、无鳞鱼类（如乌贼）。跟动物类似，植物也分成五部：草部、谷部、菜部、果部和木部，下面再分 31 类和难以计数的种。其中一些分类按照习性定义，而其他分类则按照形貌和功能定义。所以一个"种"有可能对应一个或多个现代生物学分类的物种，甚至是相隔甚远的不同类里的物种。

《本草纲目》中的分类法承前启后，对后代同类著作影响甚巨。美国传教士卫三畏是植物学家格雷（Asa Gray）的朋友，他认为中国分类法"粗糙且不科学"，并以其中的植物分类为例，宣称"各类群里的成员之间甚至比埃及奴隶贩带着的各色各样的一群人之间更没有亲属关系"②。他认为《本草纲目》"远落后于普利尼（Pliny）③ 和迪奥斯科里季斯（Dioscorides）④ 的著作"，并警告同侪说："该书的名气只会使书中的谬误延续下去。"⑤

但是，并不是所有的人都同意卫三畏的看法。动物学家和德国领事穆麟德（Otto F. von Möllendorff）认为，《本草纲目》中的动物分类体系"即便不优于，也至少相当于林奈以前的欧洲动物学家所发展出的体系"⑥。他还称赞早期中国博物学著作所展现的"相当敏锐的观察力"的种种迹象。⑦ 在华的西方动物学家主要注重研究哺乳动物、鸟类和鱼类，而这些都是较大型的

---

① 此即中医学所称的龙骨。——译者注

② S. Wells Williams, *The Middle Kingdom*, vol. 1 (New York: Charles Scribner's Sons, 1913 [1882]), 372.

③ 普利尼（Pliny, 23—79），古罗马作家，著有《博物志》。——译者注

④ 迪奥斯科里季斯（Dioscorides），公元 1 世纪左右的希腊医生，被称为"西方医学之父"。曾在著作《药物学》（*De Materia Medica*）中将植物分为芳香、烹饪及药用三类。——译者注

⑤ Ibid., 370.

⑥ Möllendorff, "The Vertebrata," 44-45. 关于比较《本草纲目》和文艺复兴时期药书的一个饶有趣味的研究，Georges Métailié, "Histoire naturelle et humanisme en Chine et en Europe au XVIᵉ siècle," *Revue d'histoire des sciences* XL II/4 (1989): 353-374. 他认为两书中的植物学知识有非常重要的近似之处。当然，对作这一比较的根据仍有讨论的余地。

⑦ Möllendorff, "The Vertebrata," 42.

动物，不一定需要很多细节就能知道书中叙述所指的是什么动物。因而，他们觉得一些中文著作中的描述还算精确。此外，一些西方博物学者在越来越 *107* 熟悉中文著作之后，也变得更为欣赏这些著作。正如李约瑟所说，贝勒在经过 11 年的研究之后，抛弃了他早期大部分的对中文著作的批评。[①] 基于他对中西植物学问的异同较敏锐和成熟的看法，他建议中文著作应该"被翻译成欧洲语言，并……附以评论"[②]。

《本草纲目》和其他主要的中文药书，包括了对动物或植物的描述、开列异名、解释药性并提及产地。我们可用木兰为例。《本草纲目》列出了它的四种异名，每种都援引资料出处。作者接着还解释了为什么会有这些名称。接下来是外形描述，包括了四处前代著作的引文和一处作者本人著作的引文。这些引文描述木兰树叶和花的形状及颜色、成株大小、出产省份、功用、俗名等。作者继续解释说，该树在（农历）四月开花，而过 20 天后花就会凋谢，也不产果实。作者接着就与木兰相关的几个传说作出评价。最后，他解释了木兰的药性和用法，并且为某些疾病开出药方。例如，木兰花可以治鱼鲠骨鲠。

贝勒，也许还有其他多位学者，并不觉得中文植物学著作特别难以理解。[③] 因为书中叙述常常是明确而直截了当的。《本草纲目》全书使用颇为一致的结构原则和描述语词。花的颜色和花期通常都会提及。但贝勒还是觉得在此类著作中"对植物描述的细节""贫乏而不能令人满意"[④]。传统中国并没有一套可以共享的、像现代植物学拉丁文那样的术语，无法用多少已经标准化的术语来再现某种植物的特征。所以，在描述一种植物时，常常得靠比照另一种植物的各部分才行。问题是，欧洲读者通常都未曾见过这两种植物的任一种，所以很难从比较描述中得到什么清楚的内容。贝勒对此很头疼，不过他也承认，在林奈的时代以前，欧洲植物学著作也广泛采用同样的做法。[⑤]

---

① Needham，*Botany*，22－23.

② Bretschneider，"Botanicon Sinicum，" 66.

③ Ibid.，66－67.

④ Ibid.，65.

⑤ Ibid.，65－66.

108   传统中文著作中的文字描述有时会附图例。① 例如《本草纲目》就收录了一千多个图例，各有不同的风格、品质和来源。同文艺复兴及现代早期欧洲博物学著作一样，中文著作常常不加分辨地复制前代作品中的图样。传教士兼汉学家花之安抱怨这种做法说："这些书的作者常常是对书籍比对自然界更熟悉，而刻印工则是对两者都不懂。"② 即便到现在，学者也不清楚当时中国人怎么使用《本草纲目》中的图例，因为它们很多都过于粗疏，不太可能用来进行实际鉴别，所以很难说此类视觉表象对当时的中国读者来说意味着什么。《本草纲目》称这些图例可以帮助鉴定实物，但由于图本身的问题，在大多数情形下也许只会凸显图例与实物之间的差异。不过，当中文著作收录直接从自然界写生的图鉴时，其精准程度可能会引起博物学家的注意。贝勒称赞一部 15 世纪初出版、为救荒而写的可食用野生植物图谱《救荒本草》，认为其中很多木刻图"的确要比 17 世纪欧洲的木刻还高超"③。

      西方动植物学家对中文博物学著作的木刻有不同的评价。尽管贝勒赞赏《救荒本草》，但他仍认为传统中国图例常常"太粗糙，以至于很少能从中得到什么答案"④。另一位植物学家在提到《本草纲目》的图例时，笑着说道："常常很难分辨图里画的是一株植物还是一只鸟。"⑤ 但是，福威勒（Albert Fauvel）却从《本草纲目》中选了一幅图片，附在他关于中国鳄鱼的论文中。⑥ 郇和与穆麟德这两位动物学家认为，一种中世纪的中国古辞书《尔雅》的插图很有用。⑦

---

①   Richard Rudolph，"Illustrated Botanical Works in China and Japan，" in Thomas Buckman，ed.，*Bibliography and Natural History*（Lawrence：University of Kansas Press，1966）；André Georges Haudricourt and Georges Métailié，"De l'illustration botanique en Chine，" *Etudes chinoises* 13（1994）：381–416.

②   *JNCB*，n. s.，25（1890–1891）：403.

③   Bretschneider，"Botanicon Sinicum，" 50. Haudricourt and Métailié 的"De l'illustration botanique en Chine"一文比较了中国和文艺复兴时期欧洲的植物及药书，认为像《本草纲目》一类中国本草中对植物的描绘，基本上是依靠文字叙述。这个观点可以接受，但我们仍想进一步了解为什么这些著作还附了大量图例。

④   Bretschneider，"Botanicon Sinicum，" 55.

⑤   Sampson，*Botanical and Other Writings*，41.

⑥   A. A. Fauvel，"Alligators in China，" *JNCB*，n. s.，13（1878）：1–36.

⑦   郇和致欧文（Richard Owen）的信，1870 年 2 月 18 日，NHML：Owen Correspondence，vol. 25，ff. 69–70. Möllendorff，"The Vertebrata，" 44。指的大概是宋刊《尔雅音图》的清代翻印本。

然而，贝勒却不这么认为。① 这些不同看法源自于这点事实，即，与鉴别某种大型动物相比，鉴别某种植物需要更多的细节。鉴别植物常常需要花和叶的精确细节，但这些细节却在传统图例中被简化成一两笔。唯一一部因图例精美而广受称赞的中文著作是《植物名实图考》。②

作者吴其濬亲自根据实物标本制作了书中大部分的插图。这些图描绘比较细腻精确，常常足以缩小某种植物身份的可能范围，使得研究不至沦为乱枪打鸟。贝勒在其一部关于中国植物学著作中，复制了好几幅吴其濬的插图。③ 谭训也在他关于菩提树的论文中收录了一幅图例。④ 当韩尔礼试着向皇家邱园园长威廉·西塞尔顿-戴尔解释某一种植物时，他也附上了《植物名实图考》中该植物的插图。⑤

不论这些中文著作在维多利亚时代的博物学家眼中是如何不尽如人意，《本草纲目》和《植物名实图考》还算是中国植物学著作中经验主义色彩最强的。而他们在研究中还常常得与那些文学性较重的书籍缠斗。《广群芳谱》（1708）是他们研究中最广泛征引的参考书之一。该书通常被翻译成"Enlarged Botanical Thesaurus"。尽管译名如此，此书基本上是一部有特定主题的选集，包括了摘选自大量文学作品的引述。引文按照植物种类编排。尽管汉学博物学家们很少专门去将它与"本草"文类相区别，而统称其为植物学著作，但该书实际上应属于园林文学传统的范围。在《广群芳谱》中，经验式的观察同诗歌、食谱、寓言、药方和历史传说混杂在一起。本书体例庞

---

① Bretschneider, "Botanicon Sinicum," 35.

② Georges Métailié 和当代中国学者令人信服地提出，吴其濬受到了18世纪晚期后流行于中国学者中的考据方法的影响。考据派强调严肃的考据研究。总体上讲，吴的著作是一部更多偏重植物而非药物的图绘辞典。河南省科学技术协会编：《吴其濬研究》（郑州，中州古籍出版社，1991），55～57页；André Georges Haudricourt and Georges Métailié, "De l'illustration botanique en Chine"。关于考据学派，参见 Benjamin Elman, *From Philosophy to Philology：Intellectual and Social Aspects of Change in Late Imperial China* (Cambridge, Mass.：Harvard University Press, 1984)。

③ 贝勒的 *On the Study and Value of Chinese Botanical Works* 中包括了《植物名实图考》的8个图例。

④ Sampson, *Botanical and Other Writings*, 32.

⑤ 韩尔礼致威廉·西塞尔顿-戴尔的信，1887年5月13日，Kew：Chinese and Japanese Letters 151 (604)。

大，有 100 卷之多，涵盖 1 500 多种植物。这种无所不包的综合性使《广群芳谱》成为一个很有用的信息资料库。

此外，众多中文地理著作也是在华西方博物学家常常翻阅的参考书。将他们引向地理学著作的不单是他们对历史地理学和栽培植物史的兴趣，也在于田野调查以及相互对照博物学文献有助于研究的需要。中文地理学著作有多种形式，不过方志是最主要的资源。地方志作为一种官方或半官方出版物，常由郡、省、州级别的政府机构发行，描述该辖区的地理、历史、人文、物产。在华洋人非常依赖这些方志，以获得关于特定地区的信息。通常方志都包括一个物产卷，其中列出并描绘本地植物、动物和矿物，此类目录的目的是罗列展现该地的特产，但方志与方志间的这类目录在质量上有相当大的差异。

举两个例子。像《贵州通志》（1742）中所记载的那种简明目录，收录了几百种事物；其中大部分都没有注解，只有名称。而像《四川通志》（1816）中所记载的那种比较详细的目录则长达数十页，而且所提及的事物常常附有简短的说明。方志最有价值的特色之一是它们具体指出郡、县级别的产地。博物学研究者因而能将注意力放在某个确切的区域。

无可讳言，地方志里注解式的目录很难达到西方博物学家特定的标准。相对而言，他们对经验观察上准确及彻底的要求，只会让一个普通的中国地方官感到困惑不解。不论如何，方志还是为西方博物学研究多提供了一个方便的出发点。除了自然事物方面的信息，方志还涵盖农、工、商业；博物学家从这杂乱无章却又独一无二的文献中搜集有助于经济植物学研究的资料。19 世纪 70、80 年代，当英国人开始在中国西南旅行探险时，他们总是把当地方志带在身边。①

事实上，方志甚至对较专业化的研究也很重要。尽管郇和抱怨方志品质粗糙，但在他 19 世纪 60 年代对台湾和海南岛动物的开创性研究中，也常常

---

① 诸如 E. C. Baber, *Travels and Researches in Western China*, *Supplementary Papers of the Royal Geographical Society* 1 (1882)；同一作者，*Report by Mr. Baber on the Route Followed by Mr. Governor's Mission between Talifu and Momein*, Parliamentary Papers, China No. 3 (1878)；*Report by Mr. F. S. A. Bourne of a Journey in South-Western China*, Parliamentary Papers, China No. 1 (1888)；*Report by Mr. Hosie of a Journey through the Provinces of Suu-ch'uan*, *Yunnan*, *and Kuei Chou*：*February 11 to June 14*, 1883, Parliamentary Papers, China No. 2 (1884).

依赖当地的方志。① 他从中学到很多东西，包括他原先不知道的在这两个岛上生存的动物。② 穆麟德认为一部方志对研究中国北方脊椎动物"非常有用"。③ 贝勒则宣称，方志中关于自然物产的描述有时"极为具体入微，并附有来自在地观察的有趣评论"，有助于植物地理学的研究。④

汉学博物学家并没有将注意力局限于显而易见的文献，如本草和地理书籍之类。他们还参考了许多其他文类，包括游记、辞书，甚至还有佛教文献，因其可能含有从印度传到中国的植物的记载。⑤ 到 19 世纪末，大量中文文献已被爬梳过了。贝勒关于中国植物学文献的著作《中国植物》（*Botanicon sinicum*，1881）在同类研究中最为全面，其中罗列了超过一千本的中文参考书。

111

文本实作

在华的汉学兼博物学研究者并不是唯一在文本中翻找资料的博物学家。我在文章开首提出"文本实作"的说法，强调文本的使用是 19 世纪博物学的基本功夫之一。在此先举一个明显的例子来说明这个概念，亦即近期绝种的动物。当维多利亚时期的鸟类学家们追踪新近灭绝的鸟类——大海雀时，他们翻遍了大量著作，包括航海志、旅行日记、地理志甚至冰岛图书馆库藏的一些陈旧手稿。⑥ 这是因为博物学工作远不止于采集化石、剥制鸟兽标

---

① 参见诸如 Robert Swinhoe，"On the Mammals of the Island of Formosa (China)," *Proc. Zool. Soc.* (1862)：347-365；"The Ornithology of Formosa，or Taiwan," *Ibis* 5 (1863)：198-219，250-311，377-435；"On the Mammals of Hainan," *Proc. Zool. Soc.* (1870)：224-236。

② Robert Swinhoe，"Neau-Show," *JNCB*, n. s.，2 (1865)：39-52.

③ Möllendorff，"The Vertebrata," 46. 另可参见其 "Trouts in China," *China Review* 7 (1878 年 7 月—1879 年 6 月)，276-278。

④ Bretschneider，"Botanicon Sinicum," 87.

⑤ Sampson，*Botanical and Other Writings*，31-36；Bretschneider，"Botanicon Sinicum," 92-95.

⑥ Alfred Newton，"Abstract of Mr. J. Wolley's Researches in Iceland respecting the Gare-fowl or the Great Auk (*Alca impennis*，Linn.)," *Ibis* 3 (1861)：375-399；Symington Grieve，*The Great Auk，or Garefowl（Alca Impennis，Linn.）：Its History. Archaeology，and Remains* (London：T. C. Jack [etc.]，1885).

本、固定麻醉了的蝴蝶、压夹植物的根花叶等操作；也不限于按照林奈或其他分类学体系对标本进行归类。博物学家还想知道特定植物和动物的历史、它们的习性和行为、某区域内动植物的特性和多样性等。这些课题对田野博物学家的研究至关重要，对诸如经济植物学和植物地理学等若干博物学分支也是如此。单靠检验标本和田野观察是无法回答这些问题的。

事实上，即使将一种植物或动物分类，博物学家也得查阅旧有的博物学书籍，以避免重复命名已分类物种，并力求保持标本描述的简单和连贯性。如果该植物和动物已经被恰当地描述，就不能再创建一个新种，更不用说一个新属了。如果旧有的描述依然适用，最好尽可能多地采纳。不管是在欧洲还是中国，博物学家并不能经常看到某物种的任何一个标本，遑论是模式标本，就算是真有模式标本存在的话。因此，分类学专著里科学术语的描述是分类学实作不可或缺的材料。① 植物学家汉斯曾指导一位向他请教的初学者购买十几部植物学书籍作为起步读物，其中不少还是多卷本的著作。② 新近加入中国海关的包腊希望研究中国植物，他发现要做的第一件事就是"必须写信回国去买一些植物学方面的书籍"，因为他自己在处理新遇到的植物时，"频频碰到难题"。③

所以，从这点来看，参照中文文献进行博物学研究并不算是离经叛道。几乎所有的博物学研究都多多少少牵涉到文本实作。然而，参阅运用中文著作还是给这些博物学者带来了独特的挑战和问题。从事这项工作需要学术上的专门训练、知识和技术，即便一个有准备的研究者也不见得能轻易地从中国文献的迷宫中走出来。那些中文著作涵盖不同的书写文体，跨越几个世纪的时间，而某一文体的作品又有不同的写作风格。单纯的语言障碍从 19 世纪中期开始不再那么令人望而生畏，虽然欧洲人还是觉得学中文不是件易事。作为当时最好的汉学家之一，贝勒仍然同意近三百年前利玛窦的说法：

---

① Paul L. Farber, "The Type Concept in Zoology during the First Half of the Nineteenth Century," *Journal of the History of Biology* 11 (1976)：93–119.

② 汉斯致韩尔礼的信，1885 年 4 月 1 日，1885 年 6 月 7 日，NBG：Letters to Henry（这些信件未标序数）。

③ 伦敦亚非学院（School of Oriental and African Studies, London），包腊论文（Bowra Papers），英文手稿编号 201813，第 2 盒第 7 项，包腊 1863 年的日记，7 月 18 日。

"对西方人而言，中文是所有语言中最难的。"① 但在中国已经形成一个西方汉学家的团体，而且他们可以直接向中国人请教语言方面的问题。所以说，基本的语言障碍已不再是无法克服的了。然而一旦他们闯入博物学文献的领域，就不能依赖中文教师了，因为后者的"学识很少超越儒家经典之外"②。

在这种情况下，对文献本身的熟悉变成最可靠的向导。要想在中文著作中追溯特定的植物和动物并非易事。中国文学传统中对前代作者及作品的引述和用典使查找过程有迹可寻，而不再显得那么令人畏惧。但是，如果要寻索想要的信息就马上得靠语文学的考究工作。为了发现并确定信息，为了理解内容，为了弄清纠缠在一起的名称杂乱的人物、植物和地点，都需要大量参阅中文文献。

西方博物学家在着手研究中文文本时，有意无意地采用了某些诠释策略。比如说，他们将中文著作比拟作早期西方草药书的习惯，反映了他们对林奈之后西方植物学的优越性的自信，以及把各文化产品都一律按照心目中文明进化的阶梯加以排列的倾向。这两者都是维多利亚时代学者常用的比较方法的特点。③ 直接把中文著作与早期西方著作相类比，博物学家实际上没有注意到在两种独立的博物学传统之间存在着翻译上的基本议题。这种态度与传教士对基督教和中国宗教的态度截然相反；后者是强调基督教与"异教"之间的绝对差异，由此引发了对诸如"God"等关键字与观念进行准确翻译的严肃争议。④ 更重要的是，这种颇为一致的态度，与西方学者在把西方科学著作翻译成中文和用中文讲授科学的可能性方面

113

---

① Bretschneider, "Botanicon Sinicum," 19.

② Ibid., 67.

③ Michael Adas, *Machines as the Measure of Men* (Ithaca: Cornell University Press, 1989); J. W. Burrow, *Evolution and Society: A Study in Victorian Social Theory* (Cambridge, England: Cambridge University Press, 1966), 11–14; George Stocking, Jr., *Victorian Anthropology* (New York: Free Press, 1987), 174–175; Robert Nisbet, *Social Change and History: Aspects of the Western Theory of Development* (Oxford: Oxford University Press, 1969), 189–208.

④ W. H. Medhurst, *A Dissertation on the Theology of the Chinese* (Shanghai, 1847); Arthur Wright, "The Chinese Language and Foreign Ideas," in *Studies in Chinese Thought*, ed. Arthur Wright (Chicago: University of Chicago Press, 1953), 286–303; Gernet, *China and the Christian Impact*, 238–247.

的分歧意见大不相同。当《北华支会会刊》调查这一问题的时候，很多在华的西方学者认为，由于语言结构上的局限，用中文教授或表达科学观念几乎是不可能的。他们列出的原因包括：中文表意文字不能完全精确传达抽象的想法、逻辑和理性；中文即便对中国人自己而言，都是极为棘手难学的；为准确翻译科学著作，必须创造出无数个中文新词，这会让整个传播西学的大业变得不切实际。① 不过，也有学者不同意这种看法，他们反而积极参与传教士和中国政府所主持的西书中译事业。

　　当翻译转为另一个方向，即从中文翻译成英文时，话题就不再是译入语的内在局限了。汉学博物学家从不怀疑在认知和语言本身的特质上，西方的科学与语言是优于中国的。② 他们都不假思索地假设，有可能也有必要把中文著作中的经验性事实从胡乱的中国式知识体系中抽离出来。多数的博物学家对探究中国人博物知识的整体框架没有兴趣。不少人随便评价中国人对自然事物的分类体系，但是似乎没有一个人重视这一议题。没有证据显示当时博物学家曾试图认真解释中国人知识体系的观念基础和组织原则。西方博物学家鲜少讨论调和两大知识传统，或者全盘吸收中国人的知识体系。他们把注意力集中在鉴定个别植物和动物的实际问题上面。中文文献通常被视为一种落后、不成熟而且信息芜杂的资料来源，就像早期西方著作一样，而不是一个有其自身历史和逻辑传统的产物。换言之，要进行他们的研究，博物学家首先得"误读"中文著作，亦即将其转译到一个新的语境中，来剥除"只有中国读者才能欣赏的大量其他东西"③。

　　这么说来，汉学博物学家给自己设定的中心任务是"取珠于泥"：从成堆的文献典故、可疑逸闻和杂讯中择取"有用的信息"。然而在这过滤博物

114

---

　　① "The Advisability, or the Reverse, of Endeavouring to Convey Western Knowledge to the Chinese through the Medium of Their Language," *J NCB*, n. s. , 21 (1886)：1-21. 在一定程度上，该文中的某些观点类似于 19 世纪早期在印度关于教育方面的争议。参见诸如 Adas, *Machines as the Measure of Men*, 271-292. 中文的独特性，尤其是它的一些表意文字对在华的西方教育家是新的挑战。

　　② 参见 Tejaswini Niranjana, *Siting Translation：History, Post-Colonialism, and the Colonial Context* (Berkeley：University of California Press, 1992) 一书，作者在书中讨论了与权力和翻译相关的某些理论性议题。

　　③ Bretschneider, "Botanicon Sinicum," 21.

学资料的过程当中，即使是最普通的操作，所牵涉的步骤都远比单纯地筛选有用的零星片段要复杂得多。这一过程必须包括对中文著作在文本和认知上的诠释。因为实际上书中并没现成的"事实"标明好了以供搜集。不管是文本中的任何一则信息、描述或者图像，只有在经过诠释之后才变成所谓的"事实"。西方学者必须用他们作为博物学家和汉学家的经验及训练进行这项操作。这一诠释过程多少受他们对中国文献传统乃至中国人的了解及观感所影响。他们不但要斟酌决定在多大程度上能信赖中文文本，还要决定如何看待某个中文文本中的某种特定陈述。① 在评估证据的过程中，博物学家自身与中国人接触的经验，还有他们对中国文献的熟悉程度等种种因素，都可能左右最后的决定。

不论一位博物学家的决定是基于什么因素，他对中国人在博物学方面成就的评价直接关系到他从文献中所得出的结论。例如，郇和在 1870 年提出貘在历史上曾经在中国土地上生存的看法，因为他认为在一部古书里的图像似乎是根据实物描绘的。② 但大英博物馆的博物学泰斗欧文（Richard Owen）却有所怀疑，并认为该图像描绘的有可能是一只来自马来亚③的貘，或者是一位到该地区旅行的目击者所画。④ 双方都没有足够的证据来支持或反对上述任何一种可能。郇和的看法多少源于他使用中文著作的经验。同样，在协助梅辉立研究中国玉米历史时，汉斯倾向于接受玉米是从中亚而不是从美洲引进的。他认为 16、17 世纪的中文博物学著作比起同时代的西方著作居于"远为先进的发展阶段"⑤，因此更愿意重视一部基本可靠的中文书籍的证据。

以上数例说明了诠释中文文献的某些一般性的因素，但是解释和应用中文著作也牵涉到技术层次上较个别的挑战和判断。例如，谭训试着用从《广

----

① 　关于科学中的"真实"，参见诸如 Steven Shapin, *A Social History of Truth*，尤其是 243～266 页。

② 　郇和致欧文的信，1870 年 2 月 18 日，NHML：Owen Correspondence, vol. 25, ff. 69-70。

③ 　马来亚为马来西亚西部地区的旧称。——译者注

④ 　Richard Owen, "On Fossil Remains of Mammals Found in China," *Quarterly Journal of the Geological Society of London* 26（1870）：417-434.

⑤ 　汉斯为梅辉立写的介绍性评论，"On the Introduction of Maize into China," *The Pharmaceutical Journal and Transactions*, 3rd sr., 1（1870-1871）：522-525。

160

115 群芳谱》搜集来的资料，合成一个他自认满意的有关枫树的描述。在研究过程中，他摒弃了一条声称该树果实大如鸭卵的说法，认为这"毫无疑问是东方式的夸大"①。在这里，如果我们过度强调谭训的文化沙文主义和东方主义，就很难解释为什么他觉得同一著作中的其他描述值得信赖，也没办法知道博物学家在处理中文文献时的主要操作规程。这并不是要否定博物学论述中可能含有搜集异国奇珍的一种东方主义欲望，以及从欧洲中心观来命名、排列事物的那种帝国主义意志。② 这些的确是很重要的话题（在第三章有比较详细的讨论）。但是为了更深入理解博物学家的研究实作，我们需要考察他们阅读中文著作的具体细节，来展现文本实作是如何作为一种研究方法的运作机制起作用的。

对中国动植物的调查常常会借助很多语文学、地理学和史学方面的研究，还需要汉学家的技术与学识以分析、比较和诠释文献。博物学家兼用博物学和汉学来解释中文文本，开创出一个特定的论述领域，在其中，这两门学科的界限变得模糊，不同类型的证据也趋于同化。中文文本里的陈述可能被引用作为证据，以支持或修正西方博物学的既存观点。相对的，博物学知识也一样可能会被引用来帮助解决汉学研究中的问题。

从土龙到扬子鳄

为了进一步说明汉学博物学家如何在其研究中使用中文文本，让我们详细分析一个例子。福威勒关于中国鳄鱼的一篇论文展现了汉学博物学家学术方法和研究的多个面向，刚好符合我们的目的。③ 虽然福威勒是法国人，但作为海关雇员和博物学爱好者，他同英国人有密切的合作。在 19 世纪 70 年*116* 代，他曾主管皇家亚洲学会北华支会附属的上海自然博物馆。他关于鳄鱼的文章赢得了在华西方学者的重视，部分原因在于，它是首篇证明中国有鳄鱼存在的科学论文，另一部分原因是文中涉及了汉学研究的某些问题。事实

---

① Sampson, *Botanical and Other Writings*, 17.

② Harriet Ritvo, "Zoological Nomenclature and the Empire of Victorian Science," in Ligheman, ed., *Victorian Science in Context*, 334–353.

③ A. A. Fauvel, "Alligators in China," *JNCB*, n. s., 13 (1878): 1–36.

上，该文是汉学和动物学二者兼备的研究，其多方面、相互联系的关注点反映了汉学博物学家研究的范畴。福勒威对这个题目的兴趣最早是由报纸对中国鳄鱼的相关报道所引发的。他因而作了一系列的考察，进行田野调查，检验实体标本，钻研中文文献。他的研究最后获得的成果，远远不止于对欧洲博物学家眼中的一个新种鳄鱼的技术性描述。

福威勒的文章开头就是语文学研究，试图证明某些中国字所指的是鳄鱼，而不是欧洲学者先前所提议的其他动物。例如"鼍"字，曾被理解为鬣蜥①或蜥蜴。基于他对鬣蜥地理分布的了解，福威勒首先否定了前一种可能。对第二种可能，他则引用中国典籍进行驳斥。中国古人曾用鼍的皮来做大鼓，而在中国没有任何蜥蜴能够大到胜任这样的功用。所以鼍一定是别的什么动物。在文章这一段落中，他迅速地从博物学转到汉学，反复论述，与此同时，又从古代中国文献和当代科学著作中举证说明。

福威勒在文中用了很大篇幅对鼍的同义词进行语文学的讨论和解释，而这些字词是他从中文典籍、辞书和博物学著作中搜集来的。尽管乍看之下，同义词的确定只不过是汉学家茶余饭后的掉书袋，事实上却是博物学家研究的基石。在一个有如此悠久历史和广袤地域的帝国之内，一种植物或动物的名称很难不出现衍生过剩的现象。历史变迁及区域差异造成了混淆。由于帝国内多种方言在历史上同时共存，某些地方性的俗名与其他地方的俗名乃至通用名称都有很大不同，从而使问题变得更加复杂。在这一点上，中国鳄相对而言是一个比较简单的例子。福威勒只需要应付 6 个左右的古字词就行了。如果是引进的植物，变调的外语发音则进一步形塑了语言巴别塔。从印度、中亚和西亚引进的植物，在刚到中国时用的可能是音译名称，之后又经历了长时期的演化和多次变形。② 不过也可能是依据该植物的地点、形状、味道、颜色或气味来命名。在研究中国文献里的无花果时，谭训找到十几个

117

---

① 产于热带美洲的一种攀木大蜥蜴。——译者注
② 关于异域动植物传入中国的介绍，参见 Berthold Laufer, *Sino-Iranica*; S. A. M. Adshead, *China in World History*, 2nd ed.（London: Macmillan, 1995）; Edward Schafer, *The Golden Peaches of Samarkand: A Study of T'ang Exotics*（Berkeley: University of California Press, 1963）; Shiu Ying Hu, "History of the Introduction of Exotic Elements into Traditional Chinese Medicine," *Journal of the Arnold Arboretum* 71（1990）: 487-526。

可能是同义词的植物名称，并将其源头分别追溯到梵语、雷凡特语（Levant-ine）、波斯语，以及无花果果实的形状和味道等。① 因此，汉学博物学家们将考订同义词作为研究某种动物或植物的一个基本环节，这就显得毫不奇怪了。要不然，怎么能知道文献提到的名称到底指的是动、植物中的哪一种呢？贝勒建议同行编写植物名称索引。德国传教士花之安响应了他的呼吁。② 韩尔礼则置备了"最好的有关植物的中文著作"，着手确认中文的植物名称。③ 不过他后来承认"这样的索引……只能日积月累，逐步渐进"，而且"还得要专家来才行"。④

一旦博物学家掌握了所要研究的植物或动物的同义词，他就可以系统地搜集中文文献中的相关材料。在他的文章中，福威勒查阅了包括《本草纲目》在内的中文博物学著作，以便厘清这些著作中是如何描述鼍的。《本草纲目》将鼍归入龙的一类，并提供了同义词和相关说明。鼍又称为"土龙"，而且被描述成貌似壁虎或穿山甲。它极为强壮，嗜睡，夜间号叫，而且"生卵甚多至百"。鼍的脊背和尾部由甲皮覆盖。福威勒长篇引用《本草纲目》，证明虽然有一两处例外，但其描述"非常好地"契合了奥杜邦和其他学者关于密西西比及圭亚那地区鳄鱼研究中的描述。⑤ 福威勒还复制了《本草纲目》里的"有点古怪但却足以显示其特征的图例"，以支持他自己的论点。⑥

在证明了鼍是鳄鱼并搜集了同义词之后，福威勒接下来探讨的题目包括该物种的历史、地域分布，以及其在中国社会文化中的地位。在上海，他居所附近就有两个藏书甚丰的图书馆，一个是北华支会的图书馆，另外一个更好的图书馆在耶稣会士的驻地——徐家汇，距上海仅数英里之遥。他在早期来华的西方旅行者和传教士的著作中几乎找不到任何关于鳄鱼的资料。上文

118

---

① Sampson, *Botanical and Other Writings*, 23.

② Bretschneider, "Botanicon Sinicum," 66; Ernst Faber, "Contribution to the Nomenclature of Chinese Plants," *JNCB* 38 (1907): 97–164.

③ Augustine Henry, "Chinese Names of Plants," *JNCB*, n. s., 22 (1887): 233–283.

④ 韩尔礼致马士的信，1893 年 6 月 17 日，Kew: A. Henry Letters to H. B. Morse, 3–5。

⑤ Fauvel, "Alligators in China," 4.

⑥ Ibid., 4–5.

提及，在前人的游记、地理志等旧纸堆里翻找资料，一直是 19 世纪博物学的重要传统。福威勒的研究遵循了这个传统。虽然他搜寻早期西文材料并无所获，但是他还有大量的中文文献可供使用。他引用中文经典、本草、辞书、博物志、地方志等作为依据，指出文献史料显示鳄鱼曾叱咤华中和华南的湖泊河流，但是到了近代它们就几乎完全消失了。中文文献里的证据对福威勒重建扬子鳄的生态史至关紧要。在中国，西方人不可能像在欧洲一样，可以系统地做古生物学田野工作，到处挖掘。他们只能在历史文献中寻找答案。在欧洲的博物学家们忙于重新整理挖掘出的史前动物的化石时，梅辉立则从中国古书堆中挖掘出关于一种巨大、多毛并且像鼠类一样穴居地下的生物的叙述和图像。他猜测这个事实上就是猛犸象。[①]

福威勒在汉学方面的兴趣驱使他进而考察中国神话传说中关于鳄鱼的记录，希望借此了解鳄鱼在中国历史上的文化意涵。这部分的研究集中在汉学家所关心的问题上。福威勒文章的最后一部分，是根据他收集到的标本来作动物分类描述。他据此认为这是一个新物种。只有借助标本他才能确定鼍是否是新物种，因为中文著作的描述太过粗疏，无法达到分类学上的精确程度。但即使这一部分的研究也得依赖书籍。因为看不到世界其他地方的鳄鱼标本，福威勒只能靠相关的动物分类著作。他的发现没有引发争议，并且很快就被法国自然博物馆所确认。

在不到 40 页的篇幅中，福威勒不但提出了一个动物学的新发现，而且还讨论了一些相关的汉学议题。他确定了几个中文字的含义，并阐明了鳄鱼在中国人生活和文学中的某些记录。博物学和汉学在他对扬子鳄的历史研究中紧密结合。借助文本的证据，他重构了扬子鳄的栖息地、行为和变迁史。

博物学与知识传译

119

本节以西方在清代中国的形势为背景来阐述 19 世纪汉学与博物学之间的交汇。西方外交和传教机构在 19 世纪后半期迅速扩增。这一发展促进了汉学的成长，并为博物学研究提供了人才和组织。一群兴趣兼涉博物学和汉

---

① W. F. Mayers, "The Mammoth in Chinese Records," *China Review* 6（1877 年 7 月—1878 年 6 月）：273–276.

学的学者，利用《北华支会会刊》以及其他西方在华出版的杂志，形成了一个论坛。由于人文背景的影响，这些学者将注意力指向经济植物学、地理植物学和栽培植物史。他们在语文学方面的训练正好成了这类研究的有效工具。博物学文本实作的传统也使他们能够把自己的汉学学识归并到博物学研究当中。

对欧洲博物学家而言，汉学博物学家的工作是有点与众不同，这牵涉到精心阅读和诠释用一种令人生惧的语言写成的晦涩资料。尽管欧洲博物学期刊很少会发表如此深入探讨语文学及历史学问题的论文，欧洲科学界还是对汉学家的研究结论很有兴趣。他们对汉学当然是外行，但这并没有阻碍他们欣赏在华同行们的努力。例如，德堪多那部有名的《栽培植物的起源》（*Origin of Cultivated Plants*），就依赖于贝勒有关中国植物的论著。[1] 贝勒、谭训和其他学者对多种中国植物进行鉴定，并用中文文献确定它们是外来的、已归化的还是本土的品种，这些信息对拼绘全球生物地理作出了贡献。

本章揭示了以文本为基础的研究对 19 世纪博物学，远比学者以前想象的重要。事实上，达尔文本人就曾用过不少中文文献里的例证来支持他在博物学方面的观点。达氏将自己物竞天择的假设与培育和人工选择相比较，所以为了证明物竞天择，他致力于搜集历史上动植物驯化的证据。他在 1855 年断言，很多驯养动物的异样品种发源于中国和印度支那，因为"中国人喜欢所有奇形怪状的东西（看看他们的雕刻），在花卉栽培和盆栽等方面他们也表现出同样变态的喜好"[2]。一旦开始研究这个题目，达尔文就马上联系世界各地尤其是在中国的通信者，向他们索取"在绝少有外人到访的地区已经被驯养许多年代的家禽、鸽、兔、猫、狗等品种或物种"的标本。[3]

既然驯养和培育动植物已经持续进行了成百上千年，那要如何来重建家

---

① Candolle，*Origin of Cultivated Plants*，*passim.* 相关证据随处可见。

② Frederick Burkhardt et al.，eds.，*The Correspondence of Charles Darwin* (Cambridge，England：Cambridge University Press，1989)，vol. 15，448.

③ Ibid.，510-511. 达尔文所求助问询的学者有三分之一旅居中国：当时在中国搜集茶类植物的福钧，在香港的包令，在领事馆服务的郇和与巴夏礼（Harry Smith Parkes），在宁波的美国传教士、医生麦高温，在香港的外科医生哈兰德（William Aurelius Harland）和在上海的传教士、医生雒魏林。

养动物和栽培植物的历史呢？标本当然有其价值，但要能搜集到代表各个不同历史时期的具体物证，或者从当代的标本追溯过去的变化，诚非易事。所以达尔文向大英博物馆的一位主管求教，要在古代的中文文献中寻求更多的证据。通过这个方法，他得到了源自《本草纲目》和《三才图会》① 有关家禽种类记录的译文。后来，达尔文在汉学方面还得到了在华的博物学界同好的帮助。受达尔文在其《动物和植物在家养下的变异》（*Variation of Ani-mals and Plants under Domestication*，1869）中关于金鱼论述的启发，梅辉立对这个题目展开研究，并于同年在《中日释疑》上发表了一篇关于中国历史上金鱼饲养的论文。梅辉立的朋友、植物学家汉斯立刻把这篇文章寄给达尔文，而达尔文其后就把该文内容加入他的《人类的由来》（*The Descent of Man*，1871）和修订版《动物和植物在家养下的变异》两书当中。②

最后，本章显示跨文化的知识传播，因其不可避免地牵涉到翻译和诠释，直指有关知识、权力、政治和文化传统交叉领域的重要议题。汉学博物学家进行跨文化的知识传译。他们将中国关于动植物的知识译介到一个新的语境中。一条在传统知识中皮肉具有药用价值的土龙变成了动物学定义下的中国短吻鳄（即扬子鳄），以其牙齿和其他解剖学细节而与别的鳄目物种相区别。传说和史料变成了构建这种动物在过去地理分布的证据。在翻译的过程中，博物学家预设了西方科学及语言在认知能力和语言结构上的内在优越性，并认为这种优越性使他们能够肢解中国的知识传统，以便从中挑选他们认定为事实的资料。然而，仅仅指出这一帝国主义观念并不足以详细解释汉学博物学家钻研中文著作的实际研究。当面对自己科学调查所使用的中文文本时，他们时时得区分文本中所包含的相关信息，将其归为事实或谬误。这一区分过程事实上牵涉了很多因素，无法化约成简单的帝国主义意识形态、欧洲的凝视、世界观，或其他过宽过泛的认识论单元。所以，如果要细致入

121

---

① 《三才图会》为明朝人王圻及其子王思义编纂的类书，共 106 卷，内容繁复。——译者注

② Charles Darwin，*The Descent of Man，and Selection in Relation to Sex*，vol. 2 (New York：D. Appleton & Co.，1871)，16. W. F. Mayers，"Gold Fish Cultivation," *Notes and Queries on China and Japan* 2 (1868)：123-124. 潘吉星曾煞费苦心地考定了达尔文主要著作中所提到的近一百处中文资料的原文。参见其《中外科学之交流》，第 1 章。

微地了解汉学博物学家结合文本证据、语文学资料、历史档案、当地知识和西方观念的博物学而成的科学论述，我们就必须紧跟着这些历史行动者，观察他们在解读中文文本的过程中，如何以及为什么做出这样或那样的判断。

第五章
内地的旅行与实地考察

博物学的魅力部分来自于感官及情感经验，来自于博物学研究与身体、
美感、信仰及情感经历的相互关联。对西方博物学家来说，博物学远不止于
理性的、分析式的智力行为，或只是孜孜的经验主义活动。因此，如果把博
物学这项事业看作仅仅是抽象理论、科研网络以及经济事业，那就把博物学
的历史想得太枯燥无味了。视觉经验、身体力行以及发现的乐趣都是践行博
物学的重要组成部分。在林中漫步，观看群鸟展翅飞翔，或是遇见一株罕见
的植物，从这些时刻得到的美学与情感体验都是博物学家研究经历的一
部分。①

在博物学领域中，恐怕没有任何活动比田野工作包含的行动和亲身经历

---

① 一些学者使用"经验"（experience）作为一种诠释观念来研究社会剧（social drama）以及人们与外在环境的关系。我从他们的著作中获得了一些启迪；诸如 Victor W. Turner and Edward M. Bruner, eds., *The Anthropology of Experience* (Urbana: University of Illinois Press, 1986); Yi-Fu Tuan, *Space and Place: The Perspective of Expericence* (Minneapolis: University of Minnesota Press, 1977); 同一作者, *Passing Strange and Wonderful: Aesthetics, Nature, and Culture* (Washington, D.C.: Island Press, 1993)。关于科学中的身体与意识，参见诸如 Gillian Beer, "Four Bodies on the 'Beagle': Touch, Sight and Writing in a Darwin Letter," 收于她的 *Open Fields: Science in Cultural Encounters* (Oxford: Clarendon Press, 1996), 13-30; Christopher Lawrence and Steven Shapin, eds., *Science Incarnate: Historical Embodiments of Natural Knowledge* (Chicago: University of Chicago Press, 1998)。关于美学与博物学，参见诸如 Michael Shortland, "Darkness Visible: Underground Culture in the Golden Age of Geology," *History of Science* 32 (1994): 1-61; Lynn Merrill, *The Romance of Victorian Natural History* (参见"导言"，注释4); Barbara T. Gates, *Kindred Nature* (参见第3章，注释50)。

更多了，尤其是在不熟悉的地区从事田野考察。① 维多利亚时期博物学家所从事的田野工作，无论是在喜马拉雅山巅，还是亚马逊丛林深处，都常常充满了各种考验和危险，都需要坚毅卓绝的意志和体力——这一点博物学家在自己的游记中总是不厌其烦地明说暗示。那些从事旅行的博物学家对考察过程与最后收集到的标本同样重视。② 他们到高山、丛林、沼泽去探险不只是为了获得标本和科学数据。过程和经历也至关重要。他们会在日记、信件、

---

① 学者对田野科学与田野工作日益关注，参见诸如 Jane Camerini，"Remains of the Day：Early Victorians in the Field," in Lightman，ed.，*Victorian Science in Context*（参见第 2 章，注释 4），354-377；Henrika Kuklick and Robert E. Kholer，eds.，*Science in the Field*，*Osiris*（1996），vol. 11；Alex Soojung-Kim Pang，"The Social Event of the Season：Solar Eclipse Expeditions and Victorian Culture," *Isis* 84（1993）：252-277；Robert E. Kholer，"Place and Practice in Field Biology," *History of Science* 40（2002）：189-210；同一作者，*Landscapes and Labscapes：Exploring the Lab-Field Frontier in Biology*（Chicago：University of Chicago Press，2002）；Bruno Latour，"Circulating Reference：Sampling the Soil in the Amazon Forest," 见其 *Pandora's Hope：Essays on the Reality of Science Studies*（Cambridge，Mass.：Harvard University Press，1999），24-79；David Oldroyd，*The Highlands Controversy：Constructing Geological Knowledge through Fieldwork in Nineteenth-Century Britain*（Chicago：University of Chicago Press，1990）；Anne Larsen，"Equipment for the Field," in Jardine，Secord，and Spray，eds.，*Cultures of Natural History*（参见"导言"，注释 4），358-377；同一作者，"Not Since Noah：English Scientific Zoologists and the Craft of Collecting，1800-1840"（普林斯顿大学博士学位论文，1993）；Barbara and Richard Mearns，*The Bird Collectors*（San Diego：Academic Press，1997），第 3 章. George W. Stocking，Jr.，ed.，*Observers Observed：Essays on Ethnographic Fieldwork*（Madison：University of Wisconsin Press，1983），其关注的是民族志。

② 参照关于科学旅行与考察的文献，诸如 Mary Louise Pratt，*The Imperial Eye：Travel Writing and Transculturation*（London：Routledge，1992）；Clare Lloyd，*The Traveling Naturalists*（Seattle：University of Washington Press，1985）；Peter Raby，*Bright Paradise：Victorian Scientific Travelers*（Princeton：Princeton University Press，1996）；Anthony Pagden，*European Encounters with the New World：From Renaissance to Romanticism*（New Haven：Yale University Press，1993）；Gillian Beer，"Traveling the Other Way," in Jardine，Secord，and Spray，eds.，*Cultures of Natural History*，322-337；Paul Carter，*The Road to Botany Bay：An Exploration of Landscape and History*（Chicago：University of Chicago Press，1989）；Bernard Smith，*European Vision and the South Pacific*，2nd ed.（New Haven：Yale University Press，1988）；Beau Riffenburgh，*The Myth of the Explorer：The Press，Sensationalism，and Geographic Discovery*（Oxford：Oxford University Press，1994）；Barbara M. Stafford，*Voyage into Substance：Art，Science，Nature，and the Illustrated Travel Account，1760-1840*（Cambridge，Mass.：MIT Press，1984）；George Stocking，*Victorian Anthropology*（New York：Free Press，1987），第 3 章。

游记中叙述自己的经历，因而赋予旅行过程各种意义，这些意义跟文明的寓 *123*
言和维多利亚时期探险博物学家的角色互为对话。这些叙述总是有英雄也有
恶棍，有人的作为也有大自然的力量，有令人紧张惊惧的时刻也有平和顺利
的日常工作，有可笑荒谬的情景也有令人伤心的不幸。在叙事中，举着现代
文明火炬的西方科学探险家常常不是遭遇到野蛮、原始的生番，就是碰到骄
傲自大的东方人。因为无论在多么远离"文明"的地方，西方的旅行科学家
事实上都很少单独生活在大自然里。那些西方人还没到过的在地图上神秘未
知的空白，对其他一些人来说，可能只不过像是自家后院。同样的，西方人
眼中的英勇探险，对当地人来说可能只是每天例行之事。

　　19 世纪后半叶，西方博物学家和旅行科学家勘察了清帝国的很大一部分
领土。俄国探险家尼古拉·普尔热瓦尔斯基（Nikolai Przhewalski）① 曾穿行
过蒙古和新疆；法国传教士古伯察（Évariste Huc）② 和谭微道曾游历了中国
中原、蒙古和西藏；德国地质学家费迪南德·冯·李希霍芬访问了当时内地
18 行省当中的绝大多数；英国博物学家和旅行家，包括福钧和郇和，也曾在
中国中原、东北及南方的某些岛屿旅行过。③ 19 世纪将近结束时，西方人可
以更容易地进入中国广阔的内陆地区了，于是博物学家纷纷抓住这个新机
会，到从前不对他们开放的地区去从事田野工作。必须注意的是，在中国旅
行的方式和遭遇的环境跟在世界上其他某些地方的探险可能很不一样，这些
不同直接影响了博物学家从事科学考察的实作和经历。

　　中国不仅动植物群从北到南、从东到西的变化很大，而且有着四亿人口④，

────────────────────

　　① 尼古拉·普尔热瓦尔斯基（Nikolai Przhewalski，1839—1888），俄国 19 世纪
最著名的探险家和旅行家。——译者注
　　② 古伯察（Régis-Évariste Huc，1813—1860），法国传教士。1841—1846 年完成
了横贯中国的长途旅行。著有《鞑靼西藏旅行记》《中国中原、鞑靼和西藏的基督教》
等。——译者注
　　③ 相关叙述见贝勒的 *History* 一书；Numa Broc，"Les explorateurs français du
XIXe siècle reconsidérés," *Rev. Franç. d'Hist. d'Outre-Mer*，LXIX（1982）：237 - 273；
同一作者，"Les voyageurs français et la connaissance de la Chine（1860-1914），" *Revue
historique* 276，no. 1（1986）：85 - 131；P. Fournier，*Voyages et découvertes scien-
tifiques des missionaries naturakistes français*（Paris：Paul Lechevalier，1932），第 2 部
分；Barbara and Richard Mearns，*The Bird Collectors*，266-283。
　　④ 此处指 19 世纪时的人口数量。——译者注

这些人口使用各不相同的方言或语言，有着各不相同的生活方式和历史。①
当时的清朝正经历着巨大且频繁的社会动荡和自然灾害，叛乱丛起，而且在
好几处边境都面临外患；自 1839 年起，清朝就得面对强权压境，不时爆发
冲突甚至战争。清代民众对西方人和西方事物持不同的观点。那些在中国旅
行、打猎或从事田野工作的外国人无可避免地会遭遇这些情况，博物学家对
此也很清楚。他们并不是在一个气泡里工作，与外界隔离，不受社会现实和
文化冲突的影响。他们必须经常调整自己的行动以适应当地环境，并与三教
九流的中国人接触、协商。

124

英国博物学家的考察绝大多数都限于中国除边疆以外的大部分地区之内，
在欧洲人涉足之前，这些地区早就遍布了中国人的足迹。中国人可不是树木：
他们四处活动，到各地旅行，也做生意，发展商贸，修桥铺路，从事运输；他
们也绘制地图，写作并阅读游记；他们有进香庙宇祈福佛堂的传统；他们也寻
访名胜古迹，阅历名山大川。旅游胜地到处建有客栈、酒店、茶馆甚至青楼。②
因此，在中国的探险与大卫·利文斯通（David Livingstone）③ 在非洲或者

---

① 罗友枝在她的 "Reenvisioning the Qing：The Significance of the Qing Period in Chinese History," *Journal of Asian Studies* 55 (1996)：829-850 讨论了相关的观点与论著。

② 对中国人旅游的兴趣的研究在过去的几年中大为增长。参见诸如 Richard E. Strassberg, ed., trans., *Inscribed Landscapes：Travel Writing from Imperial China* (Berkeley：University of California Press，1994)；Timothy Brook, "Communications and Commerce," in Denis Twitchett and Frederick W. Mote, eds., *The Cambridge History of China*, vol. 8, part II (Cambridge，England：Cambridge University Press，1998)，579-707；Hu Ying, "Reconfiguring Nei/Wai：Writing the Woman Traveler in the Late Qing," *Late Imperial China* 18 (1997)：72-99；Wang Liping, "Paradise for Sale：Urban Space and Tourism in the Social Transformation of Hangzhou，1589-1937" (加州大学圣地亚哥分校博士学位论文，1997)；Ho-chin Yang, "China's Routes to Tibet during the Early Qing Dynasty：A Study of Travel Accounts" (华盛顿大学博士学位论文，1994)；Emma Teng, "Travel Writing and Colonial Collecting：Chinese Travel Accounts of Taiwan from the Seventeenth through Nineteenth Centuries" (哈佛大学博士学位论文，1997)；Susan Naquin and Chün-fang Yü, eds., *Pilgrims and Sacred Sites in China* (Berkeley：University of California Press，1992). Arthur Waley, *Yuan Mei：Eighteenth Century Chinese Poet* (Stanford：Stanford University Press，1956) 生动地叙述了著名作家袁枚的闲趣之旅。

③ 大卫·利文斯通（David Livingstone，1813—1873），英国探险家、传教士，维多利亚瀑布和马拉维湖的发现者。——译者注

亨利·沃尔特·贝茨（Henry Walter Bates）①在亚马逊丛林的考察截然不同。② 西方博物学家在中国充分利用了各地既有的旅行相关设施。他们往往坐轿或乘船旅行，在中国北方则坐大车或者骑马。③ 他们借助中国人的地图纠正自己地图中的舛误④，而且行程通常是从一个村落到另一个村落，或者从一个城镇到另一个城镇，而不是在危险的沼泽和潮湿的雨林中艰难跋涉。入夜，他们在客栈安歇，吃喝无虞。⑤ 每到一个沿途的大城镇或大都市，当地官员都把他们当成贵宾款待。然而，这些相对的舒适并没有妨碍旅行者和博物学家把自己的经历写成类似于传统剧本的冒险故事，或者把情节讲得一波三折。他们的叙述充满了异国情趣、地理想象、帝国主义以及透过与大自然对抗表现出来的满富阳刚的意识形态，但是他们的叙述中有些地方也强调了闲暇与欢愉，而非总是身心的磨难困苦。⑥

---

① 亨利·沃尔特·贝茨（Henry Walter Bates，1825—1892），英国探险家、博物学家。——译者注

② 关于对非洲的考察，参见 Frank McLynn, *Hearts of Darkness*：*The European Exploration of Africa*（New York：Carrol & Graft, 1992）；Johannes Fabian, *Out of Our Minds*：*Reason and Madness in the Exploration of Central Africa*（Berkeley：University of California Press, 2000）. Peter Raby, *Bright Paradise*, 第3、4章叙述了对南美的考察。Henry Walter Bates, *The Naturalist on the River Amazons*：*A Record of Adventures*, *Habits of Animals*, *Sketches of Brazilian and Indian Life*, *and Aspects of Nature under the Equator*, *during Eleven Years of Travel*（New York：Penguin Books, 1989 [1863]）.

③ 在华的英国人于1890年对内地的交通进行了勘察，其结果或许可作为他们关于在华内地旅行的知识与印象的总体概括。"Inland Communications in China," *JNCB*, n. s., 28（1893-1894）：1-213.

④ 诸如 *Report by Mr. Hosie of a Journey through the Provinces of Ssuch'uan*, *Yunnan*, *and Kuei Chou*, *February 11 to June 14*, *1883*. Parliam-entary Papers, China. No. 2（1884），52.

⑤ 有趣的是，游历中的博物学家总是将中国的道路和客栈与欧洲的相比，并常常挑毛病，而不是与在一片丛林或沙漠中的艰难行程相比较。

⑥ Sybille Fritzche, "Narrating China: Western Travelers in the Middle Kingdom after the Opium War"（芝加哥大学博士学位论文，1995）讨论了西方旅行者在华的记述。Joshua Vogel, *The Literautre of Travel in the Japanese Rediscovery of China*, *1862-1945*（Stanford：Stanford University Press, 1996）着重记述了20世纪在华的日本游历者。

如果我们不把地理位置、当地居民、俗民知识（Folk Knowledge）以及旅行博物学家和参与实地考察的本地人之间的权力关系等都考虑进去的话，就无法正确地理解博物学中的旅行与田野工作。本章首先将审视博物学家在中国旅行和田野工作的目的及模式。由于他们的活动几乎无一例外都有中国人参与，我们也有必要研究一下那些与西方博物学家合作的中国向导、助手、采集工等，并对所有参与田野工作的人员，包括当地百姓之间的关系进行说明。为了做好田野调查工作，博物学家开发利用了中国俗民知识，所以本章也将用一部分篇幅讨论俗民知识在田野工作及博物学中的作用。

125 在华的科学探察

英国人在华进行的博物学探察按照其研究目的及模式大致可以分成三大类。我们在第三章已经提到，很多在华的英国人都在搜集植物学和动物学标本。但是他们通常都为本行业务缠身，所以只能找机会来进行采集或其他研究活动。不过也有一些英国旅行科学家，要么是专业采集员，要么是绅士博物学家，专门为搜集博物学标本到中国来。当时英国海军有一些船舰经常在东亚海域及沿海地区进行巡逻勘察，被称作"中国舰队"。① 常常来往于这些地区的一些海军军医及博物学家就像他们的很多同行（其中最著名的有托马斯·赫胥黎［Thomas Huxley］②）一样，对海洋生物学投入了大量精力。③ 19世纪中期，阿瑟·亚当斯（Arthur Adams）④ 发表了很多关于日本和中国

---

① Gerald Graham, *The China Station*：*War and Diplomacy*，*1830－1860*（New York：Oxford University Press，1978），特别是254～275，407～421页。

② 托马斯·赫胥黎（Thomas Huxley，1825—1895），英国生物学家，因捍卫查尔斯·达尔文的进化论而有"达尔文的坚定追随者"之称。——译者注

③ Adrian Besmond, *Huxley*：*The Devil's Disciple*（London：Michael Joseph，1994），53－146；Helen Rozwadowski，"Fathoming the Ocean：Discovery and Exploration of the Deep Sea，1840－1880"（宾夕法尼亚大学博士学位论文，1996）；同一作者，"Small World：Forging a Scientific Maritime Culture for Oceanography，"*Isis* 87（1996）：409－429. 另可参见 Matthew Robert Goodrum，"The British Sea-Side Studies，1820－1860：Marine Invertebrates，the Practice of Natural History，and the Depiction of Life in the Sea"（印第安纳大学博士学位论文，Bloomington，1997）。

④ 阿瑟·亚当斯（Arthur Adams，1820—1878），英国博物学家。——译者注

海域软体动物的论文。① 与他类似的还有卡思伯特·科林伍德（Cuthbert Collingwood）② 及后来的 P. W. 巴塞特-史密斯（P. W. Bassett-Smith），两者都任随船医生兼博物学家，前者于 1866 年到 1867 年考察中国台湾及中国沿海地区，后者于 19 世纪 80 年代末期在同一区域搜集海绵、珊瑚等海洋生物。③ 海军的勘察几乎都只涉及沿岸地区，所以随船博物学家与中国接触的时间都不长。在下面的讨论中，除了作比较之用以外，我就不把这种类型的探察包括在内了。

　　植物学的勘探与收集是我们要讨论的第二类探察，这类工作在英国人对中国博物学的研究方面占据了显著地位，可以追溯到邱园和英国皇家园艺学会刚刚开始派人到中国去收集标本的广州时期。鸦片战争以后，植物采集员深入中国内陆地区，并最终到达了远至四川、云南及西藏边界的地区，在那里他们发现了一个植物天堂。④ 第三类探察大多与动物学研究有关，直到 19

---

　　① Arthur Adams, ed., *The Zoology of the Voyage of H. M. S. Samarang; under the Command of Captain Sir Edward Belcher*… (London: Reeve and Benham, 1850). 亦可参见他的 *Notes from a Journal of Research into the Command of Captain Sir Edward Belcher* (London: Reeve, Benham, and Reeve, 1848)。此外，亚当斯在 19 世纪 40 年代到 60 年代之间还经常在 *The Annals and Magazine of Natural History* 上发表关于中国和日本海域中的海洋生物的文章。

　　② 卡思伯特·科林伍德（Cuthbert Collingwood，1826—1908），英国旅行家、植物学家。——译者注

　　③ Cuthbert Collingwood, *Rambles of a Naturalist on the Shores and Waters of the China Sea* (London: John Murray, 1868). 他还于 19 世纪 60 年代末在 *The Annals and Magazine of Natural History* 上发表了一些关于他在航行中的新发现的文章。关于科林伍德，参见 Nora McMillan 在 *The Linnean* 18（2001 年 4 月）中对他的生平叙述。P. W. Bassett-Smith, *China Sea. Report on the Results of Dredgings Obtained on the Macclesfield Bank in H. M. S. "Rambler"* … (London: Her Majesty's Stationery Office, 1894). 另可参见 NHML: Z. Keeper's Archives. 1. 41. Letters. 1892 年 1—6 月。No. 18—19 以及 1. 42. 1892 年 7—12 月. No. 20—21。

　　④ 关于在华的植物采集，参见 Tyler Whittle, *The Plant Hunters* (New York: PAJ Publications, 1988); Kenneth Lemmon, *The Golden Age of Plant Hunters* (New York: Barnes, 1969), 第 5 章（主要讲述威廉·克尔）; E. H. M. Cox, *Plant Hunting in China* (London: Collins, 1945); Alice Coats, *The Plant Hunters* (New York: McGraw-Hill, 1969), 86—140; Stephen Spongberg, *A Reunion of Trees: The Discoveries of Exotic Plants and Their Introduction into North American and European Landscapes* (Cambridge, Mass.: Harvard University Press, 1990), 3—6 章。

世纪中期以后，这类活动才逐渐增多。维多利亚时期打猎与旅行文化在大英
帝国各地极为流行，旅居中国的英国人将地方特色融入这一爱好之中。① 打
猎与动物学常常密不可分，因为很多从事实地考察的博物学家也是热衷户外
活动的猎手。

126 　　这三种不同类型的科学探察——海岸勘察，植物搜集，田野动物学——
当然没有涵盖英国人在华科学探察的全部内容，但它们具有代表性。地质考
察当然算是最典型的田野工作，但当时在中国因为政治及法令限制，西方人
不容易进行挖掘和其他大规模的实地考察。② 研究工作往往只能依赖印象式
的观察，就像李希霍芬和美国地质学家拉斐尔·庞佩利（Raphael Pompelly）
进行研究时所做的那样，除非我们把为架设电报线路、开矿和修建铁路所做
的勘察也包括在内。③ 1878 年，上海博物馆馆长曾说："我们对中国地质学

---

① 关于狩猎与帝国，参见 John MacKenzie, *The Empire of Nature*：*Hunting,
Conservation and British Imperialism*（Manchester：Manchester University Press,
1988）；Harriet Ritvo, *The Animal Estate*：*The English and Other Victorian Creatures
in the Victorian Age*（Cambridge, Mass.：Harvard University Press, 1987），第 6 章；
William Beinart, "Empire, Hunting and Ecological Change in Southern and Central Afri-
ca," *Past and Present* 42（1990）：402-436；M. S. S. Pandian, "Hunting and Colonial-
ism in the Nineteenth-Century Nilgiri Hills of South India," in Grove, Damodaran, and
Sangwan, eds., *Nature and the Orient*（参见第 1 章，注释 8），273-298。狩猎、采
集、帝国主义与动物园在这一时期息息相关，而且它们并不局限于英国的帝国主义。
参见 Nigel Rothfels, *Savage and Beasts*：*The Birth of the Modern Zoo*（Baltimore：
Johns Hopkins University Press, 2002）；Elizabeth Hanson, *Animal Attractions*：*Na-
ture on Display in American Zoos*（Princeton：Princeton University Press, 2002）。

② Robert Stafford, *Scientist of Empire*：*Sir Roderick Murchison*, *Scientific
Exploration and Victorian Imperialism*（Cambridge, England：Cambridge Univrsity
Press, 1989），132～143 页论述了 Murchison 与在华的英国人之间的联系。关于田野
工作对地质学的重要性，参见 Oldroyd, *The Highlands Controversy*；*Martin Rud-
wick*, *The Great Devonian Controversy*：*The Shaping of Scientific Knowledge among
Gentlemanly Specialists*（Chicago：University of Chicago Press, 1985），37-41。

③ T. W. Kingsmill, "Freiherr Ferdinand von Richthofen," *JNCB*, n. s., 37
（1906）：218-220；Wang Gen Yuan and Michel Gert, "The German Scholar Ferdinand
von Richthofen and Geology in China," in *Interchange of Geoscience Ideas between the
East and the West*, ed., Wang et al.（参见第 3 章，注释 109），47-54；David Oldroyd
and Yang Jing-Yi, "On Being the First Western Geologist in China：The Work of Raph-
ael Pumpelly（1837-1923），" *Annals of Science* 53（1996）：107-136。

知之甚少，对中国的化石则一无所知。"① 一直到 20 世纪早期，才出现了由博物学家组成的考察队进行的有组织的科学考察，其中较著名的有罗伊·查普曼·安德鲁斯（Roy Chapman Andrews）② 带领的戈壁沙漠考察。下文将审视英国人在华科学考察的性质，聚焦在植物学收集和动物学调查这两方面。然而，我们应当记住，大多数科学旅行者其实会收集各式各样的博物学标本，虽然他们通常只着重在一两个根据他们的兴趣、知识及任务所决定的研究领域中。

皇家植物园（邱园）的采集员

从旧广州时代起，在华的英国博物学家就一直想探察中国的东南内地，那里种植着外销的茶叶；他们也想探察长江下游地区，那里的园林植物适宜在类似欧洲的温带气候中生长。第一次鸦片战争刚过，英国皇家园艺学会就派福钧来华搜集新的园林植物。③ 后来，福钧又三次来华，其中两次是去茶区考察，他甚至把茶树和制茶人带到了印度，帮助当地机构建起了茶园。另外，他也从中国带了很多新的观赏植物回英国，并调查了很多有关茶叶种植与生产的问题。他写的几本关于他在东亚旅行的游记在英国很受欢迎，他也因此赢得了中国旅行家的盛誉。④ 19 世纪 50 年代，日本打开了国门，这个

---

① A. A. Fauvel, "Shanghai Museum, Report of the Curator for the Year 18768," *JNCB*, n. s., 13 (1878): xvi. 在金斯密的就职演说中，这位矿业地质学家鼓励皇家亚洲学会北华支会（NCBRAS）的会员们学习地质学，但显然没多少人响应他的号召。参见其 "Borderland of Geology and History," *JNCB*, n. s., 11 (1877): 6–31。

② 罗伊·查普曼·安德鲁斯（Roy Chapman Andrews, 1884—1960），美国古生物学家。——译者注

③ Fletcher, *The Story of the Royal Horticultural Society*, 148–152.

④ William Gardener, "Robert Fortune and the Cultivation of Tea in the United States," *Arnoldia* 31 (1971): 1–18; 同一作者, "Robert Fortune: His Search for Tea Plants," *Gardeners Chronicle Gardening Illustrated*, 1963 年 12 月 21 日; 同一作者, "Robert Fortune: A Plant Hunter of Resource," *Gardeners Chronicle Gardening Illustrated*, 1963 年 9 月 14 日, 185–186. 福钧的游记是以他为诸如 *Gardeners Chronicle* 之类的英国杂志写的通讯为基础而改写集结成书的，而对他的书籍的评论也很多。诸如 *Edinburgh Review* 88 (1848): 403–429; *The Athenaeum*, no. 1014 (1847): 358–361; no. 1015 (1847): 386–388; no. 1279 (1852): 481–483; no. 1545 (1857): 717–718; *Quarterly Review* 102 (1857): 126–165。

岛国的纬度与英国相近，这使英国人相信，日本的树木、观赏植物等可能很容易适应英国的土壤、气候。这使英国向东亚派遣了更多的植物采集员。

19 世纪 50 年代，邱园派了两名采集员查尔斯·威尔福德（Charles Wilford）和理查德·欧德汉（Richard Oldham）到中国和日本去。[①] 一些私人苗圃公司也立即效仿，派遣了福钧、约翰·维奇（John Veitch）、查尔斯·玛里埃什（Charles Maries）等人。[②] 在 19 世纪的最后十年间，英国人在中国的植物搜寻工作进入了一个新阶段，因为现在采集员可以深入到中国西部和南部地区了，这些地区以前只有法国传教士才到过。韩尔礼在 19 世纪 80 年代和 90 年代曾深入这些地区从事有关植物学的调查收集活动，为后来的专业植物采集员铺平了道路，这些采集员中最著名的有厄内斯特·亨利·威尔逊，外号"中国威尔逊"，还有乔治·福里斯特，他把许多杜鹃花新品种引进了英国。[③]

植物搜集为年轻园丁和博物学者提供了一个绝好的"游历世界"的机会。这项工作激起了他们对在异国风光和新奇的外域民众中旅行的浪漫想象，也为他们提供了一个机会去开辟更为成功、更有意义的职业生涯。如果不是因为这些搜集工作，他们就不可能拥有这样的机会。福钧的成功令人瞩目，一定激励了许多年轻人步其后尘。英国皇家园艺学会和邱园派遣到中国的植物采集员薪酬很低。他们每年只有区区一百英镑，所以每一便士都花得很仔细，对此，他们时常面露不满。[④] 这样的薪水对于英国国内的园丁似乎够用了，但在中国，西方人用的物品一般都很贵，以致这些采集员依靠这样

---

① 关于这一时期的邱园采集员，参见 Desmond, *Kew: The History of the Royal Botanical Gardens* （参见第 3 章，注释 28），206-222. Bretschneider, *History*, 539-544, 682-688; Coats, *The Plant Hunters*, 76-78。

② Robert Fortune, *Yedo and Peking: A Narrative of a Journey to the Capitals of Japan and China* (London: John Murray, 1863); James H. Veitch, *Hortus Veitchii: A History of the Rise and Progress of the Nurseries of Messrs. James Veitch and Sons*… (London: James Veitch & Sons, 1906), 49-52, 79-83。

③ Bretschneider, *History*, 774-794; Cox, *Plant Hunting in China*, 106-110, 136-169; Coats, *The Plant Hunters*, 116-127。

④ 1844 年 8 月 10 日罗伯特·福钧给林德利的信件，RHS: Robert Fortune Correspondence. 69D16; Kew: Kew Collectors, vol. 8. Wilford, (50); Kew: Kew Collectors, vol. 9. Oldham, (85-88)。

的薪水几乎很难衣食周全。而且因为他们收集到的所有标本和活株都归派遣他们的机构所有，所以他们很难从这些成果中直接获利。①

以往邱园或园艺学会的植物采集员如果圆满完成任务，并有许多重要发现的话，那么他的前途多半会一片大好。他可能会"出人头地，获得身份地位，这些都很难通过其他途径获取"②。担任植物采集员的经验使他可以在大型私人苗圃公司中谋得好的位置，或者也可能会被任命为某个殖民地植物园的园长，就像威廉·克尔那样。克尔在中国任职期满后被调到锡兰去做当地植物园的园长。③ 欧德汉满以为自己在中国完成三年考察工作之后也能以这样的方式得到升迁，但他的希望落空了。④ 在身无分文、精神沮丧的状况下，他切断了与邱园的联系，打算追寻福钧的事业之路，为私人苗圃做采集工作，但很不幸的，他在几个月之后就患病去世了。⑤ 相比之下，欧德汉的前任威尔福德的职业生涯，不是以悲剧而是以闹剧收场。他干脆不理任务指示，不负责任，最后不但自己在经济上陷于困境，还因为行为不检点，让邱园都很难堪。⑥

为什么邱园的这两位采集员这么难以达成使命，而为园艺学会工作的福钧却能取得如此成就呢？当然，不同的个人素质起着一定的作用。福钧显然具备在中国从事植物搜集工作的全部素质——受过教育、具有独立精神、精 *128* 力旺盛、性格坚韧、懂得随机应变，还有个好脾气。中国海关总税务司赫德是一个很会看人的人，他曾把福钧描述为"一个结结实实，看上去非常健康

---

① 例如，园艺学会给福钧的指示说道："（园艺）学会对活株植物及种子的所有收藏品具有独占权……但你所收集的其他物品则是你的个人财产。"参见"Instructions to Mr Robert Fortune proceeding to China in the service of the Horticultural Society of London," 收录于 RHS：69D15. 邱园对其采集者的行动也有类似的约束。例如，在理查德·欧德汉的合约中，标明了"理查德·欧德汉不得将其收藏品的任何一部分送给任何人，或者在采集过程中协助他人达至此目的"。Kew：Kew Collectors, vol. 9. Oldham, (6).

② 1845 年 3 月 6 日林德利（？）给福钧的信件，RHS：69D15. 他的强调。

③ Ray Desmond，*Kew：The History of the Royal Botanical Gardens*，101–102.

④ Kew：Kew Collectors, vol. 4. Oldham, (28–29).

⑤ Kew：Kew Collectors, vol. 4. Oldham, (29–31), (36–37), (37–42).

⑥ Kew：Kew Collectors, Wilford, (76), (77–78), (118), (121), (125), (138), (141), (150).

的人"①。与福钧相反，威尔福德没有给在中国接待他的人，包括亨利·汉斯，留下什么好印象。② 然而，欧德汉却似乎是个不错的人，与动物学家郇和相处得很好。③ 是什么原因使得他也没能取得更好的成绩呢？对汉斯和欧德汉本人来说，答案是很明显的。④ 邱园派遣的采集员多半跟着海军测量舰航行。园长威廉·胡克盘算说这样的安排可以节省开支，还提供了机动性。采集员可以随勘察的舰艇去很多相距遥远的地方，既提高效率又可以涵盖更广的地域。可惜最后的结果却是邱园的采集员常常得在某个港口一待数月，而当测量舰做勘察航行时，又很难在一个地方停上足够长的时间让这些采集员在岸上尽心收集标本。

汉斯和欧德汉都曾经拿当时正在日本为圣彼得堡植物园收集植物的卡尔·马克西莫维奇的例子向胡克说明应该如何在中国和日本收集植物。他们认为关键在于挑选可靠的人，并赋予他充分自由，让他自己决定去哪里收集植物，以及在考察中如何根据不断变化的当地情况来调整做法。同时也应该为他提供充足的经费，使他可以雇用当地人来帮忙采集植物。当时马克西莫维奇有成队的日本采集人为他工作，欧德汉却没有雇几个人来帮他，而且很快就得攥紧钱包。⑤ 虽然福钧的财务也很紧张，但至少他可以自己决定在中国的行程。他可以在远离都市的乡下旅行，而邱园采集员却要么苦守在港口中，要么被困在军舰上。所以他们觉得手脚被缚就不足为奇了。欧德汉在即将完成邱园的任期时给胡克写了一封离职报告信，真诚地盼望他们以后再也不要以同样的方式向中国和日本派遣植物采集员了。还好，如下文所示，邱

① Katherine Bruner, John Fairbank, and Richard Smith, eds., *Entering China's Service: Robert Hart's Journals, 1854-1863* (Cambridge, Mass.: Harvard University Press, 1986), 30.

② 1859 年 4 月 26 日 John Ward 给威廉·胡克的信件，Kew: Kew Collectors. Wilford (80)；1863 年 9 月 9 日亨利·汉斯给威廉·胡克的信件，Kew: Chinese and Japanese Letters, 57 (77)。

③ Kew: Kew Collectors, vol. 4. Oldham, (33-36); Kew: Chinese and Japanese Letters, 151 (949), (949a), (953)。另可参见 Kew: Chinese and Japanese Letters, 57 (79)。

④ 1863 年 5 月 27 日亨利·汉斯给威廉·胡克的信件，Kew: Chinese and Japanese Letters, 57 (76), (77); Kew: Kew Collectors, vol. 4. Oldham, (19-31)。

⑤ Kew: Kew Collectors, vol. 4. Oldham, (5-6), (7-9)。

园采集员的经历并不是在华的英国旅行博物学家的典型经历，这些博物学家实地调查研究的模式多少类似于福钧和马克西莫维奇的模式。

旅行、行猎与博物学

维多利亚时期在华的英国绅士和他们身居异处的同胞一样，也热衷于狩猎、旅行和博物学。这三种活动在大英帝国的背景下常常是密不可分的。随着 19 世纪大英帝国的不断扩张，环球旅行成了一种产业：传教士、商人、殖民地官员，以及后来的各式游客，在欧洲本土、散布全球的殖民地以及世界其他地方穿梭往返。在中国，英国人发展出了有地方色彩的旅行与观光文化。他们沿着长江，或在各个通商口岸之间经常旅行。在某些长假，如暑假、圣诞节或春节，英国人常把行猎和休闲旅行结合起来。① 到 19 世纪末，他们在中国的旅行文化已经很发达，很多人喜欢去的地方包括三峡、北京、广州以及长江下游省份的古城。② 他们还发现中国北方的烟台是一个诱人的避暑胜地，盛夏期间许多住在上海的西方人会蜂拥到那里去度假以躲避酷暑，就像在印度的英国人搬去大吉岭地区的避暑山庄一样。③

在这些方面，在华英国人的生活方式和他们旅居印度的同胞颇为相似。从 19 世纪 70 年代开始，市场上出现了很多各式各样的旅行指南、游记文学和猎人手册。到中国旅行的风气在世界各地的英国人中广泛传播。许多报纸，包括极受欢迎的《伦敦新闻画报》（*Illustrated London News*），都选派

① 一位爱好狩猎的洋人评论道，春节是"狩猎者的例行狂欢节"，因为在这个时候，"田地里见不到劳作者"，他们"和他们的家人都过节去了"。*China Review* 5（1876 年 7 月—1877 年 6 月）：286-287.

② Sybille Fritzche, "Narrating China", 第 7 章；Lyman P. van Slyke, *Yangtze：Nature, History, and the River* (Reading, Mass.：Addison-Wesley Publishing Co., 1988) 提供了有用的背景信息（尤其是第 3、7、8 章）并有一章论及长江上的西方游历者。

③ "Che-Foo in China," *Illustrated London News* 1876 年 12 月 9 日增刊 561 页。烟台这一条约口岸与其说是避暑山庄，不如说是一处海滨度假胜地。关于欧洲人对海滨的迷恋，参见 Alain Corbin, *The Lure of the Sea：The Discovery of the Seaside in the Western World*, 1750-1840 (Berkeley：University of California Press, 1994)。关于印度的避暑山庄，参见 Dane Kennedy, *The Magic Mountains：Hill Stations and the British Raj* (Berkeley：University of California Press, 1996)。

特别通讯员到中国作旅行报道。① 维多利亚时期最著名的女性旅行家之一，到过世界各地的伊莎贝拉·伯德（Isabella Bird）② 也曾泛舟溯长江而上。③ H. E. M. 詹姆斯（Henry E. M. James）和荣赫鹏（Francis Younghusband）④ 从印度来到中国东北，他们的目的除了寻求狩猎大型动物的机会，还想趁机对东北进行探察。⑤

　　因为中国很少出产引人注目的珍稀哺乳动物或鸟类，所以不像澳洲或非洲那样能激起欧洲人关于珍禽异兽的想象。在中国的动物中，鹿、野猪、狼和老虎就算是最不得了的。在维多利亚时代的帝国文化中，狩猎大型动物是件值得尊敬的事，因为那个时代的英国人认为这样的活动能显现出猎者的勇气和技能——这也是为什么英国人会组成狩猎远征队到非洲，或是到印度去猎虎的原因。虽然在人口稠密的中国本土从事这类活动的机会要少得多，但行猎在旅华英国人中也是非常流行的，大家几乎都参与。⑥ 那些在太平天国

---

　　①　参见诸如 *Illustrated London News* (1873)：256，287，476，603-604，622；(1875)：250，279，280；(1891)：765，760，777，796 以及其他部分的众多记录。昆虫采集员 A. E. Pratt 也在 *Illustrated London News* (1891)：511～512，536，577 页上发表了关于他中国西部考察之旅的文章。

　　②　伊莎贝拉·伯德（Isabella Bird，1831—1904），英国旅行家。——译者注

　　③　Isabella Bird，*The Yangtze Valley and Beyond. An Account of Journeys in China，Chiefly in the Province of Sze Chuan and Among the Man-Tze of the Somo Territory* (London：John Murray，1899).

　　④　荣赫鹏（Francis Younghusband，1863—1942），英国军官、探险家。——译者注

　　⑤　H. E. M. James，*The Long White Mountain，or a Journey in Manchuria* (London：Longmans，Green，and Co.，1888). 作为一次狩猎之旅，这次半私人性的考察并不成功。他们没有猎到大型猎物。但这也是一次与英俄帝国大竞局相关的科学考察。Patrick French，*Younghusband：The Last Great Imperial Adventurer* (London：Flamingo，1995)，34-44.

　　⑥　一位在华的英国狩猎爱好者告诉他在英国的同好："当我提到（在中国）打猎时，我并不是指在英国本土那种活动，只要闯入其他人的地几尺，就可能会惹来法律诉讼……不，我指的是，在这里我们能够纵览整个中华帝国，豪言说：'这是我的地盘，在这里我能带着我的枪和狗随兴而为，毫无障碍；我想到哪儿就到哪儿，要做什么就做什么，想打什么就打什么，想待多久就待多久，不需要任何人的允许，至于什么猎场看守人、打猎证在这里更是没听说过。'"跟很多旅游者的故事一样，这段话有所夸张。但同样的，跟一些旅游者的故事相同的是，它含有了事实的成分，并透露了说的人不一定想透露的东西。当代读者可能会更注意到这种大咧咧的结合狩猎与帝国主义的态度，而不是去分享这些狩猎爱好者对无限制打猎的幻想。引文出自 Oliver G. Ready，*Life and Sport in China*，2nd ed. (London：Chapman & Hall，1904)，46.

争战时饱受蹂躏的地区，一时变成了荒野，大量雉鸡、鹿、野猪出没其中。这些地方成了居住在长江下游地区的西方人最喜欢的狩猎场。① 然而，那些 *130* 猎者的主要受害者并不是哺乳类动物，而是鸟类。射杀雉鸡虽然算不上拼命搏斗的英勇行为，但也自有其乐趣。② 长江流域的雉鸡、鹬鸟、鹪鸪、鹌鹑和水禽数量众多，一个好的枪手几天之内就可以打下几百只。当猎杀的动物不算大时，就只好以多取胜了。③

在 19 世纪最后的二三十年里，猎者常常乘着船屋沿长江逆流而上，有时会一路直抵宜昌，或者沿着不同的支流，开赴新的地点去寻猎鹿和鸟禽。④ 这些狩猎活动的规模如此之大，以至于许多猎手自己都把狩猎胜地的鸟禽数目骤减归因于毫无节制的猎杀，并呼吁采取保护措施了。这是他们从英国及其殖民地的猎手们那里学到的类似教训，但也有一些人持不同意见。由于上海本地及外销鸟肉、羽毛市场的需要，这些地区中国猎户的人数大为增加；此外，这些地区的农业也在不断扩展，侵占栖息地。他们认为，这些因素合起来造成的破坏比西方猎手的作为更为严重。⑤

虽然大多数英国猎手并不认为自己是博物学家，但他们中确实有几位认

---

① Ready, *Life and Sport in China*, 50; A. R. Margary, *The Journey of Augustus Margary* (London: Macmillan and Co., 1876), 54。H. T. Wade, ed., *With Boat and Gun in the Yangtze Valley* (Shanghai: Shanghai Mercury Office, 1895) 第 1 章说明在长江流域进行的主要狩猎活动。Jonathan Spence, *God's Chinese Son: The Taiping Heavenly Kingdom of Hong Xiuquan* (London: HarperCollins, 1996) 生动地叙述了太平天国战乱期间的破坏性。

② T. R. Jernigan, *Shooting in China* (Shanghai: Methodist Publishing House, 1908), 65−66; Wade, ed., *With Boat and Gun in the Yangtze Valley*, 16−17.

③ Wade, ed., *With Boat and Gun in the Yangtze Valley*, 156−164.

④ 诸如 William Spencer Percival, *The Land of the Dragon: My Boating and Shooting Excursions to the Gorges of the Upper Yangtze* (London: Hurst and Blackett, 1889)。另可参见 Jernigan（注释 46）以及 Wade（注释 45）的著作。

⑤ 关于中国猎户，参见注释 68。关于洋人对长江下游猎物消失的讨论，参见 Henling Thomas Wade 在其 *With Boat and Gun in the Yangtze Valley* (Shanghai, 1910) 第二版中的"序言"，iii−v。关于世界其他地区的狩猎与保护，参见诸如 David Elliston Allen, *The Naturalist in Britian*（参见"导言"，注释 4），第 10 章; Mark V. Barrow, *A Passion for Birds: American Ornithology after Audubon* (Princeton: Princeton University Press, 1998); John MacKenzie, *The Empire of Nature*，第 8—11 章。

真的动物学或鸟类学研究者，如 19 世纪 60 年代非常活跃的郇和，后来还有史坦、里克特和拉都胥。① 即使是一般猎者，也常不惜气力为自己在华的博物学家朋友及成立于 1874 年的上海博物馆收集标本。上海博物馆里处处可见猎手从各个通商口岸送来的鸟禽。当然，行猎者的兴趣并不总是与博物学家的兴趣相吻合，捐献的鸟禽也往往是同样的品种，这些鸟类要么是在通商口岸，要么是在各狩猎胜地捕获的，很难全面代表中国这样一个广阔地域内鸟禽的丰富种类与地理分布。② 一般猎者打猎的时候，只会注意到自己行猎的对象，亦即特定的鸟禽和哺乳类动物。其结果是，在上海博物馆里某些动物占据了很大的比例。昆虫、爬虫类和老鼠之类的小哺乳动物没有受到重视。③ 相对而言，像郇和和拉都胥这样真正的博物学者在田野工作中总是有系统地收集标本，他们的目标是要研究特定地区的动物群。不管怎样，在华英国居民中广为流行的行猎、旅游和博物学的爱好有力地支持了动物学的研究；而且，即使是很专业的研究者也像其他人一样对狩猎活动非常热衷。

131　收集的模式

　　不停歇的长途旅行并不是在华西方人从事田野工作的典型方式。法国和英国的在华博物学者通常采用一种类似的研究模式，即在特定采集地进

---

　　① 关于这三位鸟类学家的简要生平，参见 *Ibis*，sr. 13，5（1935）：210，889-890；Barbara and Richard Mearns，*The Bird Collectors*，140-141。

　　② 诸如 *JNCB*，n. s.，11（1877）：viii-ix；13（1878）：xiii-xviii；15（1880）：xxii-xxv；16，part II（1881）：x-xv 中的馆长报告。

　　③ 诸如 *JNCB*，n. s.，16，part II（1881）：xii-xv 中的 1881 年的捐赠名单。英国人（以及法国人）在殖民地及其他海外居住地常建立自然历史博物馆，特别是在 19 世纪后期。Susan Sheets-Pyenson，*Cathedrals of Science*：*The Development of Colonial Natural History Museums during the Late Nineteenth Century*（Kingston，Canada：McGill-Queen's University，1988）．关于印度这一殖民地的博物馆，参见 Gyan Prakash 的后殖民理论研究，"Science 'Gone Native' in Colonial India," *Representations*，no. 40（1992 年秋）：153-178。英国人在旧广州时期曾试图在澳门建立一座博物馆（参见第 1 章），虽然没成功，但后来在香港和上海各建立了一座陈列包括许多博物学物件的博物馆。关于香港博物馆，参见 *China Review* 5（1876 年 7 月—1877 年 6 月）：72。

行系统的田野调查。典型田野工作旅行是在基地和几个采集点之间的短途旅行，距离通常不超过几天的路程。这种方法可以像长途旅行一样得到好的成果。例如韩尔礼在整个职业生涯中只做过两次长途田野考察，加在一起不过几个月时间。他的非凡成功主要来自于他在任职地区所做的全面的标本收集。同样的，里克特和拉都胥积极地收集了福州地区的鸟类标本。① 如果某个地方富藏着不为人知的动植物，那么对此地进行全面的调查就可能会带来许多新奇的发现，韩尔礼对宜昌三峡地区的收集、考察，郇和对台湾的调查，以及法国传教士赖神甫对云南西部植物的搜集都印证了这种方法的有效性。毋庸讳言，这种调查研究的模式有点不得已而求其次的味道。旅居中国的博物学爱好者，很少是专业科学家，他们奉职于领事机构、海关、传教或商业机构，往往公务缠身，除了少数长假，没有机会做经年累月的旅行。

与此形成对照的是福钧、昆虫收集家安特卫普·普拉特（Antwerp E. Pratt）和植物采集员威尔逊，他们为搜集标本而四处奔走，虽然他们旅行的范围与一些法国传教士博物学家，如谭微道和韩伯禄相比显得逊色。② （事实上英国旅行者在中国西南偏远地区时常常要依靠当地法国传教士的热心帮助，因为法国人在中国内陆地区的关系网要比英国人的更加深厚广泛。）通常旅行博物学家时间有限，不会在一个地方待很久。他们所经过的各个地方，要么热情好客，要么就对陌生人置之不理。由于面临语言障碍，个人能力又有限，他们经常需要当地人的帮助，才能完成考察项目。1845 年，福钧做第二次中国之旅的时候，他把头发剃光，戴上一条假辫子，又穿上一件中

---

① 　F. W. Styan, "On a Collection of Birds from Foochow," *Ibis*, sr. 5, 5 (1887)：215. 这些鸟类标本来自拉都胥。拉都胥在他的 "On Birds Collected and Observed in the Vicinity of Foochow and Swatow in South-Eastern China" (*Ibis*, sr. 6, 4 [1892]：400-402) 一文中描述了他的主要采集地。里克特在其 "On some Birds Collected in the Vicinity of Foochow"(*Ibis*, sr. 6, 6 [1894]：215-216) 中描述了他的主要采集地。

② 　Bretschneider, *History*, 802-805；Cox, *Plant-Hunting in China*, 110-123, 132-135. 关于法国人在 19 世纪后半叶的对华考察，参见 Numa Broc, "Les voyageurs français et la connaissance de la Chine (1860 - 1914)," *Revue historique* 276, no. 1 (1986)：85-131；P. Fournier, *Voyages et découvertes scientifiques des missionnaires naturalistes français* (Paris：Paul Lechevalier, 1932), part II；Emmanuel Boutan, *Le nuage et la vitrine：Une vie de Monsieur David* (Bayonne：Raymond Chabaud, 1993).

国长袍。他自认为"打扮得很像中国佬了"①，但他仍然需要两个"货真价实"的中国人给他做向导、挑夫、收集工和翻译。结果除了上列任务外，福钧还时时提心吊胆这两个中国人会惹祸捣蛋，可怜的福钧生怕他们会把他扔在半路上不管。幸好他们没有那么做，那次旅行的成果倒颇为丰富。

132　　随同西方博物学家旅行和考察的中国人一般包括一名常常兼做翻译的贴身仆人（称作"Boy"）、一名厨师、一名当地向导、几个标本收集工和十几个挑夫。挑夫负责搬运行李、科学设备和那些细心打包好的标本。导游和挑夫可以通过中国行社来安排，这些行社有自己的网络，遍布各地。在华进行较大规模旅行的西方人通常都采用这种方式。② 有一些中国人是专做西方人生意的职业翻译和导游，尤其是在西方游客云集的香港、广州和上海。其中包括阿甘（Ah-Cum），1889 年他曾经带着当时还是个年轻记者的吉卜林（Rudyard Kipling）逛遍了广州。③

---

① Fortune, *A Journey to the Tea Countries of China*，33. 在华的西方旅行者并不是不常用这种方式假扮自己，尤其是当他们溜出通商口岸探险时，目的是降低被当地人注意的可能性。W. H. Medhurst, Sr., T. T. Cooper 以及 A. E. Pratt 都属于这类着中式服装游历的人。参见 W. H. Medhurst, *A Glance at the Interior of China*, *Obtained during a Journey through the Silk and Green Tea Districts* (Shanghea [Shanghai]: Printed at the Mission Press, 1849), 1～11, 35～36 页对他们的化装及中国服装有详尽的描述。T. T. Cooper, *Travels of a Pioneer of Commerce in Pigtail and Petticoats; or an Overland Journey from China towards India* (London: John Murray, 1871); A. E. Pratt, *To the Snows of Tibet through China* (London: Longmans, Green, & Co., 1892).

② 关于这种游历方式，参见诸如 Medhurst, *A Glance at the Interior of China*, 29-34, 36-38; Pratt, *To the Snows of Tibet through China*, 41; G. E. Morrison, *An Australian in China* (Sydeny: Augus and Robertson, 1972 [1895]), 50, 58-60, 89-91, 115; E. H. Wilson, *A Naturalist in Western China with Vasculum, Camera, and Gun. Being Some Accounts of Eleven Years' Travel, Exploration, and Observation in the More Remote Parts of the Flowery Kingdom*, 2 卷本 (London: Cadogan Books, 1986 [1913]), vol. 1, 22-27。亦可参见注释 8 中的 "Inland Communication in China" 一文，它包括了运输模式的信息。

③ Rudyard Kipling, *From Sea to Sea*, in *The Writing in Prose and Verse of Rudyard Kipling* (New York: Charles Scribner's Sons, 1897-1937), vol. 15, 339-341. 五位当地导游罗列在 R. C. Hurley, *The Tourists' Guide to Canton, the West River and Macao*, 2nd ed. (Hong Kong: R. C. Hurley, 1903), 24 页中。其中三位来自 A-Cum 家族，分别为 A-Cum (Senior)、A-Cum 以及 A-Cum (Junior)。

托马斯·T·库珀（Thomas T. Cooper）曾为他的西藏边地之旅雇用过一名翻译兼向导，这名向导原来受天主教神职教育，但转行做了生意，他除了母语汉语外，还会讲拉丁文和英文，可能也会讲其他西方语言。① 法国传教士旅行家古伯察有一名信仰天主教的蒙古向导，这位向导后来还曾经带领谭微道从北京穿越蒙古到达过西藏。美国地质学家庞佩利还是孩子的时候就读过古伯察写的书，1863 年至 1864 年当他游历中国北方时又发现了这名向导，他很高兴地立即雇了来为自己工作。② 通常参与实地考察的人员包括博物学家的随身仆人、签约收集工和那些在旅途中现雇的人。约瑟夫·胡克在取道印度前往锡金的途中曾经雇用过数十名当地的收集工、向导和挑夫。③ 在华工作的英国博物学家很少尝试组织这么浩荡的队伍，但普拉特和威尔逊（都是职业采集员）确曾进行过接近这种规模的考察活动。无论如何，在实地考察中，人员的组成都差不多，虽然随从数目会各有不同。

福钧在他的多次中国之行中都雇用了随从，但人数都不太多，他主要依靠的是在现场临时雇用的收集工。他发现小孩子在收集标本时可以派上大用场，因为只要很少的一点钱就能对"这些小顽童很起作用"。④ 许多旅行博物学家都采用了这个办法。1866 年科林伍德在台湾旅行时，只要一有机会，就会雇小孩子为他收集昆虫和贝壳类动物。⑤ 此举既省力又省时，还能充分利用小孩子的独特知识和技能。阿瑟·亚当斯曾在中国海域和沿海地区进行调查，他也从这种办法中受益不少。他认为小孩子是他最好的合作伙伴。小孩

133

---

① Cooper, *Travels of a Pioneer of Commerce*，15. 有不少接受传教士教育的中国人在贸易口岸从事国际贸易。他们与西方人有联系并且懂外语。Yen-P'ing Hao, *The Comprador in Nineteenth Century China*：*Bridge between East and West* (Cambridge, Mass.：Harvard University Press，1970)，197-198.

② Raphael Pumpelly, *My Reminiscences*，2 vols. (New York：Henry Holt and Company，1918)，vol. 2，469.

③ Joseph Dalton Hooker, *Himalayan Journals*：*Notes of a Naturalist in Bengal*，*the Sikkim and Nepal Himalayas*，*the Khasia Mountains*，etc.，2 vols. (New Delhi：Today and Tomorrow's Printers & Publishers，1969 [1854])，105，168-169，219.

④ Robert Fortune, *A Residence among the Chinese*：*Inland*，*on the Coast*，*and at Sea. Being a Narrative of Scenes and Adventures during a Third Visit to China*，*from 1853 to 1856* (London：John Murray，1857)，60，97-98.

⑤ Collingwood, *Rambles of a Naturalist*，71，87.

子比任何人都更清楚甲虫、青蛙、蜥蜴和其他许多难找的动物隐身何处，他们乱搜乱翻起来也毫无顾忌。剥树皮，挖泥翻土，甚至连牛粪都不放过，全得掰开来察看。在中国，这种乡下孩子到处都是，只要给他们一点钱，他们就随时可以干活（边干边玩）。几十个小孩子会一哄跑到田野里、树林中、池塘边，然后带回各式各样奇怪而漂亮的标本。"他们搜寻标本的时候像博物学家一样热切。"①

当然，那些旅行博物学家也会现场雇用成年人做收集工；这种工作关系不像和小孩子之间的那样，而是可以持续整个季度或者更长的时间。旅行博物学家能找到的最好的收集工就是当地的村民，因为他们比任何西方人都更了解当地动植物的习性和栖息地的情况。如果是费时耗力的任务，比如收集昆虫，最有效的方法是雇用大批的当地民众，而且这只要很低的工资就行了。很多收集工作只需要稍微一点点技术培训，在向导和翻译的帮助下，博物学家通常可以找到很多当地农民到田野里去收集标本。如果觉得报酬和旅行路程都可以，有些农民甚至愿意跟随博物学家上路继续做田野工作。

普拉特是很有经验的昆虫采集员，懂得充分利用这种收集方法。他从宜昌沿长江向上游旅行的时候找到了很多丰富的收集地，于是安排当地人为他收集标本。他教这些村民一些收集、保存昆虫的基本知识，发给他们捕蝶网，并指定了工头，然后继续西行，沿途在适当的地点做同样的安排。在有些采集点他雇用多达 20 到 30 名采集工。当他在那个季节结束返程的时候，一路上或者亲自去那些地点把已经包装好的标本拿回来，或者让人把收集到的标本给他送过去。他发现这种方式得到的结果非常令人满意。②

福钧在他的搜集植物之旅中也采用了同样的办法。他以当时还被英军占领的舟山岛为基地，从那里出发到浙江和福建的茶区做过几次旅行。在浙江，他住在山上的佛寺中，收集茶叶样本并学习制茶的方法。所行的每一处他都安排当地人为他收集当季的茶种，一旦安排妥帖之后又立即动身前往下一站，在新的地方再把这个过程重复一遍。福钧并不是漫无目的地旅行，他

134

---

① Arthur Adams, *Travels of a Naturalist in Japan and Manchuria* (London：Hurst and Blackett，1870)，73-75.

② John Henry Leech, *Butterflies from China，Japan，and Corea*，vol. 1 (London：R. H. Porter，1892-1894)，xxiv-xxvi.

的收集重点是几个特定的采集地，在这些地点他都雇用了当地人为他收集标本。福钧在中国旅行时曾经多次去过这些中意的地方，最后都成了当地佛寺的常客。①

这种收集方法非常适合专业的旅行采集员使用，因为他们要设法在短时间内获得尽可能最多的标本。效率是他们的首要原则。专业采集员总是忙忙碌碌，时时在奔赴下一站的途中。他们从早到晚地工作，一直在与季节赛跑。要想得到一个季节的最大收获，采集员不能只依靠自己的力量。最好的办法是在那个季节来临之前就和当地人接洽好，让他们去做实际的收集工作。这样，收集员就可以圆满地收获这一整季的结果。

中国人有自己的一套收集动植物的传统，但他们收集的目的并不是为了狭义的博物学之用。西方博物学家在田野工作中发现不能完全忽略这种中国传统。一天早上，福钧来到了一个村落，他让那里的孩子们去为他抓昆虫。当天晚些时候，他又回到那里，却吃惊地看到一大群农民，有老有少，有男有女，都在等着把昆虫卖给他，让福钧懊恼的是，那些昆虫都已经不完整，对昆虫学研究没有什么用处了。村民错把他当成民间的捕虫人了，这种捕虫人收集昆虫是为了当药材卖的。他们觉得这些昆虫反正是要进研钵的，整只的半只的又有什么不同呢？②谭训曾在广东各地收集过标本，他发现有两个窍门可以让村民给他帮忙。他要么对他们说自己是草药医生，要么就"诉诸中国人的美感，如果能让他们相信我收集植物只是因为那些植物非常美丽，他们就会觉得我是个颇有雅趣的人"③。

捕猎和采药在中国是山地居民或其他农村人口从事的活动，往往代代相传。有些博物学家设法同这些乡下人建立了生意关系；有时候可能是中国人

---

① William Gardener，"Robert Fortune：Methods of Collection," *Gardeners Chronicle Gardening Illustrated*，1963 年 11 月 9 日，331；同一作者，"Robert Fortune：His 'Favourite Chekiang'," *Gardeners Chronicle Gardening Illustrated*，1963 年 10 月 12 日，270。

② Fortune, *A Residence among the Chinese*，60–62. 由此可见，在重要的草药产地会有采药人到访。当安特卫普·普拉特在一次长途旅行到达西藏边地时，他发现自己跟"近 50 个"中国采药人挤在一间破小屋中。Pratt, *To the Snows of Tibet through China*，187–188.

③ Theophilus Sampson, *Botanical and Other Writings on China*，1867–1870 (Hamburg：C. Bell Verlag，1984)，38.

135 为了经济利益而主动拉生意。郇和被派驻台湾的时候曾经雇用了"很多当地猎人和标本剥制手"。① 博物学家还鼓励当地的中国人——不管是农夫、渔夫还是其他任何职业的人——把所有有趣的或非同寻常的动物都给他们送去。许多博物学家甚至长期雇用一些当地收集工，有时会一雇很多年。建立这种合作关系的博物学家不是旅行博物学家，而是因职务而长期在华的西方人。他们因业务关系，自己能支配的时间有限，无法做长途考察。西方人的假期通常在夏季，而这个时候许多植物的花期早已过去了。雇用当地采集工是解决这个问题的最好办法。1880 年，贝勒曾表示："根据我个人的经验，要想收集到供标本室收藏的优质植物标本，最好的办法就是雇用一个机灵的中国人去完成。"② 一些动物学家也发现，长期雇用当地"狩猎手"很有必要，因为收集鸟类和哺乳类动物需要花费大量时间在野外和深山里搜寻跋涉。史坦、拉都胥和里克特都雇用过长期猎者与收集工。

这种运作方式只有当收集工和博物学家建立起一种可靠的工作关系之后才可行，而可靠的工作关系必须建立在信任感、专门技能和经济考量的基础之上，这些是田野工作中"道德经济"（moral economy）的基本内容。博物学家首先考虑的是收集工是否"有责任心"且"值得信赖"。韩尔礼曾雇用过很多长期采集工，他主要从中国的天主教徒中选人，而且还把他们推荐给其他博物学家。③ 这些教徒先前和西方人已经有过接触，也尊敬西方人，这样一来发生误解和意见不合的风险就减少了。他们的宗教背景也使英国博物

① Robert Swinhoe, "The Ornithology of Formosa, or Taiwan," *Ibis* 5 (1863):
207. 关于中国猎人，参见福钧，*A Journey to the Tea Countries*，151-153；Jernigan,
Shooting in China，205～234 页详细地叙述了中国猎人使用的武器。一位名叫 Kum
Ayen 的中国人为 Wade 编著的 *With Boat and Gun in the Yangtze Valley* 写了一篇
"Some Chinese Methods of Shooting and Trapping Game" 的文章，见此书 178～185 页。
他写道："一位外国狩猎爱好者经常配备着全套最新式的鸟枪、最新和最棒的弹药以及
一条好猎犬……相对而言，中国人则穿着破衣草鞋并使着一杆普通的、粗制滥造的火
铳（大型的中国火绳枪），劣质的自制火药，大小不一的枪弹。外国人将射猎仅仅当作
乐趣，而当地人则当作生计：很可能猎物贩卖所得要用来供养父母、妻子及家庭。"
（182～183 页）

② Bretschneider, *Notes on Some Botanical Questions Connected with the Export
Trade of China*（Peking，1880），5.

③ Kew：A. Henry Letters to H. B. Morse, ff. 7-9，10-12.

学家对他们的诚实和可靠性比较放心，因为尽管他们是中国人，又是天主教徒（大部分英国人是英国国教和其他教派的新教徒），但至少跟那些狡猾的异教徒不一样。博物学家可以通过西方天主教传教士雇用他们。照理说，中国的新教徒也符合标准，但是因为新教传教活动的重点在市区，这些中国教徒也多是来自城市或市郊，不具备在荒郊野外从事田野工作的知识和技能。根据韩尔礼的经验，最理想的做法是雇用中国天主教徒回到他们植物丰茂的乡下老家收集标本。①

　　怎么才算是个好的本地标本采集人？首先，他不应该不问青红皂白，什么标本和信息都收集，而是有目的地来搜集。以动物采集人为例子，如果他要做得好，不仅需要具备收集和剥制标本的基本知识，还要知道如何观察、记录所收集的动物的习性与栖息地。里克特的收集工是一对兄弟，他们从 19 世纪 80 年代到 90 年代一直为他工作。除了在福州地区收集标本，他们还定期到福建西部的武夷山区去，从那里的猎户手中采购标本，沿途也会自己收集。兄弟俩会整个季度都在福建西部做田野工作。里克特等于把整个任务都交付给他们；事实上他自己从来没有去过某些深山中的采集基地。② 同样在那几十年中，史坦的猎手也曾从上海出发，逆长江而上到达湖北和四川，并深入到离海岸 1 500 英里的内陆去收集鸟禽和哺乳动物。③ 韩尔礼在宜昌的时候，曾经多年都雇用同样几位收集工。那些人通常会到自己的乡下老家收集标本，但有时韩尔礼也派他们到长江三峡附近的地方去做为期几个月的收集。显然这些人有独立工作的能力。④ 他们采集到的标本质量惊人，邱园还特别拨给韩尔礼一笔奖金，支持他继续这样的收集方式。⑤ 后来韩尔礼被派

136

　　①　Kew：A. Henry Letters to H. B. Morse, ff. 7–9, 10–12.

　　②　C. B. Rickett and J. D. D. La Touche, "Additional Observations on the Birds of the Province of Fohkien," *Ibis*, sr. 7, 2（1896）：489–490.

　　③　F. W. Styan, "Notes on the Ornithology of China," *Ibis*, sr. 6, 6（1894）：329. 值得一提的是，法国领事官员 Claude P. Dabry de Thirsant 的中国采集人，一名天主教徒，并知道中国关于动物的文献，在 30 年前就完成了类似的长途考察工作，不过他收集的主要是鱼。事见 Armand David, *Abbé David's Diary*（Cambridge, Mass.：Harvard University Press, 1949）, 198。

　　④　Kew：Chinese and Japanese Letters, 151（588–590）,（601–602）,（610）,（620）,（622）,（623）,（624）.

　　⑤　Kew：Chinese and Japanese Letters, 151（622）.

驻到云南和老挝的交界地，在那里他也长期雇用一名他很称赞的收集工。此人不久就全面担负起了收集的工作，因为他和韩尔礼已经把附近地区都踏遍了，现在不得不依靠长途考察才能再找到一些新的东西。①

这些签约收集工大部分是农民和猎户，他们可能原先是从农村或山区到城里找差事，因缘际会，并通过介绍，受雇回自己的故乡收集标本了。植物学家贝勒曾有一个"家住北京西部山区的淳朴农民"为他收集标本。② 这些人不是从事什么赚大钱的行业，也没有什么社会地位；然而，他们熟悉当地植物、动物、地理环境、居民和方言，这正是西方博物学家最需要的资源。此外，中国劳工相对来讲很便宜——博物学家注意到了这点，因此即使常常得自己掏腰包支付这些当地收集工的工资，他们也觉得此举可行。韩尔礼19世纪90年代任职台湾的时候，每个月付给他的收集工大约8到10块银元（大约相当于1.5英镑），要他采集两次"干燥或半干的植物，每次五六十种，每种要四五份标本"。③ 19世纪80年代，他付给宜昌收集工的工钱比这还少。④

137 确实，在中国内陆做一次植物学考察花费很低。根据韩尔礼1899年的计算，两千银元就足够支付一整队人马一年的花费了，这些人马中包括1名男仆、6名搬运行李的挑夫、10名收集和搬运标本的工人，再加上几匹骡子，并且连他们的食物、住宿和其他一切花费都算在内。⑤ 比较而言，那些受雇收集动物标本的猎手的薪酬肯定要高些。原因是他们必须要具备打猎的专门技能，他们的任务比较困难，枪支弹药也要花钱，而且他们的战利品和

---

① Kew：A. Henry. Letters to H. B. Morse, ff. 34-35, 47-48, 119-120, 121, 124.

② Bretschneider, *Notes on Some Botanical Questions*, 5.

③ Kew：A. Henry. Letters to H. B. Morse, ff. 10-12, 17-18. 关于韩尔礼在台湾的植物学研究，参见 Augustine Henry, "A List of Plants from Formosa, with Some Preliminary Remarks on the Geography, Nature of the Flora and Economic Botany of the Island." 作为附录发表于 *Transactions of the Asiatic Society of Japan* 24 (1896)：1-118。

④ Brian D. Morley, "Augustine Henry：His Botanical Activities in China, 1882-1890," *Glastra* 3 (1979)：21-81（尤其是57、75~77页）。

⑤ 1899年5月9日韩尔礼给萨金特的信件，收录于 NBG：Augustine Henry Papers, file "C. S. Sargent"。在沿海通商口岸地区的开销会偏高。查尔斯·福特1882年在广东的6周考察之旅的预算中的旅途开销是220银元，而整支队伍除了他自己之外只有两三个人。Kew：Misc. Reports. 4. 41. Hong Kong. Miscellaneous, ff. 53-57.

标本的市场价值更高。史坦在写给大英博物馆的信中曾明确表示，他希望博物馆能适当补偿他送回去的标本，因为他"雇了好几个当地人为他定期采猎"，所以收集标本的开销"颇大"。①

那些收集工在田野工作中获得的技能和知识大概只在与西方博物学家的工作关系中有用，在其他地方很难派上用场。只有一个广为人知的例外，那就是谭微道的收集者王树稀，此人后来成了上海博物馆的动物标本剥制师，该博物馆每年都能吸引成百上千的中外参观者。② 这个位置后来由拉都胥的收集工唐启旺③接替，拉都胥称赞他"非常能干"，是"一名出色的田野博物学家"。④ 后来唐氏家族又有一些人为西方顾客收集、剥制标本，"田野收集几乎成了他们的家族事业"⑤。但是这些毕竟是少数，大多数当地收集工可能在工作结束后，又重回以前的本行做农民、猎户或者短工了。对这些人来

---

① NHML：Z. Keeper's Archives. 1. 29. Letters. 1886. January to June，No. 390.

② Arthur de Carle Sowerby，*China's Natural History：A Guide to the Shanghai Museum* (Shanghai：Royal Asiatic Society，North China Branch，1936)，3-4. 标本剥制对自然历史博物馆而言，当然是很基本和重要的工作。关于 19 世纪的标本剥制术，参见 Paul L. Farber，"The Development of Taxidermy and the History of Ornithology," *Isis* 68 (1977)：550-566；P. A. Morris，"A Historical Review of Bird Taxidermy in Britain," *Archives of Natural History* 20 (1993)，241-255；Karen Wonders，"Bird Taxidermy and the Origin of the Habitat Diorama," in *Non-Verbal Communication in Science prior to 1900*，ed. Renato G. Mazzolini (Firenze，Italy：Leo S. Olschki，1993)，411-447. F. W. Styan 写的关于鸟类标本剥制术的一章收录于 Wade，*With Boat and Gun in the Yangtze Valley*，128-131. 尽管上海博物馆的教育影响也许很有限，但是它确实以其奇特的图片及标本给中国人留下了深刻印象。一位中国游客用一首诗记录下了对这个博物馆的印象，他对关在玻璃缸里的一条或许是巨蟒的大蛇大为惊讶并称："鸟兽则仅取其皮，照绘形象，详载图籍，据云须带至泰西博物院矣。"顾炳权编：《上海洋场竹枝词》(上海，上海书店出版社，1996)，80 页。另可参见 99 页。

③ 唐启旺 (1886—1933)，福建人。从小跟随父亲唐春营学习制作鸟类标本。随后在制作鸟类标本的基础上，发展制作其他动物标本，自学成才。因拉都胥称其为"旺旺"，故之后的文献也多用此名。——译者注

④ J. D. D. La Touche，"The Collection of Birds in the Shanghai Museum," *JNBC* 40 (1909)：69-107. 唐启旺很早就学着描绘鸟巢素描，记录所观察的情况并在野外进行其他工作。里克特保存有他的一幅鸟巢素描。C. B. Rickett，"Notes on the Birds of Fohkien Province，S. E. China," NHML：Tring. MSS. Rickett，ff. 180-181，201-202.

⑤ Sowerby，*China's Natural History：A Guide to the Shanghai Museum*，4.

说，受雇于西方人做收集工作，并没有完全打断他们的本业，因为他们本来就在田野里劳动。为了符合西方雇主的要求，他们只是对工作内容做了一些转变，要回复到从前的生活并不困难。我们可以说，西方博物学家和中国收集工双方都利用了田野工作和收集标本的机会：博物学家要的是丰盛的成果，中国人为了挣取自己平常本业中没有的额外收入。但是这种静态的功能主义式的分析并没有真正说明跨文化关系的实际过程和相互作用，而田野工作的成果在很大程度上取决于跨文化关系。因此，我们必须进一步探讨田野工作中的互动关系。

权力、扮演与文化遭遇

田野博物学研究要求博物学家和各类当地人时时进行磋商，包括为他们工作的中国雇工，以及他们作为西方旅行者在各地遇见的当地民众。在中国，当地民众和为洋人工作的向导、翻译及收集工之间的关系也颇为复杂。田野工作对我们理解科学帝国主义非常重要，这不仅是因为田野工作对博物学研究至关重要，而且也因为它是权力互动的场域；我们可以从中发现科学帝国主义是如何在日常生活的微观政治层面上运作的。

有一点很重要：我们应该记住在田野工作关系的权力分布中并不一定总是博物学家占上风。[1] 欧洲博物学家即使是在自己的殖民地从事田野工作，也时常发现自己的权威会被当地人用微妙的抵制手段削弱。博物学家在自己不熟悉的地方非常依赖别人的好意和帮助，他的权威性及控制力其实颇为脆弱。在旅途中，如果向导或挑夫不合作，轻易就会令田野工作困难重重。他

---

[1] 我对权力、文化以及田野工作的看法受到了一些人类学著作的影响。例如 Akhil Gupta and James Ferguson, eds., *Culture, Power, Place: Exploration in Cultural Anthropology* (Durham: Duke University Press, 1997)；同一作者，*Anthropological Locations: Boundaries and Grounds of a Field Science* (Berkeley: University of California Press, 1997)；Sherry Ortner, "Thick Resistance: Death and the Cultural Construction of Agency in the Himalayan Mountaineering," *Representations* 59 (1997 年秋季): 135-162；同一作者，"Resistance and the Problem of Ethnographic Refusal," in *The Historical Turn in the Human Sciences*, ed. Terrence J. McDonald (Ann Arbor: University of Michigan Press, 1996), 281-304。

们可能会偷盗现金或物资，可能会用拖延或怠工的方式阻碍考察进程，可能会半路跑掉，可能会故意提供假情报，也可能会破坏设备和标本。总之，他们只要略施小技，都可能会严重影响博物学家完成任务。博物学家常常发现自己得受当地向导的摆布，更不必说天气、疾病、险路和其他麻烦因素了。比起在直接管辖的殖民地，在中国，西方博物学家对某些状况就更难掌控了。

晚清虽然饱受外患之苦，却从未成为西方列强的殖民地，所以英国博物学家在华考察时无法享受英帝国国家机器的直接支持和庇护。在通商口岸之外旅行的洋人需要请求清朝政府批准。护照上注明持有者可以访问的地区以及获准旅行的条件。① 如果西方旅行者违反了规定，地方政府可以把他拘禁起来或者拒绝他过境。例如，探险家 T. T. 库珀就曾经被地方官员软禁过——当然在这种情形下中国官员为了避免外交冲突往往会姑息洋人，这也是事实。②

在田野考察中，中国收集工首先把自己看作为挣钱而工作的短工。如果他们觉得得到的报酬少了，就会和雇主讨价还价，要求增加工资，或者提出抗议。但是他们也重视人际关系和社会关系，希望能受到他们认为公正的对待。博物学家除了金钱和驭人的手腕，也许加上一点未必有用的洋人的神秘感和大爷的威望之外，没有其他什么有效的办法可以约束他们的中国雇员。这些人如果有什么不满，随时都可能会罢手不干。1890 年，安特卫普·普拉特在中国中西部收集标本的时候，最信赖的随员之一置工作于不顾，偷偷跑到城里去寻欢作乐。③ 在另一次考察中，一名中国收集工采到了一条普拉特曾经想要的毒蛇；可是当时他已经不需要那件标本了，于是这名收集工心生不满，就"把毒蛇扔到了普拉特的孩子们中间"。④ 然而，许多收集工对工作是尽心尽责的。普拉特有一名收集工，虽然被蛇咬伤，伤势严重，但依然努力地工作，给普拉特留下了深刻印象。⑤ 植物采集员威尔逊雇用了"大约 12

139

---

① 英国人（以及其他一些洋人）确实受到治外法权保护，但是除非当考察工作导致重大争议，治外法权以及保护他们免受中国法律干预的其他外交特权在他们博物学田野工作的实作中很少有什么直接功用。

② Cooper, *Travels of a Pioneer of Commerce*, 365–385.

③ Pratt, *To the Snows of Tibet through China*, 194–195.

④⑤ Ibid., 5.

名农民"，他发现这些农民都很"忠心、聪明、可靠，即使身处逆境也依然保持乐观，而且永远愿意倾尽全力工作"。① 工作结束，不得不分手的时候，威尔逊觉得"双方都真心不忍离别"。② 博物学家和中国雇员之间良好的私人和工作关系对田野工作的成功至关重要。当阿诺德树木园的园长查尔斯·萨金特（Charles Sargent）向韩尔礼询问派遣到中国的植物采集员所必备的素质时，后者除了提到对旅行和植物学的热情之外，也强调了这人应该具备"常识、机智，还有温和的个性"③。

在华旅行、打猎不可避免就会和中国人接触，对西方旅行者和猎手来说，最大的麻烦不是来自自然环境或毒蛇猛兽，而在于和当地人的冲突。那些关于在华旅行和打猎的书籍、手册中一般都含有如何应付困境的建议，这些建议是集合西方在华旅行者和猎手的经验而来。在田野里总会有中国村民在干活儿，庄稼地或芦苇丛中视线不佳的地方也有村民出没，打猎时完全可能发生意外。一些狩猎手册向读者介绍了如果这类事情发生应如何平息当地人的愤怒，并建议对伤者做出适当赔偿。这些手册还建议，如果情势变得危险起来，猎手们最好寻求地方官员的庇护。④

19 世纪后半叶，中国许多地区都几乎不再受清政府统治。在动植物资源丰饶的中国西南部的很多地方，无论是西方列强还是清政府都无法百分之百地确保西方旅行者的安全。1875 年，英国领事馆的奥古斯都·马嘉理（Augustus Margary)⑤ 在云南境内勘察从缅甸到中国西部的道路时不明不白地丢了性命，这起事件几乎引发一场外交危机。⑥ 由于害怕有更多类似事件发生，地方官员常常派士兵和公差护送西方旅行者。即使在清政府还可以严密控制的地方，洋人的安全有时也会受到威胁。19 世纪最后几十年里，在湖

---

①② E. H. Wilson, *A Naturalist in Western China*, vol. 1, 86。

③ 1899 年 11 月 14 日韩尔礼给萨金特的信件，NBG：Augustine Henry Papers, file "C. S. Sargent"。

④ 诸如 Wade, ed., *With Boat and Gun in the Yangtze Valley*，132-134。一篇谈论 Francis A. Groom, *The Sportsman's Diary for Shooting Trips in Northern China* (Shanghai, 1873) 的书评中从该书摘录了一些如何处理这类情况的"注意事项"；见 *The North China Herald*，1873 年 11 月 20 日。我未能直接参阅此书。

⑤ 马嘉理（Augustus Margary，1846—1875），英国外交官。——译者注

⑥ John K. Fairbank and Liu Kwang-Ching, eds., *The Cambridge History of China*, vol. 10, part II, 82-84.

南、四川、广西和其他一些地方都发生过民众袭击传教士的教案。① 同时，在中国北方，类似的事件变得和清朝内部的政治斗争交织在一起，到 1900 年的义和团事件达到了高潮。②

当西方旅行者途经一些不欢迎他们的城镇时，愤怒的群众可能会鼓噪、叫骂，甚至投掷东西；美国旅行家托马斯·史蒂文斯（Thomas Stevens）在他的单车环球之旅时，在中国就碰到了这种糟糕的经历。③ 1879 年，维奇（James Veitch & Sons）苗圃的采集员查尔斯·玛里埃什乘船沿长江逆流而上到达宜昌，但仅待了一个星期就退却了，因为当地人对他充满了敌意。④ 他因此错失了一个绝好的机会；仅仅几年后，韩尔礼就以他在同一地区的无数发现而震惊植物学界。

昆虫采集员安特卫普·普拉特曾在湖北的一个颇为敌视洋人的地方采集过一个时期。据他说，中文告示"贴满了树木"，警告当地居民"凡是被发现（为普拉特）采集标本或以任何方式协助（他）的人"都将受到惩处。⑤ 后来，在西藏边境，他发现自己碰上了同样的麻烦。没有当地人愿意为他工作，只有皈依了天主教的教徒例外，这些教徒是他通过法国传教士的帮忙雇来的。当地人中流传着关于普拉特来该处的"真实"动机的各种谣言，愤怒和恐惧的气氛弥散在人群之中。他的德国助手被当地人从一个采集点赶了出来，甚至他的中国采集工也遇到了类似的困难。当地人不时骚扰他们，并阻

---

① Paul Cohen, *China and Christianity：The Missionary Movement and the Growth of Chinese Antiforeignism，1860-1870* (Cambridge, Mass.：Harvard University Press, 1963)；同一作者，"Christian Missions and Their Impact to 1900," in John K. Fairbank, ed., *The Cambridge History of China*, vol. 10, part I, 543-590；"中华文化复兴运动推行委员会"编：《教案与反西教》，见《中国近代现代史论集》（台北，台湾商务印书馆，1985），第 4 卷；苏萍：《谣言与近代教案》（上海，上海远东出版社，2001）。

② Joseph Esherick, *The Origins of the Boxer Uprising* (Berkeley：University of California Press, 1987). 另可参见 Paul A. Cohen, *History in Three Keys：The Boxer as Event, Experience, and Myth* (New York：Columbia University Press, 1997)。

③ Thomas Stevens, *Around the World on a Penny-Farthing* (London：Arrow Books, 1991 [1888]), 383-385.

④ Wilson, *A Naturalist in Western China*, vol. 2, 3.

⑤ Pratt, *To the Snows of Tibet through China*, 49.

碍他们的田野工作。① 1905 年，当年轻的乔治·福里斯特到云南西部为爱丁堡植物园收集标本的时候，遇上了一场当地民众攻击法国传教士和中国教徒的暴乱。传教士都被杀害了；福里斯特"像条疯狗一样地被追猎"，他在山里赤足奔逃，躲藏了九天，才死里逃生。②

然而，一般而言，中国人对于新奇陌生的洋人，通常的反应还是好奇多于恐惧或仇视。英国旅行者常常记述，当他们进入一个城镇时，大群大群的当地民众如何跟着他们、窥瞧他们，大咧咧地围观，对他们评头论足，甚至摸他们一把。他们的一举一动都会招来小声议论或放声大笑。郇和身陷这种境地时，曾无可奈何地把自己比拟成一只遭到一群兴奋好奇的博物学家围观的珍奇动物"指狐猴"③。④ 其他西方旅行者也曾把自己比作饱受骚扰的动物。几个英国人想探险，他们驾船驶进了内陆省份广西的一个小镇，这时已经入夜。第二天早上一觉醒来，发现"（离他们）不远处的街道和船只上挤满了人，大家都迫不及待地想看看外国人的样子"。这些英国人"想要逃离，他们从这儿划到那儿，从那儿划到这儿，像一只小鸟急于从老鹰那里逃脱一样"，但是没有用。最后他们智穷力竭，只好在船上轮番向河岸上的人群展览自己。⑤

在中国人毫不放松的凝视之下，西方旅行者只好力图表现出自己作为一个（优秀的）西方人与（次等的）东方人相比较而形成的不同形象，并通过对象征符号的运作把帝国主义的意识形态表现了出来。有一个与在华旅行密切相关的例子，可用来说明日常生活中帝国主义的文化表演是如何展开的。

---

① Pratt，*To the Snows of Tibet through China*，135，151，194，222.

② Royal Botanic Gardens，Edinburgh. George Forrest Papers. ARC/FOR/BAL/01—45. 1905 年 8 月 17 日 W. J. Embery 给 John Balfour 的信件；1905 年 8 月 29 日 G. 福里斯特给 Balfour 的信件；1905 年 10 月 1 日福里斯特给 Balfour 的信件。

③ 指狐猴（学名 Daubentonia madagascariensis）是马达加斯加特产的一种原猴，目前已经濒危。——译者注

④ Robert Swinhoe，"Notes on the Island of Formosa"（在英国科学促进会上宣读，1863 年 8 月），12. 我用的是大英图书馆郇和关于台湾的论文的合集。这篇论文随后发表于 *Proceedings of the Royal Geographic Society* 8（1864）：23—28。

⑤ Albert S. Bickmore，"Sketch of a Journey from Canton to Hankow through the Province of Kwangtung，Kwangsi，and Hunan，with Geological Notes，" *JNCB*，n. s.，4（1867）：9.

在华中和华南的很多地方，轿子本来是一种常见的交通工具，所以在这些地方旅行的洋人通常也坐轿子。虽然一个西装笔挺的白人端坐在赤足中国轿夫高抬的轿子上的情形会激起我们对所有与西方帝国主义相关事物的憎恶，但轿子这种交通方式在洋人到达中国之前早就有了。大凡负担得起的中国人也都坐轿，因此这种交通方式和安第斯山区印第安轿夫的背轿不一样，后者主要是受雇来背负白人翻山越岭。[1] 在中国，比起平时雇轿当交通工具的本地人，西方顾客的人数真的可算是凤毛麟角。但是在华的西方人却把一种象征性的意义注入"一个骑乘东方人的白人"的形象之中，因此那段时期产生了无数表现这种主题的典型图像。[2] 所以，原本在中国背景下体现顾客社会地位的交通工具被翻译成了种族优越性和帝国统治的象征。[3]

然而，身强体健为帝国基础的观念（muscular imperialism），和对在大自然中健行的热衷，常常使维多利亚时期的旅行者在田野中以步行的方式完

---

① Michael Taussig 在其 *Shamanism*，*Colonialism*，*and the Wild Man*：*A Study in Terror and Healing*（Chicago：University of Chicago Press，1987），287～335 页中论述了印第安人的背轿。

② 参见 "Superior British attitudes greatly annoyed the Chinese," in Welsh，*A History of Hong Kong*，384～385 页；Clark Worswick and Jonathan Spence，*Imperial China*：*Photographs*，*1850-1912*（London：Scolar Press，1979），82。另可参见上书 79 页，"ethnographic/orientalist"，照片中是一位中国官员坐轿子的图片。

③ 当时的人很清楚坐轿子的多重文化意义。例如，于 1856—1858 年访问中国的一位美国海军医生很瞧不起英国人在中国城市中使用轿子的习惯，议论道："在一个奴隶庄园中，或者在一个南方的任何城市"，他说，"即使是最娇生惯养的小姐也会耻于把黑奴当骡马骑乘，然而那些骑在汗流浃背的中国人背上的肥硕英国男人，不管年老年轻，很可能还一面振振有词地批评美国奴隶制度的恐怖。"那在华的美国人又是怎样呢？这位作者很爱国地宣称："就我有限的观察所见……即使是来自我们南方蓄奴州的绅士在中国都要比任何其他外国人更加讨厌把人当牛马骑。"这位美国作者进而驳斥任何使用轿子"这种令人痛心的懒散"的理由，包括酷暑烈日。他总结道："轿子是中国人的道德与社会体系的一部分，因此他们有理由使用它，但外国人却没有这种理由。" William Maxwell Wood，*Fankwei*；*or*，*the San Jacinto in the Seas of India*，*China and Japan*（New York：Harper & Brothers，1859），365-371. 中国官员用他们自己的文化术语解释乘轿的特权。在旧广州时期，他们严禁西方商人使用这种交通工具，以作为表示其世界秩序观念的工具，而西方人屡屡抗拒这一规定，因为他们将之视为一种刻意羞辱。H. B. Morse，*The East India Company Trading to China*，vol. 4，81，234，236，244，298，348-349.

成大部分旅程。这当然令他们的中国轿夫大惑不解。他们只有在进入城镇和都市的时候才会坐到轿子上，而且只是为了要跟中国士绅的做法保持一致。当然，他们不会忘记在游记中提及自己如何沿着崎岖艰难的山径前行，而没有坐在轿子上让人抬着走（暗指缺乏大丈夫气概）。一位领事官员 E. C. 巴伯（E. C. Baber）谈到自己对中国西南部的一次探察时说，他和他的英国旅伴"从未使用轿子，除非是为了遵守礼俗的时候"。他们一路勘察、打猎，甚至还随行带着一名中国标本剥制手。① 谢立山（Alexander Hosie）是一名领事，也是邱园的通讯员，他曾为调查白蜡虫这种珍贵昆虫的秘密进行过考察。到了天下驰名的峨眉山，他便开始向上攀登，却发现自己杂在一股上山朝圣的人潮之中。越往上走，攀行变得越困难，但在"英国式的胆识"驱动之下，他最终爬上了山顶，没有让轿夫抬他。②

这类文化及种族主义的扮演，有时甚至让洋人自陷于反讽帝国主义或殖民主义的情境，乔治·奥威尔的《猎象记》精彩地描写了这种进退维谷的窘境。那篇短文记述一位驻英属缅甸的殖民官员"只是为了不愿意让当地人看作傻瓜"而被迫射杀了一头大象。③ 郇和曾经陷入过同样尴尬的境地。在田野旅行途中，他遇到一群中国人，他们看他带了枪，就求他打死一只为害村子的老虎。在帝国猎手的最高奖赏——闪亮的虎皮的诱惑下，同时也为英国式的荣誉感所驱使，他冒着生命危险，仅仅靠着一支鸟枪就尝试射杀老虎。而村民们由于没有可用的武器，都躲在很远的安全地带。郇和只打伤了那头

---

① *Report by Mr. Baber on the Route followed by Mr. Grosvenor's Mission between Tali-Fu and Momein.* Parliamentary Papers. China. No. 3 (1878)，5，21. 巴伯因这次及其他在中国的考察旅行而受到皇家地理学会的表扬。

② *Report by Mr. Hoise of a Journey through Central Ssu-Ch'uan in June and July*，1884. Parliamentary Papers. China. No. 2 (1885)，13.

③ George Orwell，*A Collection of Essays* (San Diego：Harcourt Brace & Company，1946)，156. 学者曾研究帝国/殖民背景对塑造"英国式特性"（Englishness）的重要性。参见诸如 Manu Goswami，"'Englishness' on the Imperial Circuit：Mutiny Tour in Colonial South Asia," *Journal of Historical Sociology* 9 (1996)：54-84；Kathryn Tidrick，*Empire and the English Character* (London：I. B. Tauris，1990)；Ian Baucom，*Out of Place：Englishness，Empire，and the Locations of Identity* (Princeton：Princeton University Press，1999)；Simon Gikandi，*Maps of Englishness：Writing Identity in the Culture of Colonialism* (New York：Columbia University Press，1996)。

老虎，紧张地呼叫村民追赶那只受伤狂怒的大虫，而他们却不愿跟进。那只老虎终于跑掉了；郇和英雄没当成，还几乎把自己的性命赔了进去，真是又失望又倒霉。①

帝国主义在这些微妙的文化扮演行为中得以体现，也随之散布在博物学家与中国人的日常遭遇之中。② 洋人通常感到不得不在行为模式中向自己（同时也希望向中国人）证实自身的优越性。当然，对不理解洋人文化扮演所代表的意义的中国人来说，这些扮演行为有时不但不奏效，反而显得唐突古怪。谢立山在一次去往中国西南的考察之旅中，亲自攀越了一座积雪覆盖的山峰，而他的中国文书和仆从却"安坐"在轿子中。沿途看到这一幕的中国人觉得很困惑，纷纷议论为什么这个洋人明明可以坐轿却偏要步行。③ 在这种文化领域中，没有什么万无一失的行为准则可供英国科学旅行者遵循，他们只能依照不同的环境，尝试做出最好的判断。荣赫鹏在中国东北探察时，曾大张旗鼓地向人们展示他的科学设备，这个策略是"刻意为了给淳朴的当地人留下深刻的印象"④。相反的，一位经验丰富的中国通建议库珀，在 *143*他的中国西部之旅不要携带任何模样古怪的科学设备，以免引起中国人的怀疑。⑤ 无论如何，在华的英帝国主义远不仅止于以炮舰外交做后盾的商贸侵略。帝国主义也渗透在日常生活的文化活动之中。科学技术的领先感、特定的荣誉观念、文化自信与自负、向其他国家输出普世价值观的意愿以及"以

---

① 当然，郇和没有奥威尔的爱德华时代反帝国主义的观点。Robert Swinhoe, "Catalogue of the Mammals of China (South of the River Yangtze) and the Island of Formosa," *Proc. Zool. Soc.* (1870)：626-627. 另可参见 "The Tiger in Amoy," *The Zoologist* 19 (1861)：7701-7702。一位狩猎爱好者在谈论到厦门附近的村民时这么说："(如果) 有个村民被老虎咬死了的话，他们会诚挚地欢迎外国猎人，并将之视作民众的救星；但是如果老虎并未伤害人命的话，他们会倾向于安抚它，并骂道激怒它是件愚蠢的行为。" R. H. Bruce, "Sport in Amoy," *China Review* 21 (1894-1897)：718-719.

② 在相关议题上，Bernard S. Cohen 在 "Cloth, Clothes, and Colonialism：India in the Nineteenth Century" 一文中论及了殖民主义与服装规矩的问题，收录于其 *Colonialism and Its Forms of Knowledge：The British in India* (Princeton：Princeton University Press, 1996), 106-162。

③ *Report by Mr. Hosie of a Journey through the Provinces of Ssu-ch'uan, Yunnan, and Kuei Chou*, 17.

④ James, *The Long White Mountain*, 230.

⑤ Cooper, *Travels of a Pioneer of Commerce*, 9.

强硬态度对待当地人"的信念，这些都深入到从事田野工作的英国旅行者和博物学家的头脑之中，并大幅影响了他们在处理与中国人相关事务时的行为。

俗民知识

博物学家的活动中一个很重要却常为人忽略的面向是对俗民知识的收集。这是田野工作的一个组成部分，与收集标本和进行实地观测一样重要。现有的关于植物学和动物学收集工作的研究几乎都只着眼于标本的收集，因此形成了一幅并不完整的田野工作的图像。虽然 19 世纪的博物学家通常并不依靠在地观测和俗民知识对动植物来进行例行的系统分类，因为这种划分大都在博物馆内完成，但是田野工作的资料常常对分类工作很有帮助。

例如，福钧在中国茶区的考察就对平息一场为时已久的有关不同茶叶种类的争论起了重要作用。欧洲博物学家长久以来一直对红茶和绿茶是否属于相同茶种这个问题很困惑。很多人像林奈一样，认为它们产自不同种的茶树。外销的红茶和绿茶主要各产自两个不同的省份，洋人无法进入。而据称是来自于这两个不同地方的茶树，在有些人看来好像属于不同的品种。但是其他人不同意，认为它们只是不同品种。经过加工的茶叶对解答这个疑惑起不了什么作用。在广州收集到的片断信息，加上一些自 17 世纪以来零星被引进欧洲的来源不明的茶树，对整个争论也只是起了火上浇油的作用。

福钧在茶区调查时吃惊地发现，中国人能把从同一棵茶树上采来的叶子分制成红茶和绿茶，当地人也证实他的观察是正确的。所以不同种类的茶叶只是通过不同的处理方法得来的。"红"茶省份和"绿"茶省份的茶树虽然彼此确实有些不同，但是福钧经过广泛观察，认为这两种茶树应该只是不同的栽培品种，而不是两个不同的茶种。由于福钧这次赴中国的考察整体而言很成功，而且备受瞩目，所以他的结论也颇具权威性，他的证词有效地结束了那场争论，尽管有一小部分人依然持反对意见。[1]

田野工作和俗民知识甚至渗透到一些与主要理论相关的讨论之中，达尔

---

[1] Fortune, *Three Years' Wanderings in China*, 197-224；同一作者, *A Journey to the Tea Countries of China*, 272-287.

文本人的著作也显示了这一点。① 当时物种的概念引起了很多博物学者的注意，人们对生物习性的讨论也通常是在这个背景下展开的，所以田野工作的观察在这些讨论中似乎就有了一些理论分量。郇和推想，除了动物（此处指鸟类）的外部特征外，它们的习性是不是也应该被当成划分物种的一个条件？② 郇和受达尔文理论的影响，对物种的概念进行了假想实验。他举例说：中国的一些麻雀虽然和英国的麻雀外表很接近，但已经养成了和后者大不相同的习性。那么我们应该因此把这两种麻雀划分为不同的物种吗？在另一个例子中，他大胆地提出："如果我们把鸟的不同鸣叫声当作划分不同物种的标志之一，那我们就必须承认许多东方的（布谷）物种和我们的布谷不同。"③ 事实上，郇和对这些推测并不太当真；因为不管他的想法有多少理论上的优点，如果运用到分类上的实际操作，一定会带来难以设想的麻烦。动物的"习性"这个概念本身就很含糊，难以界定，这当然使他的想法变得不切实际。

　　然而，田野工作和俗民知识都与博物学研究的许多领域（包括当时的"热门"问题，如地理分布与季候迁移）有着直接的关联。要想拼凑出某些动植物的分布图，最可靠的方法就是使用从田野工作得来的数据。只有田野工作才能确定在哪里有那些特定的动植物。郇和跟他的同好阿尔弗雷德·罗素·华莱士（Alfred Russel Wallace）④ 一样，对物种的地理分布，尤其是在南亚和东亚的分布非常感兴趣。他根据自己在中国从事田野工作的丰富经验，提出了喜马拉雅类动物的分布一直延伸到台湾岛的看法。他在海南岛从事田野工作，得出结论认为这个岛屿从中国大陆分离出去并不是太久以前的

─────────────

　　① 诸如 James Secord, "Nature's Fancy: Charles Darwin and the Breeding of Pigeons," *Isis* 72 (1981): 163–186; "Darwin and the Breeders: A Social History," in David Kohn, ed., *The Darwinian Heritage* (Princeton: Princeton University Press, 1985), 519–542。

　　② Swinhoe, "The Natural History of Hainan," 13. 我使用的是大英图书馆中名为 "The Natural History of Hainan" 的合集的复制本。论文最先出现在 1870 年的 *Field* 杂志上。

　　③ Robert Swinhoe, "The Ornithology of Formosa, or Taiwan," *Isis* 5 (1863): 198–219, 250–311, 377–435. 此见 394～435 页。

　　④ 阿尔弗雷德·罗素·华莱士（Alfred Russel Wallace, 1823—1913），英国博物学家、进化论者。——译者注

事，因为岛上的动物与大陆的动物非常相似。① 同样的，英国和法国植物学家在中国内陆不断的新发现也为阿萨·格雷关于东亚和北美树木跨洲分布的植物地理学假说提供了证据，这个假说因格雷与 19 世纪美国科学界另一巨擘路易斯·阿加西（Louis Agassiz）② 关于进化论的争论而驰名于世。③

在乡野中，博物学家也积极地收集着各地关于动植物的俗民知识。举一个大家熟悉的例子，博物学家总是对各地村民拥有的关于一些大自然产物用途方面的知识非常感兴趣。我们在前面几章已经谈到，英国人尽力开发利用中国园丁的实用知识，收集有关药材的资料，并查询那些具有经济价值的动植物，如蔺草、白蜡虫和乌桕树（产蜡质）。大部分信息都是从普通百姓那里得来的。另外，要想移植植物并使其适应新的水土，必须具备一整套关于土壤、环境以及照料植物生长所必需的实作知识。福钧在他的茶叶采集之旅中，通过他自己直接的观察，收集了一些相关资料，但是他的大部分信息都是从当地人那里得来的。要是没有他们的帮助，他恐怕连茶树株的好坏都分不出来。④

对于一个地方的动植物，没有人能比每天生活在其中、每天都在观察它们的人更熟悉了。农民、渔夫和猎户与那些当地动植物息息相关，他们的工作和日常生活使他们必须对很多动植物进行细心的观察。虽然他们并没把积累下来的知识记录下来，但是这些知识内容丰富，蕴涵着绝无仅有的信息。19 世纪的地质学家常常依赖矿工和采石工的经验。英国鸟类学家阿尔弗雷德·牛顿和约翰·伍利（John Wolley）在调查一种绝迹的鸟类——大海

① Robert Swinhoe, "The Ornithology of Formosa, or Taiwan," *Isis* 5 (1863): 198-219, 250-311, 377-435. 此见 394～395 页，208～209 页。同一作者，"On the Mammals of the Island of Formosa, (China)," *Proc. Zool. Soc.* (1862): 347-365，尤其是 348～350 页。同一作者，"The Natural History of Hainan," 13-15.
② 路易斯·阿加西（Louis Agassiz, 1807—1873），美国地理学家。——译者注
③ D. E. Bufford and S. A. Spongberg, "Eastern Asian-Eastern North American Phytogeographical Relationships—a History from Time of Linnaeus to the Twentieth Century," *Annals of Missouri Botanical Gardens* 70 (1983): 423-439; Philip J. Pauly, *Biologists and the Promise of American Life: From Meriwether Lewis to Alfred Kinsey* (Princeton: Princeton University Press), 15-43.
④ 比如，当要在浙江获取茶树种子时，福钧需要一位僧人的帮助，该僧人对"种子有着精准的判断力"。Fortune, *A Residence among the Chinese*, 143. 类似的事例很多。

雀——的时候，曾访问冰岛的一些渔村，采访了大约一百名渔夫，以及收集目击者的叙述和其他资料。① 虽然像他们这样大规模、有系统地收集俗民知识的田野博物学家并不多，但很多维多利亚时期的博物学家都会同意他们这 *146* 样做的前提，亦即认识到俗民知识的价值。

旅行博物学家在一个地方停留的时间很少能够长到让他们全面熟悉当地的动植物。他们很可能无法亲眼观察到动植物的季节更迭，或是动物的各种习性，或是某种动物什么时候和怎样来蜕皮或脱毛。福钧有几次曾不得不采集一些他从没见过其花朵的观赏植物，因为开花的季节已经经过去了。1861 年到 1862 年间，郇和虽然在台湾致力于鸟类研究有好多个月，但还是觉得"对某些特定品种的习性仍然有很多需要继续了解的地方"②。通常博物学家不得不依靠当地人为他们提供具体信息。他们试图从当地人那里获得的信息范围非常广泛，从最基本的问题，如到哪里去寻找他们想要得到的动植物，到一些更为复杂的问题，如某种动物的食性或者某种植物的药性，都包括在内。某种植物是否开花？什么时候开花？叫什么名字？鸟类学家则可能询问当地人某种鸟禽的迁徙模式、产蛋数量及其他诸如此类的问题。③ 动植物标本无法为这些问题提供答案。即使训练有素的田野植物学家，如果只是短暂逗留某地，他们所做的直接观察也往往不敷使用。

谭微道在中国中部和西部旅行时，经常向人询问当地的动物以及他在下一段旅途中可能会遇到的动物。④ 这样得到的信息帮助他集中调查那些最有趣的动物，以便他有效地利用有限的时间。一旦他获得了一些有趣的动物，他也会把当地人对那些动物的习性和食性的描述记录下来。例如，他得知跳鼠在夜间活动，是食草动物，住在深深的洞穴里，而黄鼠则在日间活动，几只凑在一起住在较浅的洞穴中。⑤ 如果没有当地人的帮助，旅行博物学家就

①　Alfred Newton, "Abstract of Mr. J. Wolley's Researches in Iceland respecting the Gare-fowl or Greak Auk (Alca impennis, Linn.)," *Ibis* 3 (1861)：374-399.

②　Swinhoe, "The Ornithology of Formosa, or Taiwan," 207.

③　诸如 Arthur Adams, William Balfour Baikie, and Charles Barron, *A Manual of Natural History for the Use of Travellers* (London：John van Voorst, 1854), 632-637, 646-647, 656-662, 676-681。

④　Armand David, *Abbé David's Dairy*, 23-26, 38, 165-166, 198, 206, 225.

⑤　Ibid. , 38.

无法指望发现稀有或幽居的动物，他们即使知道当地有这类动物，也搞不清楚从哪里找起。人在旅途，博物学家很少能有机会进行持续的田野观察。事实上，很多动物都是收集工或当地百姓送到他们面前的，博物学家本人从未看到过这些动物在自然环境中的样子；他们甚至常常从未看到过这些动物活着时候的样子。① 对于身处异国的旅行博物学家来说，这种经历实属寻常。郇和曾这样描述一只鸟："（这只）标本……是我的采集工……送来的……我从没见过它活着时候的样子。"② 华莱士在婆罗洲的时候曾经从一名当地华人那里得到过一只树蛙，这只树蛙长着长长的脚趾，脚趾之间是大大的蹼。他从来没看到过这只蛙在天然栖居地时的样子，但采信了那名中国人的描述，即这种蛙可以把它那巨大的蹼伸展开来，用来滑翔。③

　　当地人提供的资料不会自动取得博物学家的信赖。因为虽然这些信息大都简单直接——比如说某种鸟类的食性、生活习性、不同变种，当地历史及分布的描述——但是对那些信息作评估的过程却可能很复杂。在洋人眼中，狡猾，就像嫉妒和自大一样，是中国人最恶劣、最普遍的习性之一。不过博物学家也觉得，比起官员、店主和市坊居民，农夫、山里人和其他内陆地区的乡下人恐怕倒是更老实些。④ 他们还认为，中国人有时候表示同意，纯粹是出于礼貌或者过于想取悦别人。所以一位博物学家曾提醒同好千万不要"诱导证人"或以提示的口气向中国人发问。⑤ 而且，正如我们在第三章所谈到的，西方博物学家认为中国人非常轻信，对真相并不特别在意，以致他们表达自己的意见时也满不在乎。如果让他们辨认某种植物，他们可能把"最先跳进头脑里的名字"告诉问这问题的外国人。⑥ 此外，西方博物学家还普遍相信，中国人在不善于

----

① 例如，Armand David，*Abbé David's Dairy*，276-283。

② Swinhoe, "The Ornithology of Formosa or Taiwan," 275.

③ Alfred Russel Wallace, *The Malay Archipelago*, *the Land of the Orang-Utan and the Bird of Paradise*：*A Narrative of Travel with Studies of Man and Nature* (New York：Dover Publications，1962 [1890])，29-30.

④ 诸如 Fortune, *Three Years' Wanderings in China*，135。

⑤ Sampson，*Botanical and Other Writings on China*，9.

⑥ T. L. Bullock, "Canton and Peking Plants," *China Review* 17 (1888 年 7 月—1889 年 6 月)：307-308.

观察这点上，简直是无可救药。即使他们每天都从同一棵树下经过，也不会知道树的名字。① 即使一棵树每季都在他们面前开花，他们也视而不见，以为那棵树并不开花。②

这些观点值得玩味。西方博物学家在这样描述中国人的时候，也同时为他们自认优秀的西方人和优秀的博物学家所应具备的品质下了定义——他必须是个重视诚信、事实和真理的人③；也就是跟那些中国人正好相反的人。但是，我们不应该让这些“他者化”的语言妨碍了我们分析博物学家是如何来诠释中国俗民知识的。他们那种把中国人简化成他者的倾向，其实不断受到实际经验的挑战；尽管他们有不少轻视的论调，但在实作上他们对于从中国人那里收集到的信息却通常认真看待。

有些博物学家设计了一种系统化的、细致的筛选过程，用来测试中国当 *148* 地人的可靠程度。1878 年，任职于广州领事馆的庄延龄在他的同事亨利·汉斯的帮助下，收集了两百多种当地植物，并且让“至少三名彼此住得很远，彼此毫无关系的当地人”对每种植物加以辨认。因此，“至少有 50 名当地人”，包括一些草药师傅，被请去说明植物的名称。按这项测试的规定，一名草药师傅的意见可以顶两名“村夫”的意见，所谓村夫指的大致是苦力、仆役、园丁和农夫等在广州工作的乡下人。庄延龄也查阅了一些中国关于植物的著作；他把每位作者的看法算作和村夫的看法分量相等。有一名草药师傅“随口就说出了 100 多种干燥了的植物的名称”，但他的说法只有少数几个跟村民或者书上说的一致。庄延龄当然想进一步试验一下这位草药师傅的判断有多可靠；尤其是当他们给了他一些夹杂在当地植物中的异域植物请他说出名称时，他又拒绝回答，这就更加令人好奇。所以，十天以后，他们又请这位“当地的名医伽林”（戏谑语）来识别同样的植物，但是他却“考

---

① Sampson, *Botanical and Other Writings on China*, 17.

② 1891 年 4 月 9 日查尔斯·福特给西塞尔顿-戴尔的信件。Kew: Misc. Reports. 4. 4. China: Foods, Medicines, & Woods, 1869–1914, ff. 545–550. 福特指出：“从我跟中国人打交道的较多经验来看，我知道普通中国人所提供的关于植物的信息并不可靠。我还是要承认当地人能帮助我们获得真实信息的方面，但他们的协助只能被视作次要的，调查者自己应该评估并检验每一件重要的信息。”

③ 关于东方主义对西方身份形成的角色，参见诸如 James G. Carrier, *Occidentalism: Images of the West* (Oxford: Clarendon Press, 1995)。

得一塌糊涂"。庄延龄于是用这个例子警告他的植物学同好"在采纳中国草药师傅的判断时要很谨慎"。①

这个实验的整体结果似乎很令人失望。庄延龄的结论是，中国人对这些植物"全不在意"②。当地人常常把同一个名字用在（林奈分类系统里）两种或两种以上的植物身上。对这种俗民分类中的"笼统归类"，博物学家根本不感到惊讶，因为他们深信自己的分类系统的优越性。郇和曾若无其事地记述说某一城市的中国人不区分两种不同的鹿，另外一次他嘲笑中国乡民对鸟的分类过于粗略。③ 同样的，庄延龄也注意到了中文俗名的混乱问题。但事实上，对植物的划分缺乏一致意见，并不是中国特有的问题；庄延龄也承认西方植物学家对他测验清单上的一些植物也有歧见：那些植物是完全不同的品种还是园艺中的变种？无论如何，这个复杂的实验到头来只是肯定了博物学家原来的看法，亦即对中国关于动植物的俗民知识的低评价，至少在分类问题上是如此。

149   那么，谁是通商口岸可以找到的"能力最好的中国权威"呢？很多博物学家一致认为，是园丁和药师。他们的职业和技能使他们成为最可靠的信息提供者。但是，即使是这些人也不一定对普通的野生植物有很多了解；他们中有些人可能从未超出过城市的范围。④ 英国驻华领事系统的谢立山在调查了四川成都的药师以后下结论说："他们（指药师）不知道，也不在意药材是用什么原料制的和是从哪里来的。"⑤ 这段批评如果让那些药师知道了，很

①   E. H. Parker, "Canton Plants," *China Review* 15（1886—1887）：104—119. 这篇文章最初于 1878 年发表于 *China Mail* 这一香港报纸。

②   E. H. Parker, "Canton Plants," *China Review* 15（1886—1887）：104—119. 这篇文章最初于 1878 年发表于 *China Mail* 这一香港报纸。

③   Robert Swinhoe, "Notes on Chinese Mammalia Observed near Ningpo," *Proc. Zool. Soc.* （1872）：813；同一作者，"The Small Chinese Lark," *JNCB*, sr. 1（1895年 12 月）：291—292. 亨利·汉斯也有一次类似的经历。在向广州的一位药房老板询问一些药材之后，汉斯惊讶地发现："这看起来太奇怪了，但中国人真的好像是不区分这两种植物！" 1867 年 2 月 27 日汉斯给汉璧理的信件，RPS：Hanbury Papers. P313 [3]。

④   谭训曾经抱怨道："没有一种普通野草不被药师当作'药材'来用，而这就是一位中国人对植物世界所知道或想知道的全部内容。内地的中国绅士总是待在城镇里……对植物学的兴趣这件事是中国人完全不了解的；你也许可以在那些为你工作的苦力的头脑中塞进一些植物学的观念，但别对中国绅士抱任何指望。"谭训给福特的信件，Kew：Misc. Reports. 4. 41. Hong Kong. Miscellaneous，f. 50。

⑤   Alexander Hosie, *Report by Consul-General Hosie on the Province of Ssuchúan*. Parliamentary Papers. China. No. 5（1904），52.

可能会感到不解，因为他们的职业如果按西方术语来讲是配药学，而不是植物学。尽管博物学者对这些当地专家有不满意的地方，但依然试图从他们那里获取信息。事实上，在他们的实验之后，庄延龄和他在广州从事植物研究的朋友们决定训练"一位当地的老医生"，认为他会是一位"很有价值的合作者"。①

真正的野生植物和动物方面的专家是那些在远离城镇和都市的地方劳作的猎户、采药人和农夫。当博物学家离开熟悉的城市或城郊到野外从事考察工作时，自然会有更多的机会接触那些靠野生动植物为生的人。拉都胥这位经验丰富的鸟类学家在福建一个采集地工作了一段时间后，对当地一个村子的五名猎户大加赞扬："这些猎户做田野博物学者的话真是数一数二"，"很少有什么鸟……是他们不认识的"。② 极少数的几个例外是一些很小的树莺和其他一些猎户们不会感兴趣的小鸟。此外，他还说："他们关于那个地区的博物方面的描述都完全正确且直截了当。"③ 在博物学家眼中，住在偏远地区的中国村民和他们那些城市里的同胞不一样，前者显得单纯而质朴——这种印象来自于在华西方人的集体经验，同时也带有一种田园牧歌式的理想化色彩。福钧曾常常责怪中国人不值得信赖，但是一谈起他在茶区遇到的那些村民和农夫，他也不怎么挑剔了。④

拉都胥的话给人一种印象，那就是博物学家只要有可能，都会依照自己在田野工作中得到的观测结果对当地人的描述进行对照检验。一般情况下可能也确实如此。但是，有些时候博物学家即使在他们没有什么直接的反证时，也会马上否定一些中国人的描述，原因是他们认为那些描述违反了西方博物学的一些基本原则。里克特曾经觉得当地猎户和渔夫的一些念头令人发噱，因为他们告诉他鹬鸟是在稻田的泥里孵化的，有些鸟是漂浮的水母变的，而有一种鸟只有一条腿。⑤ 里克特和他的采集员收集标本和信息时非常依赖这些当地人。

150

---

① Parker，"Canton Plants，"116.

② 1898 年 8 月 2 日拉都胥给 Oldfield Thomas 的信件，NHML：Curator of Mammals. Correspondence. DF232/5，ff. 514−515。

③ Oldfield Thomas，"On Mammals Collected by Mr. J. D. La Touche at Kuatun，N. W. Fokien，China，" *Proc. Zool. Soc.*（1898）：770.

④ 诸如 Fortune，*A Residence among the Chinese*，98−99。

⑤ C. B. Rickett，"Notes on the Birds of Fohkien Province, S. E. China，"NHML：Tring. MSS. Rickett，ff. 234，246.

而且这些猎人和渔夫每天都实地观察当地鸟禽的活动，而里克特这位银行经理却每周六天，朝九晚四地坐在办公室里。但是，听到这些奇事，里克特并没有夺门而出，赶快去作一番调查。① 他当下认定准是这些中国人弄错了。他们的描述违背了博物学中一些最基本的、为科学界公认且根深蒂固的观念，所以他直接就把那些描述认作是村夫野妇的以讹传讹罢了。

不过在大多数情形下，博物学家都会试图对中国人提供的原始信息作出合理的解释。一次，有个当地人向谭微道描述每年都会从后者打猎的地方飞过的候鸟。他可以识别出几种鹤以及三种天鹅。那名农民是天主教徒，也是经验丰富的猎手，所以在博物学家眼中，他符合做一名优秀信息通报员的基本条件——品质和技能都能信得过。很可能他也曾为谭微道提供过鸟禽标本，而赢得了他的信任。谭微道基本上采信这名猎手的观察，但他发现有必要作出新的解释。那名猎手说三只天鹅中有一只是灰色的，而谭微道下结论说，那"毫无疑问只是其他两只的幼雏"②，对此，谭微道主要是估量可能性。③ 在他看来，该猎手对那些候鸟的认识显然仅限于迁徙季节的短暂遭遇，所以他把那只幼鸟因为颜色上的差别和其他两只候鸟区分开来。

虽然在决定什么信息可能是正确的、什么信息值得报告给科学界的问题上，博物学家无可避免地要执行自己在科学知识上的权威角色，来管控科学的界限，但是他们也常常不得不缓作结论。在这种情形下，他们可能会标明信息的来源，如说"这是当地人告诉我的"，"这是从当地人那里得来的"，"根据我的猎手给我的信息"，等等。④ 这样注明来源其实承认了博物学家无 *151* 法作出最后决定，因而无法完成划分科学内/科学外的界限的工作。或者就像常常发生的那样，博物学家直接采用科学界一般接受的规范来判断、筛选信息。无论是在哪种情形下，博物学和俗民知识中间都形成了一个交接地带。作为俗民知识的收集者与诠释者，博物学家挪用了这批信息，来帮助自己的研究工作，却无法对它们进行彻底的规训化。他们在博物学方面的专门

---

① 他开玩笑地悬赏十美元索求一只单腿鸟的标本。NHML：Tring. MSS. Rickett, f. 246.

② David, *Abbé David's Dairy*, 23-24.

③ Shapin, *A Social History of Truth*, 第5、6章。

④ 诸如 Swinhoe, "On the Mammals of the Island of Formosa," 347-365（此见360、361页）；同一作者，"The Ornithology of Formosa, or Taiwan," 401.

知识只能够使他们做到这一步，所以从民间收集到的那些信息，各有不同程度的科学合理性，就使得博物学与俗民知识之间的界限变得模糊不清。田野工作是 19 世纪博物学的主要组成部分。很多博物学知识都来自田野工作，来自异地，来自与当地人的沟通，与此相伴的是，形形色色的俗民知识不可避免地渗透到博物学的领域里。这种情形告诉我们，我们需要对这段时期博物学的知识构成进行大规模的重新评估，但是这超出了本书研讨的范围。

叙事、地图绘制和帝国空间

从 19 世纪 40 年代开始，英国人就一直在中国境内进行探察，到 19 世纪末的时候，他们的探察已经延伸到清帝国的边境地区。他们或陆路或水路，一路向西穿过中部地区，进入了群山环绕的四川，从那里登上青藏高原，沿着遍布泥浆和积雪的小路前行，最后进抵拉萨。他们骑马、步行、坐轿，对中国的西南地区进行了一番探察。他们在四川蜿蜒穿过一里又一里开满罂粟花的田地，向南进入瘟疫肆虐的云南和遭受饥馑之苦的贵州，又继续沿着商队的路线进入缅甸和暹罗。他们曾把足迹印在东北长白山的山顶，也曾穿越蒙古的戈壁沙漠。当时英国正在与法国争夺对印度支那的控制权，并与俄国在广阔的中亚与东亚纵横角逐。洋人在谈论清帝国面临土崩瓦解以及如何瓜分中国。洋人对中国的科学探察不能与西方帝国主义在中国的扩张分开而论。①

旅行意味着移动。旅行也包括了铭记——叙述、绘制地图、素描、在树

---

① Peter Hopkirk, *The Great Game*: *The Struggle for Empire in Central Asia* (New York: Kodansha International, 1992)。为英国人工作的探险队，包括著名的印度测量员们，即所谓的 Pundits，经常冒险从印度、中亚及印度支那进入中国。参见 Gabriel Finkelstein, "'Conquerors of the Künlün'? The Schlagintweit Mission to High Asia, 1854-1857," *History of Science* 38 (2000): 179-218; John MacGregor, *Tibet*: *A Chronicle of Exploration* (London: Routledge & Kegan, 1970); Derek Waller, *The Pundits*: *British Exploration of Tibet and Central Asia* (Lexington: University Press of Kentucky, 1990)。关于法国的活动，参见 Numa Broc, "Les voyageurs français"; 同一作者，"Les explorateurs français"; Fournier, *Voyages et découvertes scientifiques*。法国人也试图找到从印度支那进入中国的路线。例如 Milton Osborne, *River to China*: *The Mekong River Expedition*, 1866-1873 (London: George Allen and Unwin, 1975)。亦可参见 Victor T. King, ed., *Explorers of South-East Asia*: *Six Lives* (New York: Oxford University Press, 1995)。贝勒的 *History* 一书包括了所有在华主要的俄国探险家。

152 上或岩石上刻名留念、在客栈墙壁上题写打油诗，甚至有时还立起里程碑和
纪念碑。① 在华的英国旅行博物学家"经历"了那些旅行，体验了过程。他
们还诠释了自己作为旅行者、猎手和田野博物学家的经历。很多人在信件、
文章或书籍中描述了自己的旅行和田野工作。在崇拜探险的维多利亚时代，
描述自己的旅行经历成了一种例行仪式。福钧的游记广受欢迎，再版了好几
次，使他成为那个时代英国最著名的在华旅行家。他的幽默感、奇闻逸事以
及生动的描写对游记的销售当然都有帮助。但是他的旅行地点是在中国，这
点一定也是游记具有魅力的主要因素。对英国公众来讲，中国在很大程度上
是一个最极端的他者，是与欧洲完全相反的对立物。旅行对维多利亚时代的
英国人来说既是空间探索也是时间探索。中上层阶级的年轻人到欧洲大陆的
"壮游"，以及到地中海地带度假的风气，好似带领着英国旅行者进入时光隧
道，沿着历史轨迹往回走，回到罗马，回到雅典，回到埃及。② 有关中国的
纪行文学则仿佛把读者请进了一个奇闻轶事的博物馆，一个凝固在时间中的
古代文明，就像 1842 年在海德公园举办的"中国万物"展览会所做的那样
（那个展览引得大批参观者蜂拥而至，其中包括托马斯·卡莱尔和珍妮·卡
莱尔），也像 1848 年带到伦敦展示的中国帆船耆英号所做的那样。③

---

①　关于地标与考察，参见诸如 D. Graham Burnett, *Masters of All They Sur-
veyed：Exploration，Geography，and a British El Dorado* (Chicago：University of
Chicago Press，2000)，119-198。

②　Jeremy Black, *The Grand Tour in the Eighteenth Century* (Stroud：Sutton
Publishing，1992)；Christopher Hibbert, *The Grand Tour* (London：Thames
Methuen，1987)；John Pemble, *The Mediterranean Passion：Victorians and
Edwardians in the South* (Oxford：Oxford University Press，1988)；James Buzard,
The Beaten Track：European Tourism，Literature，and the Ways to "Culture," 1800-
1918 (Oxford：Oxford University Press，1993).

③　William Langdon, *Ten Thousand Things relating to China and the Chinese*
(London：To be had only at the collection, Hyde Park Corner, 1842). 高品位的 Car-
lyles 并不喜欢那个展览，部分是因为"它太拥挤了以至于看不到各式工具与其他唯一
值得好学之士注意的展览物"。Clyde de Ryals and Kenneth Fielding, eds. , *The Col-
lected Letters of Thomas and Jane Welsh Carlyle*，vol. 16 (Durham：Duke University
Press，1990)，p. 19. 关于中国展览与旧货，参见 Richard Altick, *The Shows of Lon-
don* (Cambridge，Mass. ：Harvard University Press，1978)，292-297. James R. Ryan,
Picturing Empire：Photography and the Visualization of the British Empire (Chicago：
University of Chicago Press，1997)，第 5 章包括了对在华摄影与游历的论述。关于空
间、时间以及他者 (Other) 的再现问题，参见 Johannes Fabian, *Time and the Other：
How Anthropology Makes Its Object* (New York：Columbia University Press，1983)。

地图绘制也像文字记述一样，目的在于提供关于某地的"事实型知识"，不同的是地图采用的是特殊定义的视觉再现模式。当旅行科学家和田野博物学家从一个地方行进到另一个地方的时候，他们等于把地图上的点连接起来，如果他们到达的是前人未至的地方，他们便自己绘制地图。地图绘制把从未被定义过的空间变成了一组参考点。维多利亚时代的探险家、博物学家及其他人往往都按照洪堡的模式随身携带田野工作用的望远镜、气压计以及其他的测量仪器。① 他们标出了路径、湖泊、山峦与河流，标明了距离与高度，也（重新）命名一些地方。地图绘制意味着掌握。大地山川浓缩成符号、线条和数字；实际经历被抽象化；动植物变成了图表中的颜色块，千万里土地被收到一张纸上，可以随身携带，容易传送。如此，地图也提供了"操作型知识"。（重新）命名把不熟悉的、陌生的地方化为详熟之地，也坚持把命名者的存在与现身在场散播到各处。此举也是设法对疆土进行重构，虽然多半是在象征意义上而非直接在地缘政治上的重构，因为（重新）命名，不管是多么间接的，也是在确立某种权力关系并力求构造一种帝国空间。②

　　然而，中国并不是无人的空间，不是一座博物馆，也不是可以任意涂写 *153*

① Michael Dettelbach, "The Face of Nature: Precise Measurement, Mapping, and Sensibility in the Work of Alexander von Humboldt," *Studies in the History and Philosophy of Biological and Biomedical Sciences* 30C (1999): 473-504.

② 关于旅游文学与帝国主义的文献不少。我从下面的一些著作中获益：Peter Bishop, *The Myth of Shangri-La: Tibet, Travel Writing and the Western Creation of Sacred Landscape* (Berkeley: University of California Press, 1989); Sybille Fritzche, "Narrating China"; Billie Melman, *Women's Orient: English Women and the Middle East, 1718-1918* (Ann Arbor: University of Michigan Press, 1992); Ali Behad, *Belated Travelers: Orientalism in the Age of Colonial Dissolution* (Durham: Duke University Press, 1994); Dennis Porter, *Haunted Journey: Desire and Transgression in European Travel Writing* (Princeton: Princeton University Press, 1991); Carter, *The Road to Botany Bay*; Pratt, *Imperial Eyes*; David Spurr, *The Rhetoric of Empire: Colonial Discourses in Journalism, Travel Writing and Imperial Administration* (Durham: Duke University Press, 1993); Tzvetan Todorov, *On Human Diversity: Nationalism, Racism, and Exoticism in French Thought* (Cambridge, Mass.: Harvard University Press, 1993), 第 4 章; Michael T. Bravo, "Ethnological Encounters," in Jardine, Secord, and Spray, eds., *Cultures of Natural History*, 338-357.

的空白石板。仅仅一个世纪之前，清朝的势力还曾经横扫西部边境，稳固疆土，阻挡了同样企图扩张的俄罗斯帝国的野心。大军征战中，耶稣会教士随行一起为新辟的疆土绘制地图，并将战场大捷的图景画了下来。① 如果说清廷没有完全认识到西方科技的潜力并低估了西方人的海上强权，一部分要归因于当时内部的政治考量，而不能将原因简化成"崇古"、"无知"或其他一些样板式的答案。②

本章处理的问题，比起上面几段大画面的素描范围较小但焦点也较集中；重要的是，我们也看到了一个同样复杂的故事。在旅行与田野工作的背景下，在日常生活的层面，在华的英国人不能忽视时时变化的大小环境，也不能忽视他们遇到的"中国人"的多样性；还有，他们试图加在田野工作各组成要素之上的秩序也常常是不稳定的。即使是有关中国的游记中那种"他者化"的话语也总有断裂。并不是所有的中国人都一模一样。福钧虽然给中国人下过很多笼统概论，但也注意到他在不同地方遇到的中国人常常不一样；此外，他还每每改变对"中国人"的看法与意见。因此，他的叙述就好像在为彼此作评论。③

博物学家越加深入中国内陆旅行，就越使他们认识到有必要对一些关于中国的既定观念加以修正。那些观念大多是从他们在沿海城市的有限经验中得来的，而现在他们却看到这个多民族的庞大帝国其实更像一个纷繁复杂的

---

① Peter Perdue, "Boundaries, Maps, and Movement: Chinese, Russian, and Mongolian Empires in Early Modern Central Eurasia," *International History Review* 20 (1998): 263-286; Theodore N. Foss, "A Western Interpretation of China: Jesuit Cartography," in *East Meets West: The Jesuits in China, 1582-1773*, ed. Charles E. Ronan and Bonnie B. C. Oh (Chicago: Loyola University, 1988), 209-251; Michele Pirazzoli-T'serstevens, *Gravures des conquêtes de l'empereur de Chine Kien-Long au Musée Guimet* (Paris: Musée Guimet, 1969). 另可参见 Joanna Waley-Cohen, *The Sextants of Beijing: Global Currents in Chinese History* (New York: W. W. Norton, 1999), 第 3 章。

② Waley-Cohen, *The Sextants of Beijing* 以及她的 "China and Western Technology in the Late Eighteenth Century," *American Historical Review* 98 (1993): 1525-1544.

③ 诸如 Fortune, *Three Years' Wandering in China*, 133; 同一作者, *A Journey to the Tea Countries*, 231。

拼图。同样的，由于田野博物学家对当地人提供的信息的依赖，使得博物学与俗民知识之间的界限很难划定。到异国的土地上探察并利用当地的俗民知识，这种行为本身就意味着那些博物学家无法分类与规训的驳杂知识的渗入。最后，我们也要注意到，那些提供信息的中国人和中国采集工在与博物学家打交道的过程中并不是无能的、受剥削的傻瓜；他们自有与博物学家讨价还价的方法，而且在期满分手时通常得到了他们原先想要的东西。① 由于没有直接证据，我们很难得知他们如何看待自己的田野工作经历：挥舞着大网追捕长相古怪的昆虫，或是弯腰挥汗在骄阳下收集寻常花草。也许他们就像那些红发长靴的洋雇主那样，也把这些看成是一种冒险。至少他们中的一部分人是这么看的吧。

---

① 我认为 Bruno Latour 对"计算中心"（centers of calculation）的讨论中，没给那些渔民应有的、较缜密的考虑。Bruno Latour, *Science in Action*（*Cambridge*, Mass.：Harvard University Press，1987），215–223.

结　语

　　至 19 世纪末，英国人对中国自然世界的知识已经远远超过世纪初约瑟夫·班克斯及其在广州的联络人了；他们现在已经拥有了中国内地及边疆动植物的大量信息。当年他们所能看到的只不过是广州的几条街道，但那些岁月似乎已成了一个遥远的记忆。英国博物学家已经在远至海南、台湾、东北、云南，还有其间的辽阔区域从事采集工作，也建立了四通八达的信息网络以及交换知识的论坛，以裨助科学研究。他们已经转译并消化了很多关于自然环境的中国传统知识，不论是书本里的学问还是俗民知识。在伦敦，英国植物学家正在编纂关于中国植物的皇皇巨著，并因此受到欧陆及美国植物学界的赞扬。邱园收藏了巨量的中国植物标本，而伦敦的英国自然历史博物馆则不但购得了亨利·汉斯的私人植物标本室，还累积了丰富的中国动物标本。所以英国的动物学家也能对中国的鸟类和其他动物侃侃而谈了。

　　本书对博物学家观念及研究方式的探究，要求我们重绘 18 与 19 世纪博物学的历史图景。现今对博物学的史学论述总是忽略了某些潮流及研究领域，但这些潮流和研究领域在当时却是极为重要的。近年来学人对博物学的田野传统日渐重视，这是一个可喜的发展，但美中不足的是尚未认真考虑俗民知识在田野科学中所扮演的重要角色。此外，学者对博物学的文本传统，只是注意到文艺复兴及近代早期科学时期，而全然忽略该传统在 18、19 世纪博物学中的持续作用。如果我们重新评价这些知识传统，将有助于还原一些在当时很重要但遭到史家忽略的研究领域，比如说对栽培植物历史的研究。这也将有助学者演绎并叙述博物学中错综复杂的知识传承。

　　本书因此将博物学定位为一种广袤、复杂且多样化的事业，而不是单一的学术追求。例如，18、19 世纪英国对园艺及园艺学的着迷，大大推动了对中国植物的收集调查。如果我们把当时园艺学和植物学的研究完全分开来看，不但妨害我们对博物学的了解，还扭曲了历史。比如说，维奇这样的私人苗圃公司经营外来花卉生意，也从事植物采集、分类、培育，它们的历史角色应该受到学者的重视。我们已经有不少关于植物园的著作，是不是也应该探讨一下商业苗圃与植物学的关系呢？还有，在 19 世纪，众多科学旅行者与专业采集员来自不同的社会阶层，他们在世界各地探险、勘察和寻找标本及珍稀植物。罗伯特・福钧与阿尔弗雷德・罗素・华莱士这两位维多利亚时代著名的采集员，在他们的专业采集生涯结束后，合作创立了一家种子公司，但他们仍然经常收到来自科学机构寻求建议与协助的请求。① 在中国，一个巨大的外交人员、传教士以及商人社团进行了大部分的此类研究，而且他们的兴趣与目标并不总是与欧洲科学机构的兴趣目标相一致。如果我们把博物学研究从这种社会、文化、政经的混合体中分割出来，就无法得到适当的理解。

　　博物学意欲研究自然界的万物，其涵盖面是全球性的，因而空间性是博物学事业本有的特质。博物学的空间性与欧洲势力的扩张齐头并进——这可以从探勘、交流、运输以及对自然万物分布的空间思考之间的重重关系中发现。沿着这种传统，英国博物学家将中国视作进行探索并绘制地图的一个"空间"（space）。从这种观点来看，中国人及其社会和政治机构，便成为博物学家在一块叫做中国的土地上攫取关于动植物及地质的完整知识的障碍。但是博物学家也知道，在博物学中，"地方"（place）关系重大。各个地方并不相同。英国博物学家常对那些地形、地理以及气候能够向英国及其殖民地提供独特价值的动植物的地方特别注目。人类所建的机构也界定了地方。中国有别于欧洲直属殖民地，因而英国博物学家常常不得不将就这种既定状况，他们的研究工作也难免受制于中国当地的社会与文化环境。 *157*

　　晚近的学术研究显示，以 18、19 世纪的欧洲扩张为背景来书写科学史，不论是强调商贸、传教工作或是帝国主义，都常能出现很多新观点与新收获。这种学术发展代表了将较广的历史主题融入科学史论述的重要一步。但是因为这些著作只聚焦于欧洲帝国的内部结构、运作和意识形态，尽管包含不少自我批评与反思意识，到头来还是回归于以西方为关注中心的狭隘史观。

---

　　① Alfred Russel Wallace，*My Life*，*a Record of Events and Opinions*，vol. 2 (London：Chapman & Hall，1905)，60–61.

我们可以加强和扩展这种历史路径，其中的重要步骤就是加强对欧洲人与当地人接触的互动，以及他们之间的知识转译的深入了解，这是因为欧洲博物学家本身就非常重视当地人对研究工作的价值与贡献，并积极寻求他们的协助。

然而，博物学家们的叙述常常把当地人的角色简单化，以他们对博物学工作的贡献或阻碍而定，不是当作助手就是成为麻烦制造者。但是这种观点不会是当地人自己的，而且不管怎么说，它都只是描述了博物学工作过程中互动关系的某些部分。当地人自然会对他们所参与的活动持自己的看法，而且也会依照他们自己对这些事件与过程的看法来思考与行动。就像每个博物学家是基于不同的动机来追寻科学研究一样，当地人之所以会参与，也基于种种因素，比如说建立互惠关系、分享共同的爱好、增进知识、得到好的报酬或者增加生活中的趣味与冒险等。不论西方博物学家与中国人之间的权力关系如何，双方都试图弄清他们之间这些遭遇的意义。博物学家与当地人之间的关系并不一定要局限于文化或民族的边界。历史行动者像我们一样，也要常常调整身份与角色。

本书强调诸如商人、画师、药房老板、猎户等各式各样的中国人在英国博物学家的科学研究中所起到的重要作用。然而，我得承认书中很少提到晚清的中国学者，也没有长篇论及晚清试图引进西方科学的措施。这看似是遗漏，但事实上反映了真实的历史：正如本书所提及的，英国博物学家未能与精通传统动植物学的中国学者见面，即使他们中的一些人熟悉并使用着这方面的中国著作。我之所以没有详细论述西方博物学传入清代中国也是基于类似的理由，即博物学并不是中国近代化推行者的主要关注对象。

受第二次鸦片战争的刺激，清政府实施了自强运动并努力学习西方军事技术及相关科学。兴建造船厂，开办铸造厂，创设西式学堂与同文馆。傅兰雅（John Fryer）①、丁韪良（William A. P. Martin）②、林乐知（Young John Allen）③ 等译出了数百种科学、工程以及当时认为对中国改革事业至关重要

——————————————

① 傅兰雅（John Fryer，1839—1928），英国传教士。主持翻译了多种西方著作。——译者注

② 丁韪良（William A. P. Martin，1827—1916），美国传教士。翻译了多种西方著作，其中所译的《万国公法》第一次正式地、全面地将国际法著作介绍到中国。——译者注

③ 林乐知（Young John Allen，1836—1907），美国传教士。以办报、办学、译书著称，对晚清时期的维新运动影响很大。——译者注

的其他领域的书籍。传教士与其他私人组织也独立赞助西方科学书籍的移译。尽管这些书籍的选择与翻译的品质普遍不高，而且译者并不是这方面的专家，但是这些书籍与一些期刊成了当时许多中国人的入门科学教材。虽然教会学校及各地新式学堂通常都设立科学课程，但是清政府资助的西式学堂才应该是 19 世纪晚期科技教育的大本营。

因为清朝的自强运动首重军事与技术，故而博物学并未受到特别关注。该科目在西式学堂中只是基础科学的一部分，欠缺深入的课程。在被清政府聘为翻译和教员的西方人中，也很少是博物学家或者对博物学有浓厚兴趣之人。在另一方面，主要的在华西方博物学家并未参与清代中国的改革和引进科学的工作。在华传教士翻译并讲授了一些博物学，但大多遵循自然神学的传统。因此，西方博物学引入中国似乎起步很晚。即使如此，中国的知识分子，包括那些主要接受传统教育的士绅，也开始对西方博物学产生了兴趣。[1]　*159*

随着 1911 年清朝的崩溃，中国陷入政治混乱与内战之中，但是从这纷乱局面中还是逐渐生成了一些新秩序。西方博物学家的活动并未随着政治剧变而戛然而止。以类似 19 世纪方式进行的考察、实地调查以及植物勘察正加速进行着。从欧美来的植物采集员足迹遍布云南、四川、西藏与甘肃。诸如乔治·福里斯特、厄内斯特·亨利·威尔逊、约翰·法勒（John Reginald Farrer）[2]、弗朗克·迈耶（Frank Meyer）[3] 以及华金栋（Francis Kingdon-Ward）[4]，他们深入内地采回的植物令西方园艺、植物、农业界惊异。游猎与动物学研究依然紧紧相连。苏柯仁（Arthur de Carle Sowerby）[5] 可说是继承了郇和在中国动物学调查的角色，他翻山越岭，在东北与蒙古游猎、采集标本并研究了一些中国艺术与文学中提到的动物。有组织的大型科学考察团原本很少，现在也迅速增多。考古学、地质学以及古生物学凸显出其重要

---

[1]　Georges Métailié, "Comparative Study of the Introduction of Modern Botany in Japan and China," *Historia Scientiarum* 11（2002）：205-217.

[2]　约翰·法勒（John Reginald Farrer, 1880—1920），英国旅行家、植物采集者。——译者注

[3]　弗朗克·迈耶（Frank Meyer, 1875—1918），荷兰—美国博物学家。——译者注

[4]　华金栋（Francis Kingdon-Ward, 1885—1958），英国植物学家、探险家。——译者注

[5]　苏柯仁（Arthur de Carle Sowerby, 1885—1954），英国博物学家。——译者注

性。欧洲人依然很活跃；美国人与日本人则迎头赶上。20世纪开头的几十年是各国科学组织在中国内地进行考察极为活跃的时代。同时，皇家亚洲学会北华支会继续为汉学研究提供讨论的舞台，汉学家们依然对关于动植物的中国文献饶有兴致，并在多种期刊中发表他们的结论。①

　　然而，对中国自然世界的研究的确在发生着变化。每个人只要有兴趣和够努力就能对植物学、动物学和地质学作出贡献的时代正逐渐成为历史。新的动植物不再随处可见，而是藏匿在遥远偏僻的地方，所以通常只有专业人员才能有新发现。科学考察活动变成由在各领域训练有素的专家组团进行，只身赴险的科学旅行者反而显得有点古怪，这不再是英雄行为。博物学这项研究领域本身也在经历着深刻变迁，开始逐步分化，早先的研究方式显得有点跟不上时代。一些新的研究方向，特别是实验生物学，则逐渐发展兴盛，并抢夺了传统博物学的吸引力；当然，传统博物学也在其他一些新领域中找到了新的活力，比如说生态学。不管如何，科学的专业化挤压了业余爱好者的空间，对于那些专业科学家来说，传统的研究目标、方式与类型现在看来

---

　　① 诸如 E. H. M. Cox, *Plant-Hunting in China*，第 5、6 章；Reginald Farrer, *The Rainbow Bridge* (London: Cadogan Books, 1986 [1926]); E. H. Wilson, *A Naturalist in Western China* (London: Cadogen Books, 1986 [1913]); 同一作者, *China: Mother of Gardens* (New York: Benjamin Blom, 1971 [1929]); Roy Briggs, *"Chinese" Wilson: A Life of Ernest H Wilson, 1876 – 1930* (London: HMSO, 1993); J. Macqueen Cowan, ed., *The Journeys and Plant Introduction of George Forrest* (Oxford: Oxford University Press, 1952); Isabel S. Cunningham, *Frank N. Meyer: Plant Hunter in Asia* (Ames, Iowa: Iowa State University Press, 1984); Charles Lyte, *Frank Kingdon-Ward: The Last of the Great Plant Hunters* (London: John Murray, 1989); Arthur de Carle Sowerby, *Sport and Science on the Sino-Mongolian Frontier* (London: Andrew Melrose, 1918); 同一作者, *Fur and Feather in North China* (Tientsin [Tianjing]: Tiensin Press, 1914); 同一作者, *A Naturalist's Note-Book in China* (Shanghai: North-China Daily News & Herald, 1925); 同一作者, *The Naturalist in Manchuria*, 3 vols. (Tientsin [Tianjing]: Tientsin Press, 1922 – 1923); R. R. Sowerby, *Sowerby of China* (Kendal: Titus Wilson and Son, Ltd., 1956). 伊博恩（Bernard Read）和他的中国同事在 20 世纪 20、30 年代对传统中国草药作了很多研究，而他的一些文章首先发表在《北京博物杂志》（*Peking Natural History Bulletin*）上。例如 Bernard Read and Li Yü-Thien, "Chinese Materia Medica: I-V. Animal Drugs," 5 (1931): 37–80; 6 (1932): 1–120. 直到 20 世纪 30 年代末，英国博物学家在华的活动才因第二次世界大战而终止，并在 1949 年共产党夺取胜利之后最终结束。

显得有点过时、粗糙、原始了。①

　　同样明显的是，研究中国动植物及地质的机构也发生了巨大转变。民国　*160*
时期西式教育的发展与大学及研究机构的增多，为博物学相关研究注入了新
活力。各种调查研究工作，越来越多的是由中国的教育与研究机构来进行，
在那里工作的有中国科学家也有外国科学家。同时，越来越多的中国人在欧
洲、日本和美国的大学获得相关领域的学位，再回到中国任教或从事研究。
19 世纪西方博物学家所开创的知识、数据及研究方法成为 20 世纪中国科学
家及西方同人的主要起点。② 要继续演绎这段 20 世纪的历史，需要考虑一系
列不同的历史情景，而这绝对值得另成一书。

---

① Lynn K. Nyhart, "Natural History and the 'New' Biology," in Jardine, Secord, and Spray, eds., *Cultures of Natural History*, 426–443.

② 请参阅 "Nature and Nation in Chinese Political Thought: The National Essence Circle in Early Twentieth-Century China" 一文，收录于 Lorraine Daston and Fernando Vidal, eds., *The Moral Authority of Nature* (Chicago: University of Chicago Press, 2004)。

附录：简要生平注释

下面的生平注释涵盖了本书中经常出现的英国在华博物学家的名字。

托马斯·比尔（Thomas Beale，约 1775—1842）：商人。澳门一座别致花园及鸟舍的主人。约翰·利文斯通（John Livingstone）及约翰·里夫斯（John Reeves）的朋友。1792—1842 年居住于广州与澳门。

科林伍德（Cuthbert Collingwood，1826—1908）：林奈学会会员。外科医生及博物学家（尤其对植物学与海洋生物学感兴趣）。1866—1867 年巡游于中国海洋并探访了台湾与华南。

亚历山大·邓肯（Alexander Duncan，活跃于 18 世纪 80 年代）：英属东印度公司驻广州医生。为约瑟夫·班克斯（Joseph Banks）采集植物。他的弟弟约翰·邓肯（John Duncan，活跃于 18 世纪 90 年代）接替了他在广州的位置，也为班克斯做采集工作。

查尔斯·福特（Charles Ford，1844—1927）：林奈学会会员。1871—1902 年为香港植物与造林局主管。亨利·弗莱彻·汉斯亲密的植物学友人。

乔治·福里斯特（George Forrest，1873—1932）：林奈学会会员。专业采集者。1904—1932 年在中国西南地区为私人苗圃及爱丁堡植物园采集植物。以将一些杜鹃树引入英国而著称。

罗伯特·福钧（Robert Fortune，1812—1880）：植物采集者。为园艺学会、英属东印度公司等机构采集植物。曾四次（1845、1848—1851、1853—1856 以及 1858 年）在中国游历并在 1861 年的日本之旅中顺便在中国停留。以其在中国的游历书籍而出名。曾将茶树从中国引种到印度。

亨利·弗莱彻·汉斯（Henry Fletcher Hance，1827—1886）：吉森大学哲学博士、林奈学会会员、英国驻华领事。1844—1846 年留居中国（大部分时间在黄埔与厦门）。最著名的英国在华植物学家。200 多篇植物学论文的作

者。拥有一个超过 22 000 种的草本标本集。 *164*

韩威礼（William Hancock，1847—1914）：曾就读于贝尔法斯特女王学院。林奈学会会员。供职于中国海关。19 世纪 70、80 年代在中国的大陆及台湾采集植物。

韩尔礼（Augustine Henry，1857—1930）：贝尔法斯特女王学院文学硕士、林奈学会会员。1880—1900 年为中国海关药物官员。在中国中部、台湾以及云南采集植物。

谢立山（Alexander Hosie，1853—1925）：文学硕士、皇家地理学会会员。1876—1909 年供职于英国驻华领事机构。主要在四川与台湾采集植物。

威廉·克尔（William Kerr，? —1814）：园丁。1803—1812 年在广州为邱园采集植物，之后到锡兰任殖民地植物园园长。他作为在华植物采集者的使命基本上未能完成。

拉都胥（John David Digues La Touche，1861—1935）：鸟类学家。1882—1921 年为中国海关职员。主要在福建、广东以及台湾收集鸟类。

约翰·利文斯通（John Livingstone，? —1829）：英属东印度公司医生。1793 年来华，后居住于澳门，于 1828—1829 年返回中国的航程中去世。园艺学会联系人。比尔与里夫斯的朋友。

詹姆士·梅因（James Main，约 1765—1846）：园丁。1792—1794 年在广州为吉尔伯特·斯莱特（Gilbert Slater）采集植物。吉尔伯特·斯莱特是东印度公司股东，拥有一座别致的花园。

查尔斯·玛里埃什（Charles Maries，约 1851—1902）：林奈学会会员。专业植物采集者。1877—1879 年受雇于维奇苗圃，在中国和日本进行采集工作。

梅辉立（William Frederick Mayers，1839—1878）：著名汉学家。1857 年加入英国驻华领事机构，1878 年在上海去世。与汉斯合作进行了一系列植物学与汉学调查。

理查德·欧德汉（Richard Oldham，1837—1864）：邱园园丁。1861—1862 年在东亚为邱园采集植物。当他在华试图获得独立植物采集者的职业时与邱园一刀两断。追随郇和在台湾进行采集工作。1864 年卒于厦门。

庄延龄（Edward Harper Parker，活跃于 19 世纪 60 至 90 年代）：植物学家。1868—1895 年为在华英国领事。在广东进行采集工作。汉斯的亲密朋友及同伴。

白挨底（George Macdonald Home Playfair，活跃于 19 世纪 70、80 年代）：文学学士，都柏林大学文学硕士。1872—1895 年供职于英国领事机构。植物学家。在海南进行采集工作。

安特卫普·E·普拉特（Antwerp E. Pratt，活跃于 19 世纪 80、90 年代）：专业动物及昆虫采集者。1887—1890 年在中国中部与西部采集昆虫与爬虫。

约翰·里夫斯（John Reeves，1774—1856）：英国皇家园艺学会会员、林奈学会会员、伦敦动物学会会员、皇家学会会员。1812—1831 年为驻广州 的英属东印度公司茶叶稽查员。为约瑟夫·班克斯以及园艺学会采集植物。指导中国画师绘制博物学图画。是鸦片战争之前最重要的在华英国博物学家。约翰·罗素·里夫斯（John Russel Reeves，1804—1877）的父亲。约翰·罗素·里夫斯是皇家学会会员、林奈学会会员、英国皇家园艺学会会员，他也为园艺学会、大英博物馆等机构做采集工作。他还是商人，1827—1857 年留居中国。

查尔斯·里克特（Charles Boughey Rickett，活跃于 19 世纪 80 年代至 20 世纪初）：1889 年加入香港上海汇丰银行福州支行并在华一直待到 1904 年。主要在福建省的福州及武夷山中收集鸟类。

罗约翰（John Ross，活跃于 19 世纪 70 至 90 年代）：苏格兰联合长老会传教士。1872 年在中国东北采集植物。

谭训（Theophilus Sampson，1831—1897）：在年幼时即离开英格兰远渡重洋。1859—1889 年在许多英国及中国政府部门中供职。在广东采集植物。是汉斯的亲密植物学友人。

乔治·托马斯·斯当东（George Thomas Staunton，1781—1859）：皇家学会会员、林奈学会会员、牛津大学名誉法学博士。约瑟夫·班克斯的联系人。1792—1794 年随马嘎尔尼使团首次访问中国。1799—1817 年作为东印度公司职员留居广州。第一位英国汉学家。

弗雷德里克·威廉·史坦（Frederic William Styan，1858—1934）：茶叶商人、动物学家。1877—1904 年在华，大部分时间居住于九江与上海，在长江流域收集鸟类及哺乳动物。

罗伯特·郇和（Robert Swinhoe，1836—1877）：伦敦动物学会会员、林

奈学会会员、皇家学会会员。就读于伦敦大学。1854—1873 年供职于英国驻华领事机构。动物学家。在中国中原一些地区收集动植物。最著名的是他对台湾及海南的鸟类与哺乳动物的研究。

乔治·韦切尔（George Vachell，1799—?）：东印度公司传教士。1828—1836 年留居广州。为剑桥大学植物学教授亨斯洛（John Stevens Henslow）做采集工作。

厄内斯特·亨利·威尔逊（1876—1930）：专业采集者、邱园园丁。1899—1902 年、1903—1905 年在中国西南为维奇苗圃采集植物。随后在中国与日本为阿诺德树木园做采集工作。以"中国的威尔逊"（Chinese Wilson）而为人所知。

缩略语

BL 大英图书馆（British Library）

CUL 剑桥大学图书馆（Cambridge University Library）

DTC 英国自然历史博物馆植物学部约瑟夫·班克斯通信录之道森·特纳拷贝（Dawson Turner Copies，Joseph Banks Correspondence，Department of Botany，Natural History Museum of London）

Kew 邱园档案（Kew Garden Archives）

NBG 位于格拉斯奈文的爱尔兰国家植物园（National Botanic Gardens [Glasnevin，Ireland]）

NHML 英国自然历史博物馆（Natural History Museum of London）

OIOC 大英图书馆东方与印度事务全宗（Oriental and India Office Collections，British Library）

RHS 英国皇家园艺学会（Royal Horticultural Society of London）

RPS 英国皇家药学会（Royal Pharmaceutical Society of London）

SOAS 伦敦亚非学院（School of Oriental and African Studies，London）

Bretschneider, 贝勒：《欧洲人在华植物学发现的历史》（2 卷）
History （Emil Bretschneider, *History of European Botanical Discoveries in China*，2 Vols.（Leipzig：Zentral-Antiquariat，1962 [1898]）

NQ   《中日释疑》（*Notes and Queries on China and Japan*）

JNCB   《皇家亚洲学会北华支会会刊》（*Journal of the North China Branch of the Royal Asiatic Society*）

Proc. Zool. Soc. 《伦敦动物学会学报》（*Proceedings of the Zoological Society of London*）

Trans. Hort. Soc. 《英国皇家园艺学会会刊》（*Transactions of the Horticultural Society of London*）

索　引

---

* 本索引页码为本书边码。

新译后记

六年，可以改变很多，却改变不了我们对于一本书的初心。

2011 年撰写本书初版译后记时候的情形依然历历在目，转眼又到了 2017 年撰写新版译后记的时候了。在时间之河不息的流淌中，文本的意义与价值也经历着来自历史之筛的无情考验，有些消逝了，有些模糊了，而庆幸的是，本书中译本在六年后依然能够与读者诸君以新面貌再见。大浪淘沙，文本不死，这种感动成为译者撰写新版译后记的最大动力。

北岛有一首诗，里面写道："那时我们有梦，关于文学，关于爱情，关于穿越世界的旅行。"在如今这个喧嚣纷繁的时代，彷徨四顾，或许博物学（Natural History）给我们提供了这样一种兼顾三者的可能，让我们得以暂时抛却世俗的纷扰，到历史，到田野，到远方，重回我们幼时的梦想，在蛙叫、蝉鸣和花香中，寻找宁静与意义。同样，那些清代在华的英国博物学家们则以其独特的经历与视野，在百余年前那个剧烈转折的岁月，在知识、人生与时代间，向我们讲述着每个人关于探索、困惑与可能的诸多故事，印照出当时西方与中国社会的万千景象。在这些轻松有趣的故事中，知识界和公众界都可以读出自己的感觉。

本书中译本初版作为国家清史编纂委员会编译丛刊系列之一，于 2011 年在中国人民大学出版社出版，时值国内清史编纂与研究蓬勃展开，又恰逢博物学在国内日渐复兴，因此颇受知识界和公众界的关注。之后不久，译者与来访北京的原作者进行了深入交流，主要内容以《我的博物学研究路径与期待：范发迪访谈录》为名刊发（参见《自然科学史研究》2012 年第 4 期），在访谈中，作者详细讲述了他参与博物学研究以及撰写本书的来龙去脉，为我们了解博物研究的相关历史与现状提供了重要基础。此外，译者本人也相继撰写了《文化遭遇与知识网络》（《读书》2011 年第 11 期）、《博物学、近代化与民族国家认同》(《中国社会科学报》2014 年 12 月 26 日)等文章,进一步从历史学、民族学、人类学等学科视角去思考博物学在知识生成、地方性实践以及民族国家认同建构等方面所起到的重要作用。

承蒙作者著述功力以及读者诸君厚爱,该书中译本不多久即在市面上售罄,连译者也欲求一本而不得。为满足国内知识界与公众界对本书的需求,进一步推进博物学及相关领域的研究,中国人民大学出版社决定在初版的基础上,经重新编辑和装帧后再版,以飨读者。为此,译者对原译文作了必要的修订,并改进了一些术语的表述形式,以期更全面准确地表现原作的精义。本书新版的顺利面世,得到国家清史编纂委员会、中国人民大学出版社的大力支持,同时也要十分感谢中国人民大学清史研究所成崇德教授、刘文鹏教授,中央民族大学世界民族学人类学研究中心包智明教授、张海洋教授等诸位老师的温暖关怀,以及现在纽约大学宾汉姆顿分校历史系任教的范发迪先生的热切鼓励;此外,还要感谢在本书出版过程中给予巨大帮助的清华大学历史系梅雪芹教授、北京师范大学出版社谭徐锋先生、故宫博物院宫廷部万秀峰先生,并多谢中国人民大学出版社吕鹏军老师、王琬莹编辑的辛勤付出,最后还要感谢远在苏州的父母、身在北京的岳父母和家庭,尤其是方笑天的支持,你们都是我有信心继续从事学术研究与翻译的精神支柱。

学问之道,在于切磋砥砺,在于不懈以求,这里一如既往地欢迎读者诸君提供宝贵意见,我的联系方式是 rucyuanjian@hotmail.com。

袁剑

2017 年 3 月 20 日于北大畅春园寓所

图书在版编目（CIP）数据

知识帝国：清代在华的英国博物学家/（美）范发迪（Fa-ti Fan）著；袁剑译. —北京：中国人民大学出版社，2018.1
ISBN 978-7-300-25370-1

Ⅰ.①知… Ⅱ.①范…②袁… Ⅲ.①中国历史-史料-清代 Ⅳ.①K249.06

中国版本图书馆 CIP 数据核字（2018）第 002561 号

海外中国研究文库
知识帝国：清代在华的英国博物学家
［美］范发迪（Fa-ti Fan）　著
袁剑　译
Zhishi Diguo：Qingdai zai Hua de Yingguo Bowuxuejia

出版发行	中国人民大学出版社			
社　　址	北京中关村大街 31 号		邮政编码	100080
电　　话	010－62511242（总编室）		010－62511770（质管部）	
	010－82501766（邮购部）		010－62514148（门市部）	
	010－62515195（发行公司）		010－62515275（盗版举报）	
网　　址	http://www.crup.com.cn			
	http://www.ttrnet.com（人大教研网）			
经　　销	新华书店			
印　　刷	涿州市星河印刷有限公司			
规　　格	160 mm×230 mm　16 开本		版　　次	2018 年 1 月第 1 版
印　　张	17.25 插页 3		印　　次	2020 年 5 月第 3 次印刷
字　　数	271 000		定　　价	69.00 元